Christian Mikunda
Warum wir uns Gefühle kaufen

Christian Mikunda

Warum wir uns Gefühle kaufen

Die 7 Hochgefühle
und wie man sie weckt

3., aktualisierte Auflage

Econ

3. Auflage 2012

Econ ist ein Verlag
der Ullstein Buchverlage GmbH

ISBN: 978-3-430-20068-4
© Ullstein Buchverlage GmbH, Berlin 2009
Alle Rechte vorbehalten
Bildredaktion und Register:
Denise Mikunda-Schulz
Lektorat: Ursula Artmann
Layout: Tine Ehrlich, BuW Buch und Werbung GmbH, Berlin
Gesetzt aus der Modula und der DINSchrift
Satz: BuW Buch und Werbung GmbH, Berlin
Druck und Bindearbeiten: Westermann Druck Zwickau GmbH
Printed in Germany

Für
Denise und Julian

Für
meinen Vater

»Wenn wir wollen, dass etwas Bestand hat,
sorgen wir für Schönheit, nicht für Effizienz.«
Nicolás Gómez Dávila

DIE 7 HOCHGEFÜHLE 13

Aus den Todsünden geboren 16
Glory kommt von Hochmut 16
Joy kommt von Völlerei 19
Power kommt von Zorn 22
Bravour kommt von Neid 26
Desire kommt von Gier 29
Intensity kommt von Wollust 34
Chill kommt von Trägheit 37

Wie die Hochgefühle funktionieren 40
1. Auslösen 41
2. Einfühlen 42
3. Nachwirken 45

Gefühlscocktails 46

GLORY Das Erhabene 51

Die Psychologie des Erhabenen 52
Tempelgefühle / Königsgefühle 54
Sich weit machen 57
Kraftruhe 59

Die Dramaturgie des Erhabenen 61
Das Tempeltor 62
Die Tempelfassade 64
Die Stele 65
Die Säulenhalle 67
Die Gloriole 69

INHALTSVERZEICHNIS

Die Apotheose 72
Die große Treppe 75
Die Tafelrunde 76

JOY Der Freudentaumel 81

Die Psychologie des Freudentaumels 83
Füllhorn & Wunderwelt 84
Freudestrahlen 87
Alegría 89

Die Dramaturgie des Freudentaumels 93
Inszenierte Vielfalt 94
Farbenrausch 97
Kinderspiele 100
Künstlerträume 105

Gefühlscocktails 108
Das Rio-Prinzip 110

POWER Die Kraftstärke 115

Die Psychologie der Kraftstärke 118
Eisenhans 119
Sich stark machen 123
Erstarkung 124

Die Dramaturgie der Kraftstärke 127
Absturz 127

Muskelspiel 129
Kids Power 131

Gefühlscocktails 133
Das New-York-Prinzip 135

BRAVOUR Die Raffinesse 141

Die Psychologie der Raffinesse 143
Meister & Mentor 144
Demonstrative Zustimmung 147
Mitreißen 148

Die Dramaturgie der Raffinesse 150
Ratiocination 150
Pop-up 153
Virtuosität 157
Infotainment 159

Gefühlscocktails 162
Das Dubai-Prinzip 162
Das Afrika-Prinzip 166

DESIRE Die Begierde 171

Die Psychologie der Begierde 172
Laufsteg & geschmückte Braut 172
Liebäugeln 175
Jagdfieber 177

INHALTSVERZEICHNIS

Die Dramaturgie der Begierde 178
Anstoßen (Nudge) 179
Anheizen (Arouse) 181

Gefühlscocktails 183
Das Las-Vegas-Prinzip 184
Das Tokio-Prinzip 188

INTENSITY Die Verzückung 209

Die Psychologie der Verzückung 210
Verdichtung 210
Hingabe 212
Glückstrunken 213

Die Dramaturgie der Verzückung 215
Das intensive Bild 215
Der intensive Raum 220
Semantische Katastrophe 224

CHILL Das Entspannende 231

Die Psychologie der Entspannung 233
Verdünnung 235
Demonstrative Selbstentspannung 236
Runterkommen 237

Die Dramaturgie der Entspannung 238
Das Bett 239

Das Nest 240
Die Oase 242

Gefühlscocktails 243
Das Alpen-Prinzip 244
Das Rough-Luxe-Prinzip.....................................246

HOMO AESTHETICUS »Ich fühle, also bin ich«..............251

Danke 256
Über mich 257
Adressen...259
Abbildungen 266
Sachregister 268
Personen- und Firmenregister.........................270

Farbteil 193-208

DIE 7 HOCHGEFÜHLE

Fröhlich schnatternd tauchen sie aus dem Dschungel auf. Die Mitglieder der portugiesischen Reisegruppe sind offensichtlich gutgelaunt, denn sie wissen: Ein Weltwunder erwartet sie. Noch eine Biegung, dann gibt die üppige Vegetation den Blick auf die gigantischen Wassermassen frei. Ein breiter Vorhang an Wasserfällen ist zu sehen, die majestätisch sechzig, ja achtzig Meter in die Tiefe stürzen. Schlagartig verstummen die Gespräche. Die Reisenden heben die Arme. »Das machen hier alle so«, heißt es in der Gruppe. Es verstärkt das Gefühl der Erhabenheit, macht innerlich weit und ruhig.

Wer die Wasserfälle von Iguazu besucht, kann in wenigen Stunden eine ganze Palette solcher Hochgefühle erleben. Nach dem *Glory-Gefühl* steht üblicherweise ein *Power-Gefühl* auf dem Programm. Auf der brasilianischen Seite der Wasserfälle besteigen wir ein Schnellboot, das uns flussaufwärts Richtung Teufelsschlucht bringt. Die trägt ihren

Namen nicht ohne Grund. Tief einatmen, dann schiebt sich unser Boot unter den Wasserfall. Wir spüren, wie die Wassermassen auf uns herabstürzen, spüren die Kraft der Elemente. Als wir mit dem Schnellboot zurück zum Anleger rasen, schlägt einer mit einem Schrei die Faust in die Luft. »Ja« schreit er wie einst Boris Becker, der mit Siegesschrei und *Becker-Faust* den gelungenen Punkt feierte. Auch wir fühlen uns voller Kraft und *Power* (siehe Farbteil, Seite 200).

Nur kurz ist der Fahrtweg auf die argentinische Seite der Fälle. Dort lebt im Dschungel der Indianerstamm der Guaraní. Einst waren sie Meister im Überleben in der Wildnis; heute droht ihr altes Wissen um die Kunst des Fallenstellens zu verschwinden. Für jedes Tier im Dschungel haben die Guaranís eine eigene, komplexe Falle entwickelt. Jetzt gehen wir mit dem Sohn des Schamanen durch den Wald und bewundern die Raffinesse der Fallen. Eine besteht aus einem filigranen Geflecht von Zweigen, das bei der geringsten Berührung durch das Beutetier einen Baumstamm auf das Opossum fallen lässt. Wir wollen ihn hochheben. Es gelingt uns kaum. Anerkennendes Nicken. Wie hat er das bloß gemacht, dass derart dünne Zweige den enorm schweren Stamm hielten und dann doch im richtigen Augenblick losließen? »Raffiniert«, sagt einer von uns angesichts der bravourösen Leistung.

Glory – das Erhabene, *Power* – die Kraftstärke und *Bravour* – die Raffinesse sind die drei Hochgefühle, die jährlich Tausende von Menschen zu den Wasserfällen von Iguazu bringen. Ohne die Anstrengung langer Dschungelmärsche, ohne Gefahr und Risiko, bedeuten sie für zahllose Touristen relativ leicht verfügbare Glückseligkeit. Das trifft in gewissem Sinn auf alle Hochgefühle zu. Die Inszenierungen in Wirtschaft, Kultur und Lifestyle ermöglichen heute starke emotionale Erschütterungen von kathartischer Kraft und reinigender Stärke, wie sie früher nur echte Abenteuer ermöglichten.

Denise und ich sind hierher gekommen, um eine Lernexpedition vorzubereiten. Wir wollen Vertreter eines großen europäischen Automobilkonzerns ganz bewusst in Hochgefühle versetzen. Die Erhabenheit des *Glory-Gefühls* soll ihnen zeigen, was hinter der Lust an Luxusfahrzeugen steht. Die Kraftstärke des *Power-Gefühls* soll spürbar machen, warum manche Stadtmenschen allradgetriebene Geländewagen lieben. Die Faszination des *Bravour-Gefühls* soll erklären, warum viele Fahrer die technischen Spielereien ihrer Autos cool finden. Man kauft nicht nur das Auto, lautet die Botschaft, man kauft auch das Hochgefühl, das sich damit erleben lässt.

Nicht immer will man jedes Hochgefühl, das verfügbar ist. Man nimmt sich die Emotion, die man braucht. Auch wir in Iguazu stürzen uns nicht bei jedem Aufenthalt unter den Wasserfall. Auf manchen Reisen wollen wir die spirituelle Stärke der Wasserfälle und die *Glory-Gefühle*, die sie in uns auslösen, nicht durch das *Power-Gefühl* der Wasserkraft stören. Aber manchmal, wenn wir uns so richtig durchschütteln lassen wollen, steigen wir wieder ins Boot. Die kaufbaren Hochgefühle sind wie Medikamente ohne Verschreibungspflicht, die uns den Zugang zu jenem Segment an Lebenslust geben, das wir gerade nötig haben.

Von Zeit zu Zeit erfahren wir auch Hochgefühle, die uns das Leben einfach so schenkt. Sie haben entweder kleine Ursachen, wie ein schöner Regenbogen, oder große, wenn man sein neugeborenes Kind in den Armen hält. Aber diese Hochgefühle sind wertvolle Geschenke, die nicht so ohne weiteres vorhersehbar sind. Wirtschaft, Kultur und Lifestyle machen das Unvorhersehbare kalkulierbar. Sie sind die Apotheke, die in uns körpereigene Drogen auslöst, die wir als die sieben Hochgefühle erleben:

Glory, Joy, Power, Bravour, Desire, Intensity, Chill.

Aus den Todsünden geboren

Wir wollen aus dem Leben so viel an Lebensgefühl herauspressen wie möglich. Dabei sind wir manchmal mit unseren Methoden nicht zimperlich. Maßnahmen, die in uns starke Gefühle auslösen, können zerstörerisch oder selbstzerstörerisch sein. Das sind jene starken emotionalen Gefühle, die man seit dem 4. Jahrhundert nach Christi als die Todsünden bezeichnet. Damals definierte der Mönch Evagrius von Pontus erstmals, was seither als verwerflich gilt:[1]

Hochmut, Völlerei, Zorn, Neid, Gier, Wollust und Trägheit.

Es sind niedere Gefühle, denn durch sie erlangen wir die emotionale Befriedigung auf Kosten anderer oder fügen uns selbst Schaden an Körper und Seele zu. Doch die Evolution hat einen Ausweg für uns gefunden. Sie stellt den niederen Gefühlen – sexy, aber schädlich – einen Katalog hoher Gefühle entgegen, die genauso mitreißend und befriedigend sind, aber weniger zerstörerische Nebenwirkungen haben. Wer Hochgefühle in Wirtschaft, Kultur und Lifestyle einsetzt, muss daher wissen, wie sie in den Todsünden verwurzelt sind, muss die dunkle Seite der Medaille kennen, um die helle Seite zu verstehen.

Glory kommt von Hochmut

Wie sagten unsere Vorfahren? »Hochmut kommt vor dem Fall.« Was sie meinten, war, dass man sich selber nicht allzu groß machen sollte, denn der Sturz nach der Entlarvung würde umso tiefer erfolgen. Tatsächlich basieren Hochmut und Stolz auf der Inszenierung von Höhe.

[1] Heiko Ernst, Wie uns der Teufel reitet. Von der Aktualität der 7 Todsünden. Berlin, Ullstein 2006.

DIE 7 HOCHGEFÜHLE

Hochmut ist Selbstüberhöhung und braucht als deren sichtbaren Ausdruck das Übergroße, in den Himmel Ragende.

Der biblische Turm zu Babel ist das mythische Urmodell einer solchen Inszenierung. Ein erster realer Höhepunkt dieser »Dramaturgie des Hochmuts« waren im 12. Jahrhundert die Geschlechtertürme im toskanischen San Gimignano, die bis zu fünfzig Meter in die Höhe ragten. Je höher der Turm, desto größer das Ansehen der einflussreichen Patrizierfamilie, die ihn bewohnte, lautete das Kalkül. In Zeiten des Krieges schleiften die Sieger den Turm der Besiegten, kastrierten ihn sozusagen. Nicht anders gingen die Terroristen des 11. September vor, als sie mit ihren Flugzeugen in die Twin Towers flogen, denn das Problem des Übergroßen besteht darin, dass nur der das Hohe als großartig empfindet, der sich mit ihm identifizieren kann.

Die katholische Kirche forderte daher immer schon, dass solche Zeichen der höchsten Verehrung nur Gott selbst zustünden. »Ad majorem Dei gloriam« – zur höheren Ehre Gottes, hieß es. Allgemein formuliert:

Die übergroßen Zeichen sind nur dann akzeptabel, wenn sie nicht der Selbstverherrlichung dienen, sondern zur höheren Ehre (Gloria) eines anderen eingesetzt werden.

So wird aus einem niederen Gefühl ein hohes Gefühl, das man beruhigt genießen kann. Die *Glory-Inszenierung* betrifft dann entweder Gott, den König und Fürsten, oder den Kunden, dem ein solches Königsgefühl auch zusteht. Das Gefühl der Erhabenheit stellt sich ein, weil das ursprüngliche, unendlich ruhig machende Machtgefühl von allen aggressiven Aspekten der Dominanz und des Imponiergehabes befreit ist, so dass nur das Beruhigende übrigbleibt. Aus Hochmut wird *Glory*.

DIE 7 HOCHGEFÜHLE

Wie schwierig die Gratwanderung zwischen Todsünde und Hochgefühl ist, zeigt sich, wenn man ein Projekt plant, das Verehrung auslösen soll, ohne anzuecken. Im Frühjahr 2001 kommt der Architekt HG Merz mit seinem Team für zwei Tage nach Wien, um mit uns über die Planung des neuen Mercedes-Benz Museums zu sprechen. Merz soll den Architekturwettbewerb vorbereiten und später auch das Museum inszenieren. Wir diskutieren die dramaturgischen Möglichkeiten und sehen uns Kathedralen und die Hauptquartiere der Bösewichte in James-Bond-Filmen an. Immer wieder ist die Höhe ein Thema. Am Ende haben der Wettbewerbssieger UNStudio aus Amsterdam und der Szenograph HG Merz einen phantastischen Job gemacht.

Kernstück des Museums ist ein riesiges Atrium mit steil abfallenden Betonwänden unter einer Milchglaskuppel. Wie riesige Cinemascope-Filmleinwände geben einzelne hoch oben liegende Durchbrüche den Blick auf kunstvoll in Szene gesetzte Fahrzeuge frei. Doch der wesentliche Kunstgriff, um die Höhe spürbar zu machen, sind drei Art-Deco-Raketen, die an den Betonwänden entlang nach oben gleiten und dort durch Öffnungen in der Milchglaskuppel verschwinden. Die drei Lifte sind der einzige Zugang zur eigentlichen Ausstellung. Man schwebt mit ihnen hoch hinauf, um dann, wie im New Yorker Guggenheim Museum, auf einer Rampe nach unten zu fließen.

Ein Tempelschrein für eine übermächtige Marke, Hochmuts-Architektur in Reinkultur? Ein Trick verhindert die Markensünde. Immer wenn ein Raketenlift aufsteigt, projiziert er auf die gegenüberliegende Betonwand einige Sekunden Film. Ein Pferd schleppt einen liegen gebliebenen Mercedes ab – es ist ein Tourenwagen von vielleicht 1920; ein Krankenwagen der Marke Mercedes meistert seinen Einsatz im Ersten Weltkrieg. Weil der Clip parallel zum aufsteigenden Lift am »Gegenhang« mitfährt, merken wir deutlich, es geht uns an, die wir im Lift stehen und durch die Fensterschlitze der Rakete schauen. Mercedes wendet sich uns zu, feiert sich nicht selbstbezogen, sondern bezieht sich auf das Leben, das die Marke mit uns teilt (siehe Farbteil, Seite 198).

Joy kommt von Völlerei

Erhabenheit kann manchmal kühl wirken. Ihr Gegenteil ist das *Joy-Gefühl* des Freudentaumels, ein eindeutig heißes Gefühl. Es basiert auf einem verschwenderischen Umgang mit Farben, Rhythmen, Mustern, mit der Freude an der Überfülle. Wer jemals im Goldsouk von Dubai vor einem Schaufenster mit dreißig, vierzig goldenen Ketten und beinahe königlichen Kronen aus massivem Gold gestanden hat, weiß, was gemeint ist. Es ist nicht verwunderlich, dass sich dieses Hochgefühl aus der Todsünde der Völlerei heraus entwickelte.

Alles begann mit den Gelagen im alten Rom. Man aß und trank einfallsreich und in großen Mengen. Allgemein bekannt ist das bewusst herbeigeführte Erbrechen mittels Pfauenfeder im sogenannten *Vomitorium*. Man wollte mehr, auch wenn man nicht mehr konnte. Nicht der Genuss an sich, sondern die Maßlosigkeit des Genusses war das Ziel. Der römische Schriftsteller Gaius Petronius Arbiter, ein Höfling Kaiser Neros, beschrieb 60 n.Chr. in seinem Roman »Satyricon« diese »Dramaturgie der Maßlosigkeit«. Kernstück seines Romans ist das Gastmahl – die Cena – eines neureichen, freigelassenen Sklaven namens Trimalchio. In dieser »Cena Trimalchionis« schildert Petronius mit genüsslicher Ironie alle Tricks der inszenierten Völlerei.

Nach etlichen vielversprechenden Vorspeisen lässt Trimalchio in einem Tafelaufsatz, der den Tierkreiszeichen nachgebildet ist, wenige und enttäuschend einfache Speisen servieren. Auf sein Zeichen hin heben jedoch vier Sklaven den Tafelaufsatz hoch, so dass statt der Tierhoden und Nieren nun eine üppige Auswahl von Delikatessen sichtbar wird, wie etwa ein wertvoller Fisch, über den gepfefferte Sauce aus verborgenen Schläuchen läuft. Die Episode zeigt, wie Völlerei inszeniert werden muss. Man braucht erstens ein Ordnungsprinzip für die Vielzahl an Genüssen. Trimalchio lässt die meisten Speisen in phantasievoll gestalteten Tafelaufsätzen auftragen, wie der Platte, auf der jedem Tierkreiszeichen eine passende Speise zugeordnet ist – dem Löwen etwa afrikanische Feigen. Und zweitens müssen die Genüsse mit einem Knalleffekt präsentiert werden, wie der wertvolle Fisch nach den simplen Speisen davor. Die Formel für Völlerei lautet demnach:

Geordnete Überfülle in überhöhter Darstellung.

Das gilt bis in unsere Tage. Luxusdelikatessen wie frischer Fisch oder wertvoller Schinken werden im Kreis angeordnet präsentiert, so dass sich ein beeindruckendes geometrisches Muster ergibt. Zur Überhöhung findet sich manchmal ein besonders schönes Tier im Ganzen, vielleicht geschmückt mit einer Frucht im Maul. Überfülle muss geordnet präsentiert werden, sonst geht im Durcheinander die Opulenz verloren. Und sie braucht zusätzlich die Überhöhung, die den besonderen Genuss verspricht.

Wir betreten den Flagship-Store von Abercrombie & Fitch auf der New Yorker Fifth Avenue. Der dreistöckige Shop ist komplett abgedunkelt, ein professionelles Soundsystem, wie in einem Club, jagt die Beats durch unseren Körper. Im Halbdunkel sehen wir, dass der Laden knallvoll mit Ware ist. Jeans und Shirts werden in Regalen und Vitrinen schräg zu uns geneigt präsentiert. Trotz der Überfülle herrscht ein hohes Maß an Ordnung. Shirts sind nach Farben geordnet, manchmal in einer tiefliegenden Vitrine im Halbkreis angeordnet, wie in einem Theater: geordnete Überfülle! An einer Wand tragen alle Blue Jeans den für diese spezielle Marke typischen Gürtel bereits im Hosenbund. Das Licht ist sensationell. Jeans und Shirts, jede einzelne Ware wird von einem eigenen Effektlicht aus der Dunkelheit herausgeleuchtet. *Chiaroscuro-Lichtführung* nennt man ein solches expressiv überhöhendes Licht in der Malerei. So entsteht ein visueller Rausch, der sich durchaus mit der kulinarischen Berauschung durch Speis und Trank messen kann: geordnete Überfülle in überhöhter Darstellung. Dieser Rausch ist keine Einbildung. Man spürt richtig, wie das *Dopamin* in unsere Organe schießt, jene körpereigene Droge, die für das Wachsein verantwortlich ist.[2] Sie lässt Künstler im Überschwang der Kreativität sprudeln und macht uns auf einer Party ganz aufgekratzt. Glitzern und Blinken, wie im Goldsouk, Farbenrausch und Lichtspiele, wie in Las Vegas, bewirken, dass der Neurotransmitter ausgeschüttet wird und uns in einen Sinnesrausch versetzt, den wir als beglückend empfinden. Es ist das *Joy-Gefühl*, der Freudentaumel.

Die Evolution hat einen Weg gefunden, uns mit Überfülle zu beglücken, ohne dass wir uns zu Tode fressen und saufen müssen. Diese visuelle Völlerei ist genauso faszinierend und hat weniger Nebenwirkungen. Schon im »Gastmahl des Trimalchio« wird deutlich, dass *Joy-Gefühle*, die durch die Präsentation der Speisen ausgelöst werden, bisweilen wichtiger sind, als der kulinarische Genuss selbst. Trimalchio lässt ein Wildschwein servieren. Als ein Bediensteter mit seinem Jagdmesser in die Flanke des Ebers sticht, fliegen aus seiner Wunde Drosseln heraus, die im Speisezimmer umherflattern, bis sie von Vogelstellern eingefangen werden. Entzückt bewundern die Gäste die Inszenierung. Im Jargon der modernen Psychologie haben sie ihre *Media Literacy* angewandt,

[2] Josef Zehentbauer, Körpereigene Drogen. Die ungenutzten Fähigkeiten unseres Gehirns. Düsseldorf, Patmos 2003.

jene Fähigkeit in uns allen, die wir brauchen, wenn wir uns mit den Medien, dem Konsum, den Spielen der inszenierten Welt geschickt anstellen. Wir fühlen uns dadurch auch geschickt, genießen den Esprit. Aus diesem Grund hat man in Antike und Barock immer wieder Tiere, die aufgetragen wurden, mit anderen Speisen gefüllt. Trimalchio lässt ein Schwein kredenzen. Der Koch jammert, dass er vergessen habe, es vor der Zubereitung auszunehmen. Man schneidet es an, und zur Verblüffung aller fallen wohlschmeckende Würste heraus.

Solche Spiele mit unseren Sinnen gehören heute zu den entscheidenden Auslösern von *Joy*. In Japan sind gerade Socken sehr gefragt, die in erster Linie verblüffen sollen. Marktführer ist die Kette »mighty soxer«, die uns in ihren Läden einen regelrechten *Dopamin-Schock* versetzt, so verschwenderisch bunt ist das Sortiment. Die eigentliche Innovation aber ist das Design der Socken selbst. Sie sehen aus wie Negligés, durchbrochen, mit Spitze, manchmal im Stil von Ballettschuhen, oft glitzernd. Die Socken borgen sich sozusagen den Look der Unterwäsche aus und sind richtige Sammlerobjekte geworden. *Joy* ist in der Gegenwart angekommen und hat unsere Welt verspielter, lebensfroher und bunter gemacht. Es ist das Gefühl des Freudentaumels.

Power kommt von Zorn

Schon der Zusammenhang von *Joy* und Völlerei zeigt, dass die Hochgefühle ganz wesentlich von unserer Körperlichkeit abhängen. Wir sind nicht nur Denkmenschen, wir sind auch Körpermenschen. Wenn wir zornig werden, laufen wir im Gesicht und im oberen Brustbereich rot an, die Augen verengen sich und eine senkrechte Zornesfalte taucht zwischen ihnen auf. Unsere Muskeln werden angespannt, die Faust wird geballt, die Halsadern schwellen an, Atmung und Blutdruck steigen, kurzum, der ganze Organismus wird kampfbereit gemacht.[3] Bei all dieser körperlichen Anspannung ist klar, dass der Zorn irgendwann eruptiv explodieren muss. Spannung und Entspannung gehören zusammen. In dieser zweiten Phase des Wirkungsverlaufs müssen wir uns entweder herunterpegeln, um die Spannung loszubekommen, oder wir müssen uns physisch abreagieren. Der Zornige tobt und schreit, schlägt mit der Hand und stampft auf, wirft mit Objekten, ballt drohend die Faust. Die schlagartige Lösung der Muskelspannungen und das Adrenalin, das wir dabei produzieren, bewirken, dass wir den Zorn in der Situation selbst als lustvoll und befreiend erleben. Obwohl wir eigentlich die Kontrolle verlieren, fühlen wir uns subjektiv machtvoll.

Deshalb gibt es viele Zorn-Inszenierungen, die spekulativ dieses Gefühl von Allmacht bedienen. Am bekanntesten sind jene Videospiele, die man als *Ego-Shooter* bezeichnet. Dabei sieht der Spieler mit den Augen eines bewaffneten Akteurs auf eine frei begehbare unterirdische, zerstörte oder sonstwie kriegerische Gegend. Bald tauchen »Feinde« und Monster jeder Art auf, die es gilt, mit der Waffe, die der Ego-Shooter sichtbar vor sich hält, niederzuballern. Blut spritzt, Körper explodieren, manche Controller vibrieren spürbar, wenn der Spieler schießt. Das Dauerballern entspricht dem Toben des Zornigen und löst dieselben körperlichen Reaktionen aus.

Manche Pädagogen meinen besorgt, die Kids sollten lieber Sport betreiben, als sich solchen Kriegsspielen zu widmen. Tatsächlich war der Sport der erste Lebensbereich, in dem sich die Verwandlung des aggressiven Zorns zum positiven *Power-Gefühl* bemerkbar machte. Zorn und Sport funktionieren auf der Gefühlsebene weitgehend parallel. Dafür gibt es ein Indiz: die Faust.

[3] Wolfgang Rost, Emotionen. Elixiere des Lebens. Heidelberg, Springer 2005.

Abb. 1 *Road Rage* und *Becker-Faust*

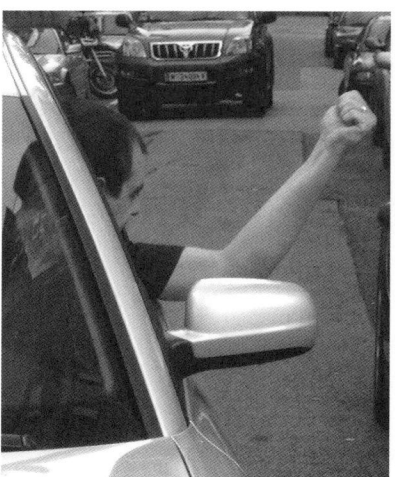

Abbildung 1 zeigt links die erhobene Faust, wie sie dem »feindlichen« Verkehrsteilnehmer entgegengestreckt wird. Sie gehört zu den zornigen Drohgebärden, die Lust- und Machtgefühle auslösen. Diese Faust wird, wie auch der wütende Blick, gegen einen anderen gerichtet. Rechts daneben sehen wir die *Becker-Faust*. Sie ist die berühmt gewordene Geste der Selbstbestärkung nach dem Gewinn eines wichtigen Satzes, für die der Tennischampion Boris Becker bekannt war. Diese Faust wird nicht gegen einen anderen gerichtet, sie wird ruckartig zum Spieler selbst hin bewegt. »Ich habe es gemacht!«, scheint sie zu sagen. Die Drohgebärde hat sich in eine Triumphgeste verwandelt, der Zorn zu *Power*, dem Gefühl der Kraftstärke.

Power ist also wie Zorn ohne Aggression, aber mit ähnlichen körperlichen Begleitsymptomen und Lustgefühlen.

Neben der *Becker-Faust* gibt es eine ganze Reihe weiterer symbolischer Gesten, die Kraftstärke spürbar machen. Das *Muscle-Shirt* ist ein T-Shirt, das so geschnitten ist, dass seine Ärmel knapp über dem Bizeps enden und so die schlummernde Kraft betonen. Der Sänger Mark Medlock trägt es gern und brillierte bei DSDS (»Deutschland sucht den Superstar«) mit seinen *Power-Tönen* (©Dieter Bohlen), die kraftvoll und zugleich hoch sein müssen. Schon die serbische Tennisspielerin Monica Seles war für ihre kraftvollen Schreie bei jedem Aufschlag berüchtigt. Tatsächlich ist der *Power-Schrei*, eine Variante des Siegergeheuls, ein bekanntes Verhalten zur Spannungslösung. Ihm verwandt ist eine Art *Schrei-Lachen*. Kinder verarbeiten so manchmal die Gewaltszenen in Comicfilmen, wo eine Figur schon mal eine auf die Birne bekommt.[4] Als Verstärker des *Power-Gefühls* findet sich dieses *Schrei-Lachen* auch bei allen Attraktionen, bei denen die Geschwindigkeit eine Rolle spielt. Bei Achterbahnen kann man sehen, wie viele Mitfahrer nach der Fahrt mit diesem spannungslösenden Lachen aus dem Wagen steigen.

Denn alle Attraktionen, die auf Tempo und Kraft basieren, lösen das Power-Gefühl aus.

Es nennt sich *Dune-Bashing*. Unser arabischer Fahrer trägt eine extra-coole Sonnenbrille, sein Englisch ist vorzüglich. Bei der Tankstelle, wo wir auf die anderen Allradfahrzeuge unserer Karawane treffen, lässt er die Luft aus den Reifen, denn wir werden die nächsten Stunden über Sanddünen rutschen. Ein Leitfahrzeug, dessen Fahrer den Wüstenabschnitt besonders gut kennt, fährt voran und gibt der Karawane vor, auf welche Weise die Düne zu nehmen ist. Wie sich zeigt, ist der rasante vertikale Ritt über die Düne samt Sturz hinunter harmlos im Vergleich zum seitlichen Absturz. Jedes Mal schreien wir lachend auf, wenn wir wieder einmal wegkippen (siehe Farbteil, Seite 200).

Power-Inszenierungen, wie das *Dune-Bashing* eine Fahrtstunde außerhalb Dubais, gehören seit einigen Jahren zu den neuen Attraktionen im Tourismus. In Tirol und Vorarlberg versucht man mit dem *Alpine-Coaster* der Flaute im Sommer-

[4] **Ebd.**

tourismus zu begegnen. Dieser Alpine-Coaster ist eine Kreuzung aus Achterbahn und Sommerrodelbahn, auf der man auf Schienen mit bis zu 40 km/h den Berg hinunterrast – Angsthasen wie ich können jederzeit die Bremshebel betätigen. Beeindruckende 3,5 km lang ist die Fahrt auf der längsten Anlage, die in Imst steht und mit allerlei Finessen wirbt: »70 Kurven, 16 Jumps, 25 Wellen bis zu 5 Meter in die Tiefe«. Noch aufregender ist der Tiroler *Airrofan*, der auf dem Seilbahnprinzip beruht. »Auf den Schwingen des Adlers« lautet der Werbespruch, und tatsächlich lassen sich vier Mutige nebeneinander unter ein Gestell einhängen, das wie die Flügel eines Adlers aussieht. Dann werden »Die Mutigen Vier« rücklings auf den Berg gezogen. Sie hängen vollkommen frei in der Luft, schauen weit über die Berge, da plötzlich geht es los, und mit 80 km/h fliegen die vier hinunter ins Dorf. »Was ist bloß aus dem Sommertourismus in den Alpen geworden ...«, werden manche sagen. Doch *Power* ist nur eine Seite der Medaille. Neben jenen Inszenierungen, die uns die Kraftstärke tanken lassen, ermöglichen andere ein intensives *Chill Out*. So hängt gleich neben dem wilden Airrofan ein Vogelnest am Berg. Es ist der Adlerhorst, eine riesige Aussichtsplattform, dessen Design tatsächlich an ein Vogelnest erinnert. »Dem Himmel so nah« lautet die Botschaft. Zusammen betrachtet sind *Power* und *Chill* zwei Möglichkeiten, sich die Kraft der Berge touristisch nutzbar und den Aufenthalt in den Alpen zur emotionalen Wellness zu machen, wie es der Urlaub am Meer schon lange ist.

Bravour kommt von Neid

»Nein, der Schober«, begrüßt der unangenehme Typ seinen ehemaligen Klassenkameraden, den er zufällig im Restaurant trifft, und knallt ihm drei Angeberfotos auf den Tisch:

»Mein Haus, mein Auto, mein Boot.« Der schlägt mit seinen Fotos zurück und übertrumpft ihn dabei so eindeutig, dass der Angeber ganz blass wird vor Neid. Was in diesem klassischen Werbespot der deutschen Sparkasse aus den neunziger Jahren inszeniert wird, ist das Imponiergehabe, das die Todsünde des Neides auslöst. Wer mehr hat oder mehr ist als die anderen, provoziert unweigerlich Neid.

Das Imponiergehabe – die »Abweichung nach oben« – wird gesellschaftlich nur in einem Umfeld akzeptiert, in dem es per Definition um Aufstieg und Gewinn geht.

Las Vegas ist solch ein Ort. Überlange Stretchlimousinen sind hier das natürliche Fahrzeug. High Roller, umworbene Spieler mit großem Budget, wohnen vielleicht in der übergroßen Verona Suite des Las Vegas Hilton, die 15.000 m² misst, oder in der Kingpin Suite in The Palms mit eigener Kegelbahn im Wohnzimmer. Viele Nightclubs in Las Vegas verkaufen VIP Boxes, und jeder, der ein wenig mehr zahlt, kann die Wassershow Le Rêve des Wynn Casinos im »Champagne Circle« genießen. Dort hat man einen extrabreiten Sitzplatz, und Girls im Abendkleid schenken während der Show ständig Champagner nach, derweil man in Schokolade getunkte Erdbeeren isst.

Als ich als Trauzeuge für die Hochzeit meiner besten Freundin ein außergewöhnliches Auto mieten will, sagt sie: »Bloß keine Stretchlimousine«. Die »Abweichung nach oben« eckt sofort an, wenn man sich in ein normaleres Umfeld begibt. Dann muss der Neid entschärft werden. Zu diesem Zweck gab es im alten Griechenland die Einrichtung des Scherbengerichts: Wer zu viel hatte oder war, wurde nach geheimer Abstimmung, die auf Tonscherben stattfand, ins Exil getrieben, so dass die Gesellschaft neidfrei weiterleben konnte. Diese Methode scheint im Zeitalter der Berühmtheit für 15 Minuten (Andy Warhol), der Casting Shows und Intimbeichten in Talkshows, nicht sehr zielführend. Doch bereits Aristoteles schlug im zweiten Buch seiner »Rhetorik« eine andere Lösung für das Problem vor.[5] Er unterschied zwischen dem negativen Neid, *phthonos*, und dem positiven Neid, *zelos*. Dahinter steht die Idee, dass man dem anderen seine Güter ruhig gönnen kann, wenn man sie ebenfalls anstrebt. So verwandelt sich der Neid in Bewunderung über die Leistung des anderen. Man genießt dessen Geschicklichkeit und Brillanz. Neid wird zu Bravour, dem Gefühl der Raffinesse.

Wie der Neid braucht das *Bravour-Gefühl* die »Abweichung nach oben«, das besondere Können. Ein Opernsänger, der das hohe C trifft, erhält Standing Ovations und Bravo-Rufe. Das führte im 19. Jahrhundert dazu, dass viele Tenöre die originalen Kompositionen veränderten, um sie möglichst bravourös singen zu können. Das Finale einer Arie wurde mit einem noch höheren Spitzenton versehen, der letzte Ton wurde überlang gehalten. Zusätzlich wurden bezahlte Claqueure eingesetzt, die besonders begeistert applaudierten und Bravo riefen. Denn Applaus und Bravos sind Verstärker für die Raffinesse, die man durch die Bravour eines Könners empfindet.

Bravour entsteht durch besonderes Können, das in uns begeisterte Zustimmung auslöst, die ihrerseits wieder das Gefühl der Raffinesse verstärkt.

Patrick Blanc hat dunkelgrüne Haare, die Fingernägel seiner linken Hand sind überlang und spitz zugefeilt, ein Nagel immer dunkelgrün gefärbt. In Frankreich vergleicht man ihn schon bewundernd mit Gustav Eiffel. So wie der Erbauer des Eiffelturms mit seinen gewagten Stahlkonstruktionen das Bauen für alle Zeiten veränderte, schafft der Tropenbotaniker gänzlich neue Möglichkeiten für Natur in der Stadt. Er verwandelt riesige Fassaden in vertikale Gärten, die *Murs*

[5] Vgl. Heiko Ernst

Végétaux. Ungläubig treten Passanten an die Fassade des Musée du Quais Branly und betasten die dick gepolsterte Pflanzenfläche dieses neuen Museums für Ethnologie in Paris. Hunderte Projekte, oft in Zusammenarbeit mit Stararchitekten, kann Patrick Blanc vorweisen. Er schuf riesige Pflanzentürme für eine Shopping Mall in Bangkok und Fassaden, die wie Gemälde aussehen. »Wie macht er das?«, fragen viele staunend. Sein großes Wissen um das vertikale Wachsen im tropischen Dschungel hat zu einem raffinierten und zugleich einfachen System geführt. Patrick Blanc installiert Kunststoffplatten an den Fassaden, die mit Acrylfilz bespannt werden. In den Filz werden Taschen geschlitzt und spezielle Pflanzen, die auch im Dschungel und an Felsen klettern, in die Taschen gesteckt. Regelmäßig tropft wiederverwertbares Wasser aus einer Schlauchvorrichtung die Gärten hinab, bewässert und düngt sie. Das Geheimnis steckt in der Auswahl der Pflanzen. Niemand zuvor wusste, wie vertikale Ökosysteme aufgebaut sind. Der ungewöhnliche Blickwinkel auf den senkrechten Garten ist dabei der sichtbare Ausdruck der bravourösen Leistung. Das Wahrnehmungsspiel eines hochgeklappten Gartens, die Pflanzenwand, die das Gemälde macht, ist bestes visuelles Entertainment, von dem wir fasziniert sind (siehe Farbteil, Seite 202).

Desire kommt von Gier

Berlin Alexanderplatz, 12. September 2007, kurz vor Mitternacht. Mit einem lauten Knall gibt das Absperrgitter unter dem Druck der rund 5.000 Wartenden nach. Sie rennen los, haben nach 30 Metern die Eingangstüren zum noch nicht eröffneten Alexa Shopping Center erreicht. Gleich hinter den Türen leuchten die Schilder des größten Media Markts der Welt. Sonderangebote wie nie zuvor waren von der Elektrokette versprochen worden. Nun sind sie da, die Kunden. Um die Glastüren zu retten, werden sie früher als geplant geöffnet. Trotzdem zersplittert Glas, gibt es Verletzte, wird der Laden beinahe zerlegt. Einer rafft 15, 20 Digitalkameras zusammen und ruft jetzt mit dem Handy die Verwandtschaft her, denn die Abgabe ist auf die handelsübliche Menge limitiert. Um 1.20 Uhr fahren die Rollbalken wieder herunter. Der Markt gibt auf, bleibt nicht, wie geplant, für die nächsten 24 Stunden offen.

Was war geschehen? Hatte man nicht ohnehin den üblichen Gesetzen des Handels gehorcht? Durch das Versprechen des Superschnäppchens wurde eine hohe Nachfrage geweckt. Die Verknappung – viele Menschen, lange Wartezeit, verschlossene Tore – appellierte zusätzlich an die niederen Instinkte der Kunden, machte sie kampfbereit. Niemand will ein Blödmann sein. Auf ein solches Set an Reizen reagieren Konsumenten vorhersehbar mit Gier, oder, wie es juridisch exakt heißt, mit Habsucht. Kaufanreize unter Kaufdruck lösen in uns denselben suchtmachenden Neurotransmitter aus wie Alkohol, Nikotin oder Drogen: ein Zuviel an *Dopamin*. Es macht uns total aufgekratzt und verursacht das unkontrollierte Hingreifen auf die Ware. Sie ist die Körperdroge, die das Wühlen am Wühltisch bewirkt.[6] Leider kann sie auch dazu führen, dass Türen eingetreten und andere Kunden weggeschubst werden. Gier erzeugt einen fieberhaften Zustand.[7] Man sagt Kauffieber, Börsenfieber, Jagdfieber. Und wie bei jeder Art von Jagd will man immer mehr und mehr. Gier ist ein Fass ohne Boden, das nicht befriedigt werden kann.

Ist wirtschaftlicher Erfolg nur durch Kaufdruck erzielbar? Die moderne Ladendramaturgie geht einen anderen Weg. Sie will durch die Inszenierung der Ware die Vorfreude auf sie erhöhen. Wie sagte man früher? Man muss die Braut schmücken. Heute heißt es, man muss Waren und Dienstleistungen begehrens-

---

[6] Stefan Klein, Die Glücksformel oder Wie die guten Gefühle entstehen. Reinbek bei Hamburg, Rowohlt 2002.

[7] Vgl. Heiko Ernst

wert machen. Auch das Pferd wurde ordentlich gestriegelt, bevor man es dem interessierten Käufer zeigte. So entstand *Desire*, das Gefühl der Begierde. Es weckt, wie die Gier, unseren Jagdinstinkt, schließlich sollen wir ja etwas kaufen.

Doch die Jagd wird nicht durch Konkurrenz und Kampf angefacht, sondern durch eine besonders herausgeputzte Beute, die solcherart zum Objekt der Begierde wird.

Auf Automobilmessen kann man seit Jahrzehnten sehen, wie neue Modelle auf Drehscheiben gezeigt und zusätzlich mit hübschen Girls herausgeputzt werden. Die Drehung bewirkt, dass wir die visuelle Spannung im Design der Karosserie registrieren, denn Objekte in Bewegung werden nicht nur gesehen, sondern auch gespürt.[8] Die hübschen Damen sollen das Objekt veredeln und geben der Jagd den Charakter eines Flirts. Tatsächlich erzeugt *Desire* ein Kribbeln im Bauch, das dem Zustand der Verliebtheit durch die Ausschüttung von *Neurotrophin* nicht unähnlich ist. Damit man die Ware tatsächlich »anhimmelt«, vielleicht mit ihr liebäugelt, muss sie »überhöht« präsentiert werden. Das ist die Drehscheibe, auf der der Wagen steht. Es braucht eine Art von Podest, auf dem uns die Ware, so wie die Karotte dem Esel, vor die Nase gehalten wird. Das sind Cat Walks, Modepuppen, Schaufenster und manches Mal auch sehr ungewöhnliche Warenträger:

An den Stränden von Rio de Janeiro kann man sie überall sehen: die Strandverkäufer der Copacabana, von Leblon und Ipanema. Sie verkaufen Hüte, Souvenirs, Kleidung jeder Art. Ihre Ware tragen sie auf Sonnenschirmen, die über und über mit den Objekten der Begierde bestückt sind. Die hocherhobenen Schirme sind der ideale *Laufsteg* für die Desire-Inszenierung. Die kunstvollen Arrangements auf den Schirmen lassen die simplen Produkte besser aussehen, als sie sind. Man hat sie für uns so richtig *herausgeputzt*. Der weiblichen

[8] Christian Mikunda, Kino spüren. Strategien der emotionalen Filmgestaltung. WUV, Wien 2002 (Filmlandpresse München 1986).

Kundschaft gegenüber können die oft gutaussehenden Jungs wahre Charmebolzen sein. Für alle wird die Ware mit großem Einfallsreichtum präsentiert. Einer verkauft Tücher, die Kunststücke können, und führt sie uns mit Elan vor. Da wird aus dem Tuch ein Kleid, dann verwandelt es sich in einen Rock und endet schließlich als Umhängetasche an der Schulter meiner Frau. Das alles passiert überraschend unaufdringlich, erzeugt die Vorfreude, die dazu führt, tatsächlich mit der Ware zu *liebäugeln*. Wer könnte da wiederstehen?

Abb. 2 Strandhändler an der Copacabana

Desire ist Begierde, die entsteht, wenn herausgeputzte Objekte, die überhöht präsentiert und überzeugend angepriesen werden, uns dazu bringen, mit ihnen zu liebäugeln.

Desire »verkauft« uns das Objekt der Begierde. Das heißt aber nicht, dass es dabei ausschließlich um Handel geht. *Desire* stellt höchstes Interesse her, lässt uns antizipieren, spannt uns begierig auf ein Ziel. Auch Museen, Flughäfen,

Krankenhäuser benützen *Desire-Strategien*, wenn sie auf sich aufmerksam machen. Der weltbekannte österreichische Maler und Bildhauer Erwin Wurm ließ sich für seine Ausstellung im Wiener Museum für Moderne Kunst (MUMOK) die Installation »House Attack« einfallen, die für den Ausstellungsbesuch warb und zugleich selbst ein Kunstwerk war.

Abb. 3 »House Attack«

Als ob das biedere Fertigteilhaus vom Himmel gefallen und ins Museum gekracht wäre, balanciert es da oben weithin sichtbar. Wie wir wissen, braucht die *Desire*-Inszenierung einen *Laufsteg* für die Präsentation. Das Dach des Museums ist perfekt dafür, wir bemerken – hier wird uns etwas vorgeführt. *Herausgeputzt*, also mit erhöhter Aufmerksamkeit versehen, ist es auch. Dafür sorgt der Replikat-Effekt, der wie die Scheinmalerei des Barock funktioniert. Kann das sein, ist das echt, was wir sehen, oder nicht? *Angepriesen* wird auch etwas, denn das Haus ist nicht nur Kunstwerk für sich, sondern steht für die Ausstellung und ihre Botschaften. Und schließlich, als ich auf meinem Weg durch das Museumsquartier wieder einmal hier vorbeikomme, stehe ich wie alle anderen mit leuchtenden Augen vor dem MUMOK und *liebäugle* damit, auf der Stelle hineinzugehen. *Desire*, das Gefühl der Begierde, ist bei mir angekommen.

Intensity kommt von Wollust

Ihr Atem wird zusehends unruhiger, doch noch ist es nicht so weit. Immer wieder saugt sie die Luft hörbar ein, scheint innerlich zu beben. In einem Augenblick der Hingabe schließt sie verzückt die Augen, legt weit ihren Kopf zurück, so dass ihr Haar nach hinten fällt und ihre Kehle bloßliegt. Hélène Grimaud nähert sich dem Höhepunkt des Klavierkonzerts. Dass ihr Spiel äußerlich dem Verhalten bei einem weiblichen Orgasmus nicht ganz unähnlich ist, das ist kein Zufall: *Intensity* hier wie da.

Abb. 4 Hélène Grimaud

Die Todsünde der Wollust meint nicht den Geschlechtsverkehr an sich, sondern die, aus Sicht der Kirche, verwerflichen Handlungen zur *Luststeigerung*. Doch gerade die legitime Steigerung der Lust macht den Unterschied zwischen schlechtem Sex und guter Erotik aus (sagen Sexualtherapeuten und Frauen). Das Spiel der weltberühmten französischen Pianistin Hélène Grimaud ist »erotisch« in einem weiteren Sinn. Sie spielt mit der Erwartung durch Verzögerungen (*Agogik* sagen die Experten), wie ein guter Liebhaber, der nicht forsch auf sein Ziel zugeht, sondern dosiert zurücknimmt und wieder steigert. Sie spannt so den Verlauf der Zeit, so weit es gerade noch geht, ohne dass der Spannungsbogen reißt. Und wenn dann der Höhepunkt tatsächlich eintrifft – es der Zuhörer kaum noch aushält –, setzt sie mit gutturaler Atmung und ekstatisch zurückgebogenem Körper ein Verstärkerzeichen nach. Sie spielt, indem sie die Melodie- und Zeitverläufe der Musik durch höchste Erwartung spannt, antizipatorisch verdichtet und an Punkten der höchsten Verzückung zusätzlich verstärkt. So spielt und keucht sie, wie auch der Pianist Glenn Gould spielte und keuchte, und beugt in Ekstase das Haupt zurück.

Die Verdichtung von Zeit und Raum ist der allgemeine Schlüssel zur höchsten Intensität des Erlebens. Dabei entstehen »Verdichtungs-Punkte« – Augenblicke größter Schönheit –, die zusätzlich empathisch verstärkt werden.

Diese »Erotik der Wahrnehmung« findet sich nicht nur in der Musik. Gegen Ende des 17. Jahrhunderts gab es etwa in den visuellen Künsten einen Evolutionssprung. Französische Maler wie Claude Lorrain perfektionierten damals nach dem *Prinzip der Verdichtung* die Landschaftsmalerei. Sie schoben Brücken, Tempel, architektonische Versatzstücke jeder Art zusammen in ein Bild, erzählten damit oft mythologische Geschichten, und verdichteten sie auch formal durch die Staffelung der Landschaften in der Tiefe und durch innere Rahmen, mittels angeschnittener Säulen und Bäume. Nach einiger Zeit wurde es Allgemeingut, die starke emotionale Wirkung eines solcherart verstärkten Spannungsmusters überall zu suchen. Lorrain hatte als technisches Hilfsmittel die nach ihm benannten »Claude-Gläser« etabliert. Nun verwendete sie jedermann, um mit Hilfe dieser kleinen konkaven Spiegel reale Landschaften unter ästhetischen Gesichtspunkten anzusehen. »Der Benutzer hielt den Spiegel so vor sein Gesicht, dass er die Landschaft in seinem Rücken in dem Rahmen betrachten konnte. Ziel war es, solche Landschaftsausschnitte zu entdecken und ästhetisch zu genießen, die an die Gemälde Lorrains erinnerten«.[9] Der konkave Schliff des Spiegels schob die Einzelelemente der Landschaft

[9] John Dixon Hunt: Der malerische Garten. Stuttgart, Ulmer 2004.

zusammen und verdichtete sie zu einem Bild von intensiver Ästhetik. Die Tönung des Spiegels verstärkte den Gemäldecharakter des Realbildes.

Abb. 5 »Aeneas auf Delos«, Claude Lorrain / »Stourhead«, Henry Hoare / Tintern Abbey Claude Mirror, ©Alex Mac Kay

In England war man von diesen Erlebnissen der Schaulust so begeistert, dass man Gärten entwarf, die wie Landschaftsbilder aufgebaut, aber tatsächlich begehbar waren. Henry Hoare entwarf Mitte des 18. Jahrhunderts in Stourhead den englischen Landschaftspark schlechthin. Gürtelwege (Belt Walks) führten um einen See und geleiteten den Spaziergänger, der nach dem *Intensity*-Gefühl suchte, von einem Parkbild zum nächsten. Für diese »Bilder« hatte man einen Waldgürtel als inneren Rahmen angelegt und dramatische Vordergrund-Hintergrund-Kompositionen geschaffen, die den Blick etwa von der Brücke, über den See, zu einem Tempelchen im Stil Lorrains lenkten. Man ging von Stopp zu Stopp, auf die hin die Parkbilder angelegt wurden und dort besonders intensiv wirkten. Diese Stopps am »Belt Walk« sind die *Verdichtungs-Punkte* der *Intensity*-Inszenierung.

Dort, wo es überwältigend schön ist, verweilen wir, um das Erlebnis auszukosten.

Man zeigt mit dem Finger auf den Anblick, sagt dem anderen: »Schau, wie schön!« Heutzutage macht man ein Foto – die Kodak-Photo-Stopps in amerikanischen Themenparks befinden sich genau an dieser Stelle. Der Blick wird intensiv, man nimmt mehr wahr als sonst. Selbstverloren erlebt man ein ähnliches Gefühl wie beim Sex.[10] Endorphine werden ausgeschüttet und geben uns das Gefühl, zu schweben.[11] So entsteht Intensity, das Hochgefühl der Verzückung.

Chill kommt von Trägheit

Während *Intensity* auf »Verdichtung« beruht, ist das Geheimnis des *Chills* die spürbare »Verdünnung« der Sinneseindrücke. Alles begann in der Zeit, in der Evagrius von Pontus, der »Todsünden-Theoretiker« des 4. Jahrhunderts, das karge Leben der Mönche in der nitrischen Wüste beobachtete.[12] Damals, so schreibt Heiko Ernst in seinem großartigen Buch über die Todsünden, überfiel die Mönche häufig der gefürchtete Mittagsdämon, eine Folge des Blutzuckerabfalls der asketisch lebenden Frühaufsteher. Melancholisch und untätig starrten die Mönche in die Ferne, warteten nur mehr depressiv auf den ersehnten Abend. Die daraus resultierende Unterlassung der aktiven Verehrung Gottes und der aufkeimende Zweifel an der göttlichen Erlösung wogen aus Sicht der Kirche jener Zeit schwerer als so manch andere Verfehlung. Trägheit war eine schwere Todsünde.
Doch dieser Zustand des Fastens kann auch zu positiven Gefühlen führen. Wenn man sich bewusst dem Heilfasten hingibt, wird der Hunger nach zwei Tagen von einem Gefühl der euphorischen Entspannung abgelöst. Dann wird verstärkt *Serotonin* ausgeschüttet und zugleich das Stresshormon *Cortisol* reduziert.[13]

[10] Vgl. Stefan Klein
[11] Vgl. Josef Zehentbauer
[12] Vgl. Heiko Ernst
[13] H. Thompson, L.B. Campbell, Cellular and Molecular Life Sciences (CMLS). Springer 1967.

Fasten in einem weiteren Sinn ist nichts anderes als dosierte Reduktion von »Material«, das verarbeitet werden muss. Neben einem Zuviel an Speisen kann das auch ein Zuviel an Reizen und Neuigkeit jeder Art sein.

Chill ist das »Fasten von Sinnesempfindungen«, die uns zu viel werden.

In einer Zeit der Informationsflut und Beschleunigung des Lebens wurden *Chill*-Gefühle zur wichtigsten Innovation der inszenierten Welt: kaum ein Restaurant ohne Lounge-Bereich, kaum ein neues Hotel oder Museum ohne entspannendes Atrium. Dabei müssen zwei Prinzipien zu gleichen Teilen bedacht werden:

1. Das Prinzip der Entlastungsreduktion

Wer liegt wie im Lümmelmöbel einer Lounge, reduziert in entlastender Weise die Muskelspannung. Wer immer wieder dieselbe Sommerfrische aufsucht, reduziert in entlastender Weise die Zahl der neuen Situationen, auf die man sich sonst in den Ferien einstellen müsste.

Entlastungsreduktion ist die Grundvoraussetzung für Chill.

2. Das Prinzip der Selbstentspannung

Zugleich müssen wir wissen, wie diese Reduktion verstanden werden soll. So wie die Reduktion der Speisenaufnahme sowohl als negatives Hungergefühl als auch als positives Fastengefühl interpretiert werden kann, können Entlastungen der Sinnesempfindungen entweder langweilig oder entspannend wirken. Damit sie als *Chill*-Gefühl interpretiert werden, müssen sie mit *demonstrativer Selbstentspannung* verbunden sein.

DIE 7 HOCHGEFÜHLE

Als Kinder hat man uns verboten, die Füße auf den Couchtisch zu legen (nur ungehobelte Amerikaner würden so etwas tun), aber genau dieses Hochlegen der Beine ist das Indiz, dass die Situation nicht zum Gähnen ist, sondern entspannt genossen werden soll.

Daher spielt überall, wo Chill in Szene gesetzt wird, das Liegen eine Hauptrolle.

Abb. 6 Hugendubel, Ulm und Selbstentspannung

Kurz schließt sie die Augen. Das Buch, das sie gerade nachdenklich macht, legt sie für eine Minute auf ihre hochgelagerten Beine. Geborgen wie in der Welle einer Sanddüne auf Sylt lümmelt sie in der Liegelandschaft. Die nimmt hier, in der Buchhandlung Hugendubel in Ulm, beinahe ein Viertel der Fläche im ersten Stockwerk ein. In der riesigen roten Anlage zum Liegen, Quersitzen, Längssitzen, sind an die zwei Dutzend Leser in ihre Bücher versunken. Es sind Studenten, wie die junge Frau in der Liegewelle, Familien, Angestellte in ihrer Mittagspause. Sie alle sind hier, weil sie sich für Bücher interessieren, aber sie sind auch hier, weil Buchhandlungen immer schon Orte der Kontemplation, der Flucht aus einer hektischen Welt waren, eine Zuflucht und Oase in der Stadt. Internet-Buchhandlungen wie Amazon haben der Branche zu denken gegeben. So erinnerten sich die Besten von ihnen an eine Stärke, die im Zeitalter der Bewirtschaftung von Regalmetern in Sortimentsbuchhandlungen längst verloren schien. Die Buchhandlung sollte wieder ein Ort für Müßiggang auf hohem Niveau sein, ein Ort für *Chill*, das Hochgefühl der Entspannung.

Wie die Hochgefühle funktionieren

Glory, Joy, Power, Bravour, Desire, Intensity, Chill – das sind die sieben Hochgefühle, nach denen wir verrückt sind. Gleich nach den klassischen Begierden der Todsünden, die immer noch die Hitliste unserer Begehrlichkeiten anführen, sind sie die beste zweite Wahl für das, was wir auf dieser Welt erleben wollen. Kultur auf höchstem emotionalen Niveau, Naturerfahrungen, die unser Leben verändern, Lifestyle-Inszenierungen, die Waren mit echten, tiefen Erlebnissenverbinden, bieten gerade in Zeiten der Wirtschaftskrise handfeste Gegenleistungen für unser Geld. Aber wie machen das die Hochgefühle? Sie folgen, alle sieben, demselben Verlauf:

Auslösen – Einfühlen – Nachwirken

1. Auslösen

Zuerst registrieren wir *Auslösereize*, die für das jeweilige Hochgefühl typisch sind. Alles, was zum Beispiel übergroß aufragt oder sich sonst irgendwie nach Tempel oder Palast anfühlt, setzt erhabene *Glory*-Gefühle in Bewegung. Alles, was Tempo oder sonstwie animalische Kraft ausstrahlt, erzeugt *Power*-Gefühle und Kraftstärke.

Bevor die Hochgefühle aber wirklich greifen, müssen sie noch einen entscheidenden Filter passieren. Sie sollen nicht nur dem *Lustprinzip* entsprechen und glückselig machende Emotionen versprechen, sondern auch noch dem *Sinnprinzip* genügen. Wir haben bisher gesehen, dass die Hochgefühle den Todsünden nicht ganz unähnlich sind, aber von allen zerstörerischen und selbstschädigenden Auswirkungen »gereinigt« wurden. Die überhohen Geschlechtertürme der Renaissance dienten der Selbstüberhöhung und waren daher eher Ausdruck einer Todsünde, des Hochmuts. Das überhohe Atrium des Sechs-Sterne-Hotels Burj al Arab in Dubai ist aber, trotz vergoldeter Säulen, eher Auslöser von erhabenen *Glory*-Gefühlen, eines Hochgefühls, weil die Überhöhung ein Geschenk an die Gäste des Hotels ist. Praktisch alle Glücksforscher sind sich darüber einig, dass beide Grundprinzipien des Erlebens gleichwertig zum Tragen kommen müssen, um Hochgefühle auszulösen: das Lustprinzip, wie Sigmund Freud es beschrieb, und das Sinnprinzip, wie es Viktor Frankl formulierte.[14] Nur wenn sinnliches Vergnügen (Freud) und die Sehnsucht nach Erfüllung (Frankl) im Einklang stehen, wird aus dem affektiven Erlebnis ein Hochgefühl des Glücks.

Hochgefühle entstehen nur aus dem Zusammenspiel von »Sinn und Sinnlichkeit«.

[14] Tal Ben-Shahar. Glücklicher. München. Riemann 2007.

2. Einfühlen

Aber wie wissen wir, welches Hochgefühl eigentlich gemeint ist? Sollen wir uns gerade erhaben fühlen, oder ist etwa die animalische Kraftstärke das Gefühl, das wir gleich spüren sollen? Erst Anfang der neunziger Jahre wurden in einem Labor in Parma die *Spiegelneuronen* entdeckt, die erklären, warum wir wissen, was wir zu fühlen haben. Für alle wesentlichen Emotionen finden sich im Gehirn Neuronen, die dann reagieren, wenn da draußen jemand anderer gerade eine solche Emotion erlebt. Als 1999 der junge Neurophysiologe William Hutchinson sich zufällig während einer Operation am offenen Gehirn selbst in den Finger stach, reagierte seine wache Patientin mit einem eigenem Schmerzgefühl, das durch ein Oszilloskop empirisch bewiesen wurde. Sie hatte sich eingefühlt. Die etwa 200 Millionen Spiegelneuronen im Gehirn erklären somit das Phänomen der Empathie, das seit Jahrhunderten bekannt ist. Wir imitieren innerlich die anderen, um deren Gefühle zu spüren.

Interessant für die Theorie der Hochgefühle ist die verblüffende Tatsache, dass wir uns auch in Objekte, die Architektur, die Umwelt einfühlen können.[15] Ein Power-Auto, wie der geländegängige Touareg, wird dann auf einer Messe vielleicht mit Morast auf der Karosserie präsentiert, den er zuvor angeblich kraftvoll durchpflügt hat. Unsere Spiegelneuronen registrieren die Urkraft als kausale Ursache der Verschmutzung und lösen das Power-Gefühl aus.

Die symbolische Darstellung der Auswirkung einer emotionalen Situation löst in uns dieselben Hochgefühle aus wie die emotionale Situation selbst.

[15] Rudolf Arnheim, Kunst und Sehen. Eine Psychologie des schöpferischen Auges. Berlin, de Gruyter 2000.

DIE 7 HOCHGEFÜHLE 43

Abb. 7 VW Touareg, symbolische Einfühlung

Ist das so einfach? Funktioniert das immer? Sind wir wirklich so verführbar, manipulierbar, vorhersagbar? Nein, sind wir nicht. Das Hochgefühl stellt sich nur dann ein, wenn wir es auch fühlen <u>wollen</u>. Wir müssen sogar mitarbeiten, damit es deutlich spürbar wird. Glücksforscher, wie Tal Ben-Shahar, fordern uns auf, immer wieder innezuhalten, um uns unser Glück vor Augen zu führen. Er nennt solche Handlungen *Glücksverstärker*. Die *Glücksverstärker* der Hochgefühle sind Verhaltensweisen, die den ersten Funken des aufkeimenden Gefühls erst als Hochgefühl zum Ausbruch bringen.

Gefühle muss man spüren wollen.

Einige dieser *Glücksverstärker* wurden bereits erwähnt. Wir haben gesehen, wie die triumphierende *Becker-Faust* und das *Schrei-Lachen* auf der Adrenalin-Schaukel des Thrill-Erlebnisses das *Power*-Gefühl verstärken. Dieses Buch begann damit, dass Touristen vor den Wasserfällen von Iguazu die Arme hoben, um sich innerlich weit zu machen und sich so ganz dem *Glory*-Gefühl hinzugeben.

Abb. 8 Erhobene Arme als Glücksverstärker

Glücksverstärker funktionieren wie ein Ventil, das geöffnet wird und ein Gefühl zulässt. »Was glaubst du, wie emotional blockiert die meisten Menschen sind«, sagt mein ehemaliger Doktor-Vater und langjähriger Freund Prof. Dr. Peter Vitouch. »Die schauen bei deinen Wasserfällen, was die anderen machen, und dann machen sie es auch, und plötzlich spüren es alle – die Erhabenheit und das *Glory*-Gefühl, wie du es nennst.«

Wir werden durch die Glücksverstärker auf das Gefühl gepolt, das wir gleich spüren werden und auch spüren wollen.

Das Gemeinschaftserlebnis ist dabei ein wesentlicher Faktor. Wir sind eben nicht in einer Welt der Reiz-Reaktions-Muster gefangen, sondern sind Bestandteil einer allgemeinen »Kultur der Wirkungssteigerung«, die uns ständig umgibt.

3. Nachwirken

Was erleben wir eigentlich, wenn wir ein Hochgefühl erleben? Uns selbst. »Kunstgenuss ist Selbstgenuss« – formulierte bereits 1907 der Kunsthistoriker Wilhelm Worringer.[16] Wir spüren, wie die körpereigenen Drogen – Neurotransmitter – ausgeschieden werden: Serotonin, das uns in *Glory*-Situationen ganz ruhig macht, oder Dopamin, das in *Joy*-Situationen den Freudentaumel auslöst. Adrenalin lässt uns *Power* spüren, Acetylcholin die *Bravour* usw. Wir durchleben die Hochgefühle so intensiv, weil sie in uns sind.

Hochgefühle erzeugen sofortige Lebensintensität. Die langfristige Auswirkung ist Heilung im weitesten Sinn.

Ich bin in Amsterdam und schwer verkühlt. Das Wetter ist erbärmlich. Denise und ich kämpfen uns zum Concertgebouw Gebäude vor, wo wir erstmals die Pianistin Hélène Grimaud hören wollen, deshalb sind wir hierher geflogen. Sie spielt Rachmaninovs 2. Klavierkonzert, und wir wissen zu diesem Zeitpunkt nicht, dass diesem Konzert noch etwa dreißig weitere Grimaud-Konzerte folgen werden, die wir in ganz Europa hören. Aber erst mal bin ich krank. Mit welcher *Intensity* Grimaud spielt, wurde bereits angedeutet. Nach Ende des zweiten Satzes, hypnotischer als alles, was wir bisher gehört haben, bin ich gesund. Seither verlassen wir jedes Konzertgebäude sofort, sobald Hélène fertig ist, denn wir wollen uns die Katharsis, die Reinigung und Affektabfuhr, nicht verderben durch das, was vielleicht danach kommt.

In Wien, sechs Jahre später mit Hélène unter Claudio Abbado, bin ich wieder krank. Jetzt bin ich bereits sensibilisiert, kenne jeden ihrer Tricks. Trotzdem überrascht mich die Reaktion, denn ich beginne am Ende des zweiten Satzes – wieder von

[16] Wilhelm Worringer, Abstraktion und Einfühlung. München, Piper 1959.

»Rach 2«, wie die Profis sagen – innerlich zu zittern. Mein Husten verschwindet. Ich verehre den Begründer der Bioenergetik Alexander Lowen und weiß, wie viele seiner Übungen zu eben diesem Zittern der kathartischen Lösung führen sollen. Lowen war Schüler Wilhelm Reichs – was soll ich sagen, dem Theoretiker des Orgasmus.

Nach der sofortigen Wirkung der Hochgefühle im Hier und Jetzt folgt ein heilendes Nachschwingen, das ebenso beeindruckend sein kann. Wenn ich im Konzert eine mitreißende Interpretation von Bach höre, schwingen in mir Händel und Beethoven und Ich-weiß-nicht-was nach, und ich könnte durch die ganze Stadt rennen dabei.

Hochgefühle »erfrischen« uns, und manchmal heilen sie sogar. Die Psychotherapie hat deshalb seit einigen Jahren die Ästhetik entdeckt. Neben den Klassikern, wie Tanztherapie und Musiktherapie, ist neuerdings die Filmtherapie im Kommen, zu dessen Theoretikern mein langjähriger Assistent Alexander Vesely, Enkel von Viktor Frankl, gehört.[17]

Gefühlscocktails

Zumeist treten die Hochgefühle konzertiert auf. Sie mischen sich zu sinnvollen Cocktails der Gefühle, die einem Ort die optimale Stärke geben. Üblicherweise sind es zwei bis drei Hochgefühle, die gemeinsam auftreten. Shopping Malls etwa brauchen nicht nur das *Glory*-Gefühl mit erhabenen Kuppeln und großer Höhe für das Königsgefühl im Kunden, sondern auch eine große Dosis *Joy*, mit vielen Buden, wo man Kleinigkeiten kauft, mit Bäumen, Bänken und geometrischen Mustern im Boden, um die Erhabenheit mit konsumfreudi-

[17] Alexander Vesely, Grundzüge und Einsatz der »Cinetherapie« im Rahmen psychotherapeutischer Intervention. Wien, Sigmund Freud Universität 2007.

gem Freudentaumel zu ergänzen. *Glory* und *Joy* gehören in Shopping Malls zusammen. Ein Rundgang durch den Kölner Flagship Store des Outdoor-Spezialisten »Globetrotter« von Architekt Prof. Holger Moths – ausgezeichnet als »Store of the Year 2007« – lässt ein wenig von der Mechanik dieses Zusammenspiels erahnen (siehe Farbteil, Seite 193).

GLORY

Zentraler Punkt des vierstöckigen Kaufhauses ist ein raumgreifendes Atrium, das den Kunden in einen Wald hineinversetzt. Wir blicken, in perspektivisch verstärkter Untersicht, auf Bäume (Folien an der Lichtdecke des Atriums), deren gewaltige Stämme in den Himmel ragen. »Ahh – deshalb bin ich hier – die Erhabenheit der Natur«, denkt der Outdoor-Kunde. Das Glory-Gefühl macht innerlich ruhig und groß. Aber Berge, Meere, Seen entspannen uns auch, sind immer auch ...

CHILL

So schwebt dezentes Vogelgezwitscher durch den Raum. Ein ellipsenförmiger Bergsee nimmt beinahe das gesamte Erdgeschoss ein. Er dient als Probebecken für Kanus und Taucher, doch heute liegen zwei Jungs und ein Mädel ganz entspannt am Ufer des Sees und plaudern. Wie nach einem Picknick im Wald liegt die Schale einer zuvor aufgegessenen Banane neben ihnen. Überall im Kaufhaus gibt es solche Angebote zum »Chillen«, wie die Kids heute sagen: ein Café in einem Wald von Blumentöpfen, ein Restaurant mit Lampen wie aus Treibholz zusammengeschwemmt, Quallen in einer Wassersäule. »Ooohm« – ganz entspannt. Doch wir wissen, die Faszination an der Natur hat auch eine andere, eine kraftvolle Seite:

POWER

Ihr Lachen und Kreischen, das für die *Power*-Action typisch ist, kann man bereits hören, bevor die Regenkammer mit den drei jungen Leuten zu sehen ist. Sie ist auf Orkan gestellt, so dass trotz wasserdichter Goretex-Kleidung, die hier von den Kunden getestet werden kann, einiges von der Kraftstärke der Natur »rüberkommt«. Wie gut es tut, am Leben zu sein. Die Inszenierungen von Glory, Chill und Power lassen uns die ganze emotionale Bandbreite der Naturfaszination erleben. Doch »Globetrotter« ist vor allem Kaufhaus, braucht demnach auch eine hohe Dosis Konsumigkeit. Sie entsteht durch die Inszenierung von ...

JOY

Themenwände lassen das Dopamin strömen. Wanderschuhe in beeindruckender Überfülle schweben vor Baumstümpfen, die man in Scheiben schnitt und zu einer Baumstumpfwand stylte. Eine Kaskade an Granitblöcken bietet den Hintergrund für das Klettern; daneben sind es unzählige Gullydeckel aus New York, kombiniert mit den Sounds der Stadt. Es ist die Präsentation der Überfülle, die den Freudentaumel erzeugt und sinnlichen Konsum herstellt.

DESIRE

Doch nur der kauft ein Produkt, dessen Begierde zuvor geweckt wurde. Tibet, Nepal, Basiscamp der Expeditionen auf das Dach der Welt, Heinrich Harrer, nein, ein heiliger Mann bemalt mit Asche thront mit seinem Großbild vor der Abteilung mit Trecking-Ausrüstung aller Art. Das Bild fungiert als Karotte der Begierde. Die Töpfe, Kessel, Lampen fürs Trecking liegen davor auf hartem Geröll im Basiscamp der Sehnsucht.

BRAVOUR

Es kommt auch darauf an, überzeugt zu werden. Wer Sport betreibt, will sich heute wie ein Profi fühlen, der weiß, was er tut. Ausprobieren, Testen, noch einmal Überprüfen gehören zum Vergnügen in Sportgeschäften dazu. Wir wollen die Raffinesse des »Tools« erleben, bevor wir unsere Kreditkarte zücken. Kältekammern sind heute beinahe schon Standard, doch diese hier, mit Eisbank und Fell, mit Monitor, der zeigt, wie der Freund daneben friert, während wir in der Jacke brillieren, lässt uns anerkennend nicken.

INTENSITY

Ein Bild folgt dem nächsten – das Kaufhaus als Garten der Sinneslust. Wir schweben entlang eines Loops, eines Rundwegs, durch das Gebäude. Oben der Wald, unten der See, rechts von uns die Abteilungen, die wie die Gärten im England des 19. Jahrhunderts die Welt in der Nussschale verdichten. Jedes Kaufhaus, jedes Shopping Center, sollte auch wie ein solcher Garten Eden sein, durch den wir Kunden lustwandeln dürfen. Danke für dieses Geschenk.

GLORY
Das Erhabene

Wenn es einen Ort gibt, wo die ganze Bandbreite inszenierter Erhabenheit spürbar wird, dann ist es das Faena Hotel, das Philippe Starck in Buenos Aires für den immer in göttliches Weiß gekleideten Millionär Alan Faena baute. Hier, im alten Hafenviertel Puerto Madero, verwandelte Starck einen ehemaligen Kornspeicher in einen Ort, an dem beide Herzen des *Glory*-Gefühls schlagen. Glory ist entweder Ausdruck des Sakralen und löst ein *Tempelgefühl* aus, oder es ist Ausdruck des Aristokratischen und führt zu einem *Königsgefühl*. Im Faena werden beide Varianten des Erhabenen mit höchster Präzision gefeiert.

Alles beginnt damit, dass sich vor uns eine überhohe, glühend rot leuchtende Glastür wie von Geisterhand öffnet. Ein Tempelwächter dahinter, nein, ein Security-Guard, hat uns kommen sehen und das Tempeltor geöffnet. Es gibt den Blick auf eine unendlich tiefe und imposant hohe Eingangshalle frei, die Starck bezeichnenderweise »La Catedral« taufte. In ihrer Mitte verstärkt ein überlanges, schlankes Sitzmöbel, so lang wie die gesamte Achse, die beeindruckende Tiefe. Links und rechts betont eine ganze Flucht von Vorhängen, die durch dramatisches Licht wie riesige Säulen wirken, die Höhe der Halle. Wir stehen in einem Kirchenschiff (siehe Farbteil, Seite 194).

Wer eincheckt, findet im Dunkel des Vorraums zu den Liften drei dezente Schreibtische mit Blumen und Tischlampen, vor denen man Platz nimmt und von einem der drei »Experience Manager« bedient wird. Sie überreichen eine Visitenkarte. Einer von den dreien wird immer bereit stehen, wie einst ein persönlicher Bediensteter am Hofe. Dann ein erster Drink an der Bar, die »The Library Lounge« heißt. Sie erinnert an die Halle in einer argentinischen Estanzia, die wieder an die Halle in den englischen Herrschaftshäusern des 18. Jahrhunderts erinnert. An den Wänden hängen ausgestopfte Trophäen einer herrschaftlichen Jagd, Wild mit großen, braunen Augen, geschmückt mit Edelsteinen und Ketten um den Hals und so von Starck ironisch gebrochen. So geht es weiter in »El Bistro«, dem großen Restaurant. Es ist göttlich weiß in weiß, wie sein Besitzer Alan Faena, mit Kronleuchtern an der Decke und an den Wänden nochmals herrschaftlichen Trophäen. Doch diesmal sind es Einhörner, Fabelwesen, man weiß: Starck, die Ironie. Wir leben in einem Palast, oder wollen das zumindest glauben.

Die Psychologie des Erhabenen

Das Glory-Gefühl ist, mehr vielleicht als jedes andere Hochgefühl, ein Produkt einer emotionalen Konstruktion. Wir weinen im allerersten Star-Wars-Film von George Lucas gerührt, wenn unsere Helden zur hymnischen Triumphmusik von John Williams zur intergalaktischen Auszeichnung schreiten, und müssen vielleicht Jahrzehnte später beschämt erkennen, dass die visuelle Inszenierung mit den turmhohen Lichtsäulen exakt der Bildkomposition entspricht, die Leni Riefenstahl für den NS-Reichsparteitagsfilm »Triumph des Willens« wählte. Es ist ein schmaler Grat zwischen der Todsünde des Hochmuts und dem Hochgefühl der Erhabenheit, auf dem die populäre Kultur manchmal entlangbalanciert.

Abb. 9 » Krieg der Sterne« 1977 / »Triumph des Willens« 1934

Als wir kürzlich in Tokio von weitem eine Art französische Kathedrale entdecken, glauben wir kurzfristig an einen Durchbruch der katholischen Kirche in Japan, aber es ist nur »Grace-Cathedral«, eine nicht geweihte »Wedding Chapel« als Event-Location, in der die Japaner so tun als ob und sich die Glory-Rührung einer europäisch-katholischen Hochzeit durch Kathedralen-Architektur und Einzugs-Pomp (die Braut, ihr Papa) ausborgen.

Auch im Faena wird das Gefühl der Erhabenheit durch eine emotionale Konstruktion ausgelöst, denn wir befinden uns weder in einer echten Kathedrale noch in einem echten Palast. Glory-Gefühle sind zumeist ausgeborgte Hochgefühle, wie in den »Grand Magasins« den Kaufhauspalästen des 19. Jahrhunderts, als durch imposante Freitreppen und prunkvolle Glaskuppeln das Bürgertum sich an der Illusion ergötzen konnte, sich in einem herrschaftlichen Palast zu befinden.

Tempelgefühle / Königsgefühle

Das Glory-Gefühl ist die positive Seite des Hochmuts, mit der man nur sich selbst erhebt. Was von der Todsünde im Hochgefühl übrigblieb, ist die Überhöhung im weitesten Sinn. Doch sie ist nicht selbstbezogen, sondern meint Gott, König, Vaterland, Natur, Demokratie und die geliebten Kunden.

Die überhohen Atrien vieler Hyatt-Hotels, in deren Himmel pfeilschnelle Lifte jagen, feiern den Hotelgast und sind moderne Varianten überhöhender Kuppelbauten. Die unendlich tiefen Blicke entlang von Spannungsachsen, wie im Faena Hotel, aber auch entlang der großen Boulevards von Paris, wirken erhaben und machen aus der Hauptstadt der »Grande Nation« die Weltmetropole des Glory-Gefühls. Die Weite des

Blicks über das Meer, über Wüstendünen oder Berggipfel ermöglicht uns die Erfahrung der großen Natur.

Höhe, Tiefe, Weite wecken das Tempelgefühl.

Immer wieder trifft man auf überraschende Glory-Phänomene, die sehr weit vom ursprünglichen Auslöser entfernt scheinen, wo der ursprüngliche Zusammenhang aber noch irgendwie spürbar ist. Da sind etwa die übergroßen, schwarzen »Doormen« vor den Luxushotels in Dubai. Sie messen zwei Meter und mehr, kommen meist aus Somalia und erinnern an die nubischen Sklaven aus der Zeit der ägyptischen Pharaonen, der Gottkönige. Die Pharaonen sind heute die Touristen aus aller Welt, denen die »Diener« den Wagenschlag öffnen.

Abb. 10 Doormen in Dubai

Während *Tempelgefühle* meist durch tatsächliche Größe entstehen, ergeben sich *Königsgefühle* durch symbolische Hervorhebung. Wir haben unseren persönlichen Bediensteten im Faena und fühlen uns dadurch privilegiert, hervorgehoben. »Zum Spa bitte!«, rufen wir und gondeln auf den Wasserstraßen des »Madinat Jumeirah«, der größten Luxushotelanlage der Welt, auf elektrisch betriebenen Abras, den modernen Versionen der traditionellen Wassertaxis. So muss es in der Zeit der Sänften gewesen sein, und – »only for guests of the resort« – wir sind Auserwählte. In den Malls von Dubai wandeln wir unter vergoldeten Decken, etwa in den Shops der Parfümerie-Kette »Paris Gallery« – wir sind bedeutsam!

Was hervorhebt, weckt das Königsgefühl.

Als für Barack Obama im Vorwahlkampf gegen Hillary Clinton alles auf der Kippe stand, startete eine Gruppe von 37 Künstlern rund um den Sänger »will.i.am« der Hip-Hop-Gruppe »The Black Eyed Peas« eine historische Aktion. Es sollte spürbar werden, dass Obama ein Auserwählter sei und wir auch, wenn wir ihn nur wählten (oder sonstwie verehrten). Die Hervorhebung erfolgte durch einen Musikvideoclip in Schwarzweiß, in dem das Bild in Split-Screen-Technik aufgeteilt war. Ein Bild zeigte Obama und seine berühmte Rede »Yes-we-can«, die anderen die Künstler. Hier ist ein kleiner Ausschnitt:

»It was whispered by slaves and abolitionists as they blazed a trail toward freedom. Yes we can. Yes we can.
It was sung by immigrants as they struck out from distant shores and pioneers who pushed westward against an unforgiving wilderness. Yes we can. Yes we can.«

Der gesprochene Text, der mit seinen Wiederholungen und Steigerungen ohnehin hymnischen Prinzipien folgt, wurde im Clip zusätzlich hervorgehoben. Künstler wie die wunderbare Scarlett Johansson (»Lost in Translation«), verdoppeln sprechend und singend den Text des Politikers. Sie bedienen sich dabei der »Call-and-Response-Technik«, die von den afrikanischen Sklaven in die Gospel-Musik eingebracht wurde und darin besteht, dass die Gruppe – hier die Künstler – auf die Rufe des Vorsängers – hier Obama – reagiert, seine Texte wiederholt, sie jubelnd eine Terz höher nachsingt, mit einem Wort: inszeniert hervorhebt. Der Clip wurde zur Apotheose und Obama zum Präsident.

Sich weit machen

Alle Hochgefühle bekommen erst dann ihre unwiderstehliche Intensität, wenn wir mitmachen. Diese Handlungen, mit denen wir uns selbst vor Augen führen, was wir da erleben, sind die *Glücksverstärker*.

Touristen vor den Wasserfällen von Iguazu heben ihre Arme, Menschen angesichts der Erhabenheit der Wüste tun es manchmal, Fußballer nach dem Tor, die Christus-Statue auf dem Corcovado in Rio de Janeiro, die computeranimierte Figur im Trailer zur Casting-Show »Deutschland sucht den Superstar« – sie alle heben die Arme. Warum? Zu welchem Zweck?

Die Geste der »erhobenen Arme« macht innerlich ganz weit.

Abb. 11 Cristo Redentor / Fußballer / erhabene Wüste

Das Gegenteil ist Enge, und die ist, wie alle Asthmatiker wissen, der Ausdruck von Angst. In ihrem berühmten Medizinratgeber »Krankheit als Weg« schreiben der Psychologe Thorwald Dethlefsen und der Arzt Rüdiger Dahlke: »Das einzige Mittel gegen Angst ist Ausdehnung«.[18] So also öffnen wir intuitiv unsere Arme, wenn wir die Welt noch stärker an uns heranlassen wollen.

[18] Thorwald Dethlefsen, Rüdiger Dahlke, Krankheit als Weg. Deutung und Be-Deutung der Krankheitsbilder. München, Bertelsmann 1989.

Was wir bei der Erhabenheit spüren, ist das Zurückweichen unserer Grundängste und die Befreiung, die damit einhergeht.

Im intuitiven Verstärkerverhalten der *erhobenen* Arme ist noch das Verstärkerverhalten der Todsünde erkennbar, in der die Glory-Gefühle wurzeln: die vor Stolz *geschwellte* Brust des Hochmuts. Doch während der Hochmütige sich weit macht, indem er sich gegenüber dem anderen aufplustert, macht man sich im Angesicht von Erhabenheit nur für sich selbst weit.

Auch wenn wir dabei nicht immer gleich extrovertiert die Arme hochheben, atmen wir angesichts von Erhabenheit zumindest tief ein, und der Brustkorb hebt sich. Mehr noch, wir atmen bis in den Bauch hinunter, bis zum Beckenboden, wie es alle Atemtherapeuten mit speziellen Trainingsmethoden lehren.[19] So können wir uns auch ganz dezent innerlich weit machen.

Immer, wenn ich die Hotelhalle »La Catedral« im Faena betrete, muss ich kurz stehen bleiben und tief einatmen. Dann will ich ins Zimmer, aber selbst wenn ich es eilig habe, finde ich es irgendwie unangemessen, durch die Halle zu rennen. Zu erhaben ist sie. Intuitiv durchmisst man sie andächtig, man durchschreitet sie. Auch *das Schreiten*, das langsame, feierliche Gehen, verstärkt die Glory-Gefühle. Man schreitet die große Freitreppe hinab, nicht nur im Schloss, sondern auch in der Shopping Mall, und wundert sich nicht, dass trotz Rolltreppen, Liftgruppen und Nottreppen fast jede Mall auch eine pompös inszenierte Glory-Treppe hat. Man ist ein Star und schreitet über den roten Teppich zur Preisverleihung.

Schreiten dehnt den inneren Zeitrahmen, es bewirkt Entschleunigung und macht uns dadurch weit.

---

[19] Eva Loschky, Gut klingen – gut ankommen. Effektives Stimmtraining mit der Loschky-Methode®. München, Kösel 2005.

Kraftruhe

Solcherart verstärkt können sich die Glory-Gefühle nun voll entfalten. Aber wie tun sie das? Das Set an Auslösern und die Glücksverstärker führen zur massiven Ausschüttung von *Serotonin* und bewirken jenes Gefühl der »heiligen Trunkenheit«, das hymnische Hochgefühl, das für die mitreißende Erhabenheit typisch ist.

Serotonin ist jene körpereigene Droge, die uns auf eine kraftvolle Weise ganz ruhig macht.

Haben wir zu wenig von diesem Neurotransmitter, stellen sich Depressionen und Angstzustände ein.[20] Selbstmörder und Amokläufer weisen einen signifikant niedrigen Serotoninspiegel auf. Jedes Hochgefühl muss wie ein Medikament aus der geheimen Apotheke der inszenierten Welt verstanden werden. Es ist ein Medikament, das sowohl kurzfristig Linderung bringt, als auch langfristig zu heilen vermag. Wer depressiv ist, sollte Schokolade essen, Kathedralen lieben, in Glory-Musicals gehen, ab und zu in einer gemieteten Limousine fahren oder, alternativ, die Sonnenaufgänge und den Blick von Bergstationen in den Alpen genießen. Denn wenn früher der Besuch in der Kathedrale oder der Ball zur Einführung in die Gesellschaft die großen Glory-Gefühle auslösten, so sind es heute Luxus und Natur.

Luxus beruhigt ungemein, hat neben der soziologischen Dimension auch eine psychologische.

»New Luxury« – als Vorbote der Wirtschaftskrise von 2009 entstanden – ermöglicht den Schuss *Luxus-Serotonin* auf Zeit auch für weniger Begüterte. Wir mieten kurz mal eine Limousine zum Flughafen (in Wien 35 € ohne Trinkgeld und

[20] Vgl. Josef Zehentbauer

viel besser als das verschmutzte Taxi mit dem unfreundlichen Fahrer für 30 €). Luxusautos sind innen geräumig, der Motor leise, die Aircondition kühlt, der Fahrer kommt entgegen, trägt, öffnet. Oder man geht in die Bar vom Hotel Sacher in Wien auf ein Paar Sacher-Würstel, ein Traum von Style und Service zum Preis eines großen McDonalds's-Menüs. Ein Luxushotel ist wie ein Palast, man schreitet, versinkt (in weichen Polstern), wird mit unsichtbarer Verneigung bedient, der Style ist aristokratisch, aber die lifestylige Blumen-Deko bricht die Vergangenheit in die Gegenwart hinein. Kraftruhe, die ein paar Tage anhält.

Die Alternative ist ein Schuss Natur-Serotonin.

Nach dem wilden Ritt über die Sanddünen bei Dubai, von dem schon berichtet wurde, versinkt man in einem Wüstencamp bei Bauchtanz und Büffet. Höhepunkt ist ein inszenierter Moment, der überhaupt nichts kostet, aber hochemotional ist. Das gesamte Licht im Camp verlischt für eine Minute. Andächtig biegen wir den Kopf zurück und schauen auf das Firmament. Der Sternenhimmel ohne störendes Stadtlicht hat bekanntlich eine ganz andere Intensität, als wir es so gewohnt sind. Aber hier, in der Wüste, löst er eine Kraftruhe aus, die ihresgleichen auf der Welt sucht. Wenn sakrale Glory-Gefühle das Produkt von »Höhe, Tiefe, Weite« sind, dann ist der Blick auf den nächtlichen Sternenhimmel der ultimative Höhen- und Weiteblick. Dieses Buch heißt »Warum wir uns Gefühle kaufen«. Sicher ein Drittel des Honorars für den Veranstalter »Arabian Adventures« ist diese eine Minute Sternenglück wert.

Das Gefühl der Kraftruhe, das uns die Erhabenheit des Lebens fühlen lässt, ist die unmittelbare Wirkung aller Glory-Erlebnisse.

Die Lösung von Angst – wie Dethlefsen / Dahlke zeigten – ist die therapeutische Langzeitwirkung, die das Glory-Gefühl erst auf unseren Planeten brachte. Alle Hochgefühle sind viel mehr als bloß verkaufsfördernd oder einfach unterhaltend. Sie sind da, weil unsere Spezies sie braucht. Sie sind Teil des evolutionären Plans.

Die Dramaturgie des Erhabenen

Alle Inszenierungen, die Erhabenes herstellen, folgen entweder dem Prinzip der Tempelgefühle – Größe, Tiefe, Weite –, oder sie unterliegen dem Prinzip der Königsgefühle, die uns auf ein Podest heben. Sie führen in jedem Fall dazu, dass wir uns innerlich weit machen und jene Kraftruhe verspüren, die nur ein hoher Serotoninspiegel in uns auslöst.

Orte und Marken, die uns in ein Hochgefühl versetzen, werden begehrenswert. Eine Liebesbeziehung entsteht, die Interesse, Bindung und Kaufimpulse auslöst.

Doch es ist gar nicht so einfach, gedankenverlorene Kunden in Shops oder eilige Gäste von Hotels dazu zu bringen, auf die Hochgefühle aufmerksam zu werden. Noch dazu sollen sie mit ihrem eigenen Verhalten ihre Gefühle verstärken, sonst werden diese nie und nimmer intensiv genug. Zu diesem Zweck braucht es sehr deutliche Auslöse-Signale, die sagen: »Hier ist eine Art Tempel, da ist eine Art Palast. Schau her und lass dich drauf ein. Es lohnt sich!«

Ein Tempel hat ein *großes Tor* und vielleicht eine *Stele*, er empfängt uns mit einer *Tempelfassade*, führt uns in eine erhabene *Säulenhalle* und lässt uns etwas Verehrtes in einer *Gloriole* schauen. Diese typischen Versatzstücke stehen als allgemein bekannte Auslöse-Signale bereit, damit wir nur ja deutlich genug gesagt bekommen, was wir fühlen sollen.

Das Tempeltor

Es ist meist übergroß und imitiert durch Größe und Umrissform die »erhobenen Arme«, die zu den typischen Glory-Verstärkern gehören. Unsere Spiegelneuronen registrieren diese Signale, wir fühlen uns ein, Erhabenheit entsteht. Flügeltüren sind eine bürgerliche Variante des erhabenen Tores, sie sind wie zwei Arme, die wir öffnen. Vor luxuriösen Shops signalisieren uns die Tempeltore: »Hier beginnt ein Ort der Verehrung – also Einatmen, Schreiten, Erhabenheit.«

Echte Tempeltore sind manchmal so massiv, dass sie selbst Jahrtausende überstehen, obwohl der ganze Tempel um sie herum verschwunden ist. Von der »Portara«, dem sechs Meter hohen und fast vier Meter breiten Tor des Dionysos-Tempels auf der Ägäisinsel Naxos, ist nur mehr der Rahmen übrig, weil man einst den Tempel selbst abgetragen hatte, um mit dessen Steinen andere Bauwerke zu errichten.

Abb. 12 Portara in Naxos / Shop im Wafi Center Dubai

Überraschenderweise ist ein solcher frei stehender Rahmen imposanter, als wenn er im Tempel eingebaut wäre. Diesen Effekt macht sich der Kunstgriff des *freigestellten* Tores zunutze, das in einer Glasfassade eingelassen ist und heute vor vielen luxuriösen Shops steht. Es löst den Tempeleffekt auch dann aus, wenn es nicht übergroß ist. Darüber hinaus minimiert es die Hemmschwelle, weil man auch um das Tor rundherum in den Shop hinein sieht.

Freigestellte Tore spielen seit langem auch bei der Inszenierung des öffentlichen Raums eine Rolle. Asiatische Tempeltore waren die Inspiration dafür. Sie stehen, wie etwa die Riesentore des Meji-Schreins in Tokio, weit vor dem eigentlichen Tempel mitten am Weg und kündigen durch die Erhabenheit ihrer solitären Größe den Tempelort an. Die Verpackungskünstler Christo und Jeanne-Claude machten sich vor einigen Jahren diesen Effekt bei ihrer Installation »The Gates« zunutze. Tausende Tore, von denen orangefarbene Tücher herabhingen, waren im New Yorker Central Park aufgestellt worden. Der Wind blies manchmal in einer von solchen Tor-Alleen Hunderte Tücher auf dieselbe Weise hoch. Der Effekt war unbeschreiblich, und Millionen Menschen durchschritten die Tore mit Andacht.

Die *freigestellten Tore* gehören heute als übliches Werkzeug des »Urban Design« zur Gestaltung unserer Städte. Viele Einkaufsstraßen überall auf der Welt beginnen mit einem solchen Tor, das oft auch den Namen der Einkaufsstraße hoch über die Köpfe der Menschen hebt. In der deutschen Kleinstadt Esslingen entstand so eine ganze Flucht von Riesentoren zwischen dem Bahnhof und dem Wahrzeichen der Stadt, einem mittelalterlichen Wohnturm. Verblüffend war der Effekt: Eine hässliche Straße entlang grauenhafter Fassaden verwandelte sich durch die Glory-Gefühle, die von den Toren ausgingen, zu einer echten Einkaufsstraße mit Klasse.

Die Tempelfassade

Wir steigen dem Petersdom in Rom aufs Dach. Über der Fassade, wo die riesigen Heiligenstatuen stehen, treten wir ganz nach vorn. »Urbi et orbi«, »Der Stadt und dem Erdkreis« – sagt der Papst zu Ostern und tatsächlich: Von hier aus hat man das Gefühl, dass einem die ganze Welt zu Füßen liegt. Die Kolonnaden von Bernini, jene halbrunden Säulengänge um den Petersplatz herum, scheinen die ganze Welt zu umarmen. Oscar Niemeyers Museum in Niteroi, einem Stadtteil von Rio de Janeiro, »hebt genauso seine Arme« wie das Kundenzentrum von Porsche Leipzig, das Zaha Hadid schuf. Diese Gebäude sollen nicht nur uns, die wir sie ansehen, mit einer Dosis Kraftruhe versorgen, sie sollen vor allem die Botschaften, die sie vertreten, kraftvoll erscheinen lassen. Ob Vatikan oder Porsche, die Hochgefühle sind Kalkül, sind *Marken-Architektur* und damit Bestandteil des Brandings. Die katholische Kirche und der Porsche-Konzern sagen uns damit, wie sie gesehen werden wollen.

Abb. 13 Museum in Niteroi / Porsche Leipzig

Die Strategie ist nicht neu und nicht auf große Gebäude und Firmen beschränkt. Im Stadtteil Recoleta von Buenos Aires flaniert man durch einen Friedhof, dessen Gräber eine Ansammlung von Tempeln aller Art sind. Neben einer ägyptischen Pyramide steht ein Mausoleum wie ein Designhotel von Philippe Starck, die Straße hinab findet man ein berührendes Art-Deco-Mausoleum, einen griechischen Tempel, eine gotische Kathedrale, alle ungefähr drei bis zehn Meter hoch und dicht an dicht, eine Ich-AG-Stadt der Toten mit Straßen und Grab-Gebäuden.

Die neueste Entwicklung zur Gestaltung erhabener Tempelfassaden sind die Multimedia-Fassaden großer Unternehmen und sakraler Flagship-Stores. Sie signalisieren schon weithin, dass sie ihre Flagge ins Territorium der allgemeinen Aufmerksamkeit gesteckt haben. Der Uniqua Tower in Wien, an dem wir mitgewirkt haben, besitzt eine imposante LED-Fassade mit Leuchtpunkten, die zwischen den Fenstern angebracht sind und allabendlich abstrakte Lichtspiele über der Stadt erstrahlen lassen. Auf der Ginza in Tokio, immer schon für ihre Lichtinszenierungen bekannt, gehören LED-Fassaden für die zahlreichen Flagship-Stores beinahe schon zum »guten Ton«. Chanel lässt nur riesige Schatten über die Fassaden huschen. Schemenhaft glaubt man Mannequins oder textile Strukturen zu erkennen. Niemals erlaubt auf Leucht-Fassaden ist direkt ausgesprochene Werbung. Warum? Weil die Selbstüberhöhung auf den riesigen Fassaden das legitime Tempelgefühl sofort in Eigenstolz umschlagen ließe, in den Hochmut der Todsünde.

Die Stele

Eine schlanke Nadel, die in den Himmel sticht, Kontakt zwischen Himmel und Erde, mit vergoldeter Pyramidenspitze, Verehrung des Sonnengotts – das war der altägyptische Obelisk. Er lenkte den Blick nach oben, wie später die Kathedralen. Durch den Himmelsblick werden wir innerlich weit, wir verehren. Was wird verehrt? Die Botschaft der Stele, denn sie ist wie ein Rufzeichen, das eine prinzipielle Aussage trifft. Glory-Stelen rufen weit hinaus und generieren Interesse an

GLORY

etwas Prinzipiellem. Heute findet man sie in der künstlerischen Event-Gestaltung unserer Städte, im Handel, im Tourismus.

Der Amerikaner Richard Serra mahnt mit seiner *Bramme*, einer Roheisenform von 15 Metern Höhe auf kahler Bergkuppe, die Bürger des Ruhrgebiets, nicht ihre Wurzeln zu verleugnen. Der Däne Olafur Eliasson verführte die Bürger von New York mit seinen *Waterfalls*, die im Sommer 2008 aus 27 m Höhe in den East River stürzten, bei all den Glory-Wolkenkratzern nicht die Wasserwelt zu vergessen, die Manhattan umgibt.

Abb. 14 Bramme / Waterfalls / Galzig-Bahn

Stelen bestehen aus ursprünglichen Materialien: aus Eisen – aus dem Feuer geboren –, aus Wasser wie die großen Wasserfälle des Dschungels, aus Eis wie unsere Gletscher in den Alpen. Im Stadion Center in Wien, dessen Mall-Design Jürgen Hassler und ich rund um das Thema Sport konzipierten, symbolisiert ein 23 m hoher *Eisfall*, durch den die Lifte hindurchschweben, den Wintersport in Österreich (siehe Farbteil, Seite 195). Draußen, in echtem Eis und Schnee, landete derweil in St. Anton am Arlberg eine gläserne Schildkröte, die Talstation der Galzig-Bahn. In deren Inneren treiben vier *Riesenräder* die Gondelbahnen an, drehen sie bis zum Erdboden hinunter, so dass man ebenerdig einsteigen kann. Die Riesen im Schnee sind eine technische Lösung, aber sie sind vor allem großartige Stelen für die Erhabenheit der Alpen. Das Riesenrad in Wien, »The Eye of London« in England, der »Singapur Flyer« und das geplante Riesenrad in Dubai feiern die Erhabenheit des Blicks auf unsere Städte. Dort erwarten erhabene Lichtsäulen die Kunden. In Flagship- Stores in Tokio und New York blicken wir von außen auf hohe *LED-Säulen*, die inmitten des Shops fünf Meter große Models zeigen, die auf dem Laufsteg die aktuelle Kollektion präsentieren. Stelen hier wie da.

Die Säulenhalle

1492, als Columbus das Amerika der Neuzeit entdeckte, schwangen durch die Kathedralen Spaniens Weihrauchgefäße, die an langen Seilen von der Decke herabhingen und nicht nur für betäubenden Duft sorgten, sondern auch den Blick der Gläubigen nach vorn – zum Altar, zu Gott – und nach oben – zum Gewölbe, zum Himmel – zwangen. Denn die Säulenhalle in Tempeln und Kirchen ist ein ideales Vehikel, um uns zugleich in zwei Richtungen zu spannen; ein optimaler

Weitmacher für den verehrungsbereiten Körper. Prozessionen durch die sakrale Achse zelebrierten dementsprechend das Schreiten als weiteren Verstärker und waren – hier spricht der gelernte Theaterhistoriker – das Kick-off für die Wiederentdeckung des Theaters.

Moderne Säulenhallen imitieren dieses Prinzip. Im Faena schwebt der Blick in die Tiefe und trifft auf beiden Seiten auf markante Punkte, auf die wir schauen müssen, ob wir wollen oder nicht. Da ist das schon erwähnte rote Tempeltor auf der einen Seite und ein dramatisch geraffter Theatervorhang auf der anderen. Vertikal schnellt der Blick durch die Flucht an schlanken Vorhängen entlang, die durch das Unterlicht von Scheinwerfern wie Säulen erscheinen, weit nach oben.

Geht's auch billiger? Viele Shops in Malls wecken durch wenige Signale das Tempelgefühl. Meist genügt eine räumliche Erschließung, die durch ihre *Symmetrie* so etwas wie Haupt- und Seitenschiff andeutet. Da ist etwa ein Tor in der Mitte, ein Flachbildschirm zentral an der Rückwand, davor die Beratungstheke. Links und rechts davon hängen vielleicht Großbilder für die Seitenschiffbetonung, in der zentralen Achse kommen uns einige Schaufensterpuppen, wie auf einem Laufsteg, entgegen, oder die Achse wird durch ein Lichtband an der Decke zusätzlich verstärkt. Was ist das Wichtigste bei einer Säulenhalle? Dass sie nicht einbricht. Der zentrale Bildschirm, der am Ende der Achse den Altar ersetzt, muss bespielt sein, sonst stellt sich an Stelle von Erhabenheit schnell Frustration ein, das Hochgefühl bricht schlagartig weg.

Wer sehen will, wie so eine moderne Säulenhalle in einem Shop mit höchster Qualität umgesetzt wurde, sollte einen Besuch im Wynn Hotel in Las Vegas machen, wo das »Outfit« mit einem dreidimensionalen Zunftzeichen für die Bedeutung des Ortes, einem riesigen polierten Kleiderbügel, vorveröffentlicht wird. Dann ein freigestelltes Tempeltor, dann ein Laufsteg mit phantastisch herausgeputzten Models/Puppen für die Achsenbetonung, dann eine »Göttin« am Ende der Achse, dann zwei Säulen links und rechts, die aus langen Vorhängen bestehen. Was auf den ersten Blick so luxuriös und teuer aussieht, ist auf den zweiten Blick sehr vernünftig, temporär (Vorhänge, Podeste), mit einfachen Mitteln gestaltet, ein echtes Vorbild.

Die Gloriole

Ein Strahlenkranz umgab seit alters her das Abbild von Heiligen jeder Art und, seit dem Christentum, vor allem die Jungfrau Maria. Die Gloriole erweitert optisch die Aura einer Person oder eines Objektes. Sie umhüllt den Kopf der New Yorker Freiheitsstatue genauso, wie sie das Model Heidi Klum als Testimonial der Douglas-Parfümerien umgab. Der Lichtkranz umstrahlt die relativ kleine Bühne in der New Yorker Radio City Music Hall, in der die berühmte Tanztruppe der Rocketts zu Hause ist, und macht sie dreimal so groß. Auch Rezeption und Concierge Desk im 6-Sterne-Hotel Burj al Arab in Dubai sind von einem goldenen Strahlenkranz umhüllt.

Abb. 15 Radio City Music Hall / Karlsruhe / Douglas-Fassade

Die Methode ist alt. Wer sich jemals den Grundriss der deutschen Stadt Karlsruhe angesehen hat, erkennt auch dort den Strahlenkranz. Ihr Gründer, der absolutistisch herrschende Markgraf Karl Wilhelm, erschuf die Stadt tatsächlich nach dem Vorbild eines Kranzes von Sonnenstrahlen, in deren Mitte er sich selbst und sein Schloss sah. Doch wir wissen: Sobald die Gloriole nicht mehr dem anderen gegenüber gemeint ist, sondern sich nur auf einen selbst bezieht, kippt der Strahlenkranz des Hochgefühls in das Pfauenrad des Hochmuts.

Drei Tage Rom. Was hat uns bewegt? Glory! Wie Bernini mit seinen Kolonnaden die Welt umarmt – wie im Pantheon, dem Tempel aus der Antike, das Licht aus der Kuppel herabstürzt. Der echte Lichtstrahl, kraftvoll seit 2000 Jahren, zeigt, was die Gloriole heute ist: das sakrale Licht, das jedes Objekt noch präsenter erscheinen lässt. Der Scheinwerfer aus der Antike taucht überall dort auf, wo es gilt, etwas hervorzuheben. In Kunst und Film wird das Phänomen als *highlighting* bezeichnet. Was angestrahlt wird, bekommt mehr visuelles Gewicht und wirkt zugleich wie auf ein Podest gehoben, ist im wahrsten Sinne des Wortes »hochgeleuchtet«.

Im Dunkel der Antikensammlung des Wiener Kunsthistorischen Museums erwartet uns eine Versammlung steinerner Köpfe. Die Büsten schweben auf schlanken Stelen, blicken uns frontal an, vier Reihen hintereinander, aufsteigend angeordnet. Vorne stehen die Kinderköpfe, ganz hinten die Büsten der Kaiser. Das dramatische Licht macht aus der Gruppe einen stummen Chor mit Augen aus Marmor. Hans Hoffer, ein Bühnenbildner, hat die Szene entworfen und aus dem altehrwürdigen Museum einen theatralen Ort gemacht.

Zurück zum Pantheon. Das Licht, das aus der Kuppelöffnung, dem *Opaion*, fällt, leuchtet aus dem Steinboden des Tempels einen kreisrunden Bereich heraus. Diesen Effekt von Licht als

Untergrund simulieren heute Leuchtpodeste in Markenwelten aller Art. Im Mercedes-Benz Museum in Stuttgart drehen sich die allerersten Autos der Welt auf einem solchen Leuchtpodest, erhalten zusätzlich eine leuchtende Himmelsdecke darüber. In Hunderttausenden von Shops schweben die Objekte der Begierde auf solchen Leuchtpodesten. Ein Siegeszug der Gloriole mit anderen Mitteln.

Wahrscheinlich gibt es in unserer Welt inzwischen mehr Glory-Inszenierungen in Shops, Brandlands oder Hotels als in Kirchen und Tempeln. Wir haben uns von der Religion befreit – werden manche sagen – und können die *Tempelgefühle* auch ohne sie erleben, berührt sein, Erhabenheit spüren. Andere werden beklagen, dass wir heute eher geneigt sind, Weltliches zu verehren, und der Religion das Tempelgefühl entwendet haben. Doch die Religionen haben viele Menschen enttäuscht. Tempelgefühle sind daher heute vor allem ein säkularisiertes Phänomen. Und wie steht es mit den Palästen? Auch die Orte der Macht haben an Glaubwürdigkeit verloren. Sie sind nicht mehr bewohnt, teuer in der Erhaltung, oft nur mühsam umgewandelt in Museen. Ihre emotionale Botschaft jedoch, das *Königsgefühl*, lebt in neuem Gewand so stark wie nie zuvor. Hotels und Brandlands, Flagship-Stores und Stadt-Events bedienen sich aus dem Fundus der Paläste.

Die Paläste geben uns durch die *große Treppe* einen grandiosen Auftritt, feiern uns in Apotheosen und ermöglichen den Zugang zu einer Art *Tafelrunde*, dem engsten Kreis der Macht. Immer ist es eine Form der *Hervorhebung*, die das Königsgefühl weckt. Auf psychologischer Ebene dienen dazu alle Maßnahmen, die uns veranlassen, würdevoll zu schreiten, huldvoll zu danken, mit einem Wort: auf die Belohnung der Bevorzugung zu reagieren. Das Königsgefühl ist daher das Grundgefühl der Hospitality, von Service und Gastfreundschaft jeder Art, der Lorbeerkranz, mit dem der Kunde gekrönt wird.

Die Apotheose

Während sich die Glastür des Lifts lautlos schließt, verbeugt sich der Security-Mann im dunklen Anzug und wartet mit gebeugtem Rücken so lange, bis wir sanft entschwebt sind. Unglaublich, denken wir, dass er das Serviceritual gerade zum siebenten Mal hintereinander macht, denn hier, im Nicolas G. Hayek Center auf der Ginza von Tokio, warten sieben freistehende Lifte auf den Besucher, ein jeder wie ein begehbares Schaufenster im Stil des jeweiligen Shops, in den er den Besucher bringt. Schon seit einer halben Stunde fahren wir unentwegt durch die Gegend – rein in den holzgetäfelten Lift von Blancpain, rüber in den Omega-Shop, runter mit dem dazugehörigen Glaslift mit seinen transparenten Vitrinen, fünf Meter über den Innenhof, hinein in den poppigen Lift von Swatch und ab in die unterirdische Swatchwelt. Dazwischen muss sich der Empfangschef immer wieder verbeugen, wenn der jeweilige Lift abfährt. »Verdammt«, denkt er wahrscheinlich. »Keine Kunden, die recherchieren nur.« Recht hat er. Denise und ich bereiten eine Lernexpedition nach Tokio vor, und das Hayek Center wird ein Fixstarter.

Die Verbeugungen sagen uns, dass unsere Anwesenheit registriert wurde, und machen aus der Fahrt mit dem Lift einen großen Auftritt. Diese ritualisierte Begrüßung hat Tradition in Japan. Wenn man in einem gutbürgerlichen Restaurant zu seinem Tisch geführt wird, erfolgt das unter lautem Rufen der Kellner, die alle im Raum darauf aufmerksam machen, dass neue, verehrungswürdige Gäste eingelangt sind. In der Dramaturgie heißt eine solche Strategie *clean entrance*. Denn ein Auftritt ist nur dann ein Auftritt, wenn er zuvor angekündigt wurde. Herolde verkündeten das Erscheinen der Könige, bevor diese huldvoll am Balkon erschienen. Die Herolde in Japan haben durchaus ein lautes Organ.

Berühmt sind die Zeremonien, mit denen um 10 Uhr vormittags Kaufhäuser eröffnet werden. Am besten kann man das Ritual bei Takashimaya in Nihonbashi, nördlich der Ginza, erleben. Eine Viertelstunde vor Beginn wird vor dem verschlossenen Tor ein wenig Tee gereicht, dann erscheint eine junge Dame und erklärt, wie geehrt sich der ebenfalls anwesende Direktor fühle, sie alle gleich begrüßen zu dürfen. Dann ertönt die Hymne des Kaufhauses, die Tore werden geöffnet und, vorbei an einem Spalier von sich verbeugenden Verkäuferinnen und Hostessen, vorbei am Direktor, der sich besonders tief verbeugt, schreiten wir so gehuldigt und gesalbt in den Kaufpalast. Doch die Show geht weiter. Die Lift-Girls setzen noch eins drauf. Wann immer einer der fünf, sechs Lifte in einem der Stockwerke hält, tritt seine Hostess aus dem Lift heraus und lädt mit einer weit ausholenden Geste neue Kunden ein, das Gefährt zu betreten, ob welche da sind oder nicht. In manchem Stockwerk treten da gleich drei/vier Liftmädchen unmittelbar hintereinander und nebeneinander aus ihrem jeweiligen Lift und winken huldigend nach neuen Kunden.

Was uns heute so »japanisch« vorkommt, hat eigentlich einen europäisch-orientalischen Ursprung. Der Historiker Gaius Suetonius Tranquillus beschrieb 120 n.Chr. den neuen Palast, den sich Kaiser Nero nach dem von ihm verursachten Brand Roms erbauen ließ, die »Domus Aurea«, das »Goldene Haus«:

»In den Speisesälen gab es bewegliche Decken aus Elfenbein, durch die Blumen herabgeworfen und Parfüm versprengt werden konnte.« [21]

So werden ankommende Gäste des Hotels Burj al Arab noch heute mit Rosenblütenwasser besprengt, wenn sie das Hotel betreten, Erinnerung an die Zeit, als man wirklich aus der

[21] C. Suetonii Tranquilli opera. Vol. 1. De vita Caesarum libri VIII. Editio minor. 1908; Nachdruck Stuttgart, Teubner 1978 und 1993.

Wüste kam. Besondere Düfte und übergroße »Doormen« im Orient, Verbeugungen und laute Rufe in Japan – das sind Gesten der gestalteten Würdigung, die unser Ankommen zum Auftritt machen. Und in Europa? Bekommen wir ein Glas Sekt beim Check-in im Hotel oder in der Business Class vor dem Start? Manchmal. Wird bei der Kontrolle zum Frühstücksbüffet im 5-Sterne-Hotel unser Name genannt, nachdem wir die Zimmernummer gesagt haben? Selten. Wie zeigt man uns, dass wir registriert wurden, so dass aus unserer Gegenwart ein Auftritt, ein *clean entrance*, wird?

Für die in Wien ansässige IG Immobilien durften wir eine Reihe von Shopping Malls und Gated Communities konzipieren. Wie ein roter Faden zieht sich durch alle gemeinsamen Projekte eine spezielle Geste an die Kunden: ein *Concierge Service*. Wer abends in den Wiener Orchideenpark – eine Luxuswohnanlage mit Boardinghouse – heimkommt, plaudert routinemäßig mit einer der Damen, die hier in der Lobbylounge der Anlage als Concierge arbeiten. »Brauchen Sie etwas zum Frühstück, funktioniert alles im Appartement, soll ich ein Shuttle zum Flughafen für morgen früh reservieren? Hier sind die Theaterkarten für nächste Woche.« Man setzt sich an den eleganten weißen Tisch in der Mitte der Lobby, in den große Orchideen eingebaut sind – die Gewächshäuser der Rothschilds standen hier –, und schaut die Post durch, bevor man ins Appartement geht. Im Stadion Center, der von Jürgen Hassler und mir gestalteten Wiener Mall, ruft der Concierge ein Taxi, veranlasst den Transport des Einkaufs bis an die Wohnungstür oder hilft bei der Auswahl des richtigen Shops. Schon das freundliche Nicken des Concierge löst das Königsgefühl aus und ist die zeitgemäße Apotheose im 21. Jahrhundert.

Die große Treppe

Damit man sich königlich fühlt, braucht es auch das eine oder andere architektonische Element, das uns sagt, »Das ist hier eine Art Palast«. Das zentrale Versatzstück ist dabei zweifellos die *große Treppe*, denn kein anderes bauliches Element bringt uns so sehr dazu, vorsichtig und würdevoll zu schreiten. Und wie wir wissen, ist *das Schreiten* der zentrale Glücksverstärker für die Königsgefühle.

Wer schreitet, fühlt sich aufgewertet, aber wann schreitet man genüsslich über eine Treppe? Wenn auch die Treppe selbst aufgewertet ist. Große historische Treppenanlagen, wie die Spanische Treppe in Rom, feiern das Schreiten durch ihre Symmetrie, durch ausladende Seitentreppen, Plattformen und Podeste. Die Treppe im Luxushotel hat einen roten Teppich. Alle Apple Stores verfügen über eine zentrale Glastreppe, wie sie auch im Shop von John Richmond in der Londoner Conduit Street ins Basement lockt. Die große Treppe in der BurJuman Mall in Dubai schwingt sich nicht nur elegant in die Höhe, sondern prunkt mit einer polierten Holzunterseite von seltener Schönheit. Treppen geben einen aufwertenden Image-Kommentar über ihre Benutzer ab. So wie die Verpackung eines Geschenks das verpackte Objekt aufwertet, veredelt die inszenierte Treppe die Benutzer, die über sie schreiten.

Es muss also nicht immer gleich als Katastrophe gesehen werden, wenn ein Verkaufsort auch vertikal erschlossen werden muss. Die große Treppe eignet sich als Attraktion, die einen Ort aufwertet. Treppen sind immer auch Show. Unzählige Entertainer und Showgirls haben die Bühne über eine Showtreppe betreten. Celine Dion betrat ihre Bühne im Caesars Palace Hotel in Las Vegas über eine lange Treppe, die durch eine hochauflösende LED-Wand ins Unendliche verlängert wurde. Die Sängerin war erst auf der elektronischen Treppe zu sehen. Dann schlüpfte die echte Celine Dion durch eine Öffnung in der LED-Wand hindurch und schritt auf der realen Treppe weiter auf ihr Publikum zu.

Die Treppe als Spezialeffekt, als Wahrnehmungsspiel, das mit der Täuschung unserer Sinne spielt und so zum smarten Gadget wird, ist daher auch Bestandteil vieler Verkaufsorte. Den Vogel an vertikaler Glorie abgeschossen hat die LED-Treppe von Louis Vuitton in Tokioter Stadtteil Roppongi. Da fahren kleine U-Bahnen auf den vertikalen Seiten der Stufen, und man selbst will möglichst schnell auf dieses Meisterwerk der Täuschung und überwindet den Niveauunterschied ins Obergeschoss mit Freuden.

Die Showtreppe glitzert nicht nur, sie ist auch besonders breit oder lang. Vor Jahren musste ich wild gestikulierend den italienischen Stararchitekten Massimiliano Fuksas dabei unterstützen, seine Idee einer Himmelsrolltreppe für das MyZeil Shoppingcenter in Frankfurt am Main durchzubringen. Im Februar 2009 wurde die Mall eröffnet und die Rolltreppe gestürmt, die vom Erdgeschoss 46 Meter lang ohne Unterbrechung bis hinauf zum Entertainment-Level der Mall führt. Ein wahrlich glorioser Aufstieg.

Die Tafelrunde

Königsgefühle entstehen durch demonstrative Aufwertung. Einem engsten Kreis anzugehören ist eine Form der Anerkennung, die immer schon ganz besondere Glory-Gefühle auslöste. In unzähligen Filmen haben wir gesehen, wie die Getreuen um König Artus ihre Schwerter vor sich auf den kreisrunden Tisch legten, so dass eine Schwerter-Gloriole entstand und sie so dazugehörten – zu den Rittern der Tafelrunde. Die volkstümliche Variante ist der Stammtisch, wo ein Wimpel sagt, welcher besondere Tisch dieser sei, und vielleicht sogar die Namen der Auserwählten genannt werden, und wenn es nur auf den Bierkrügen ist.

In der Mall des neuen Palace Hotels in Las Vegas wird der Kunde zu einem temporären Mitglied einer solchen Tafelrunde. Dort verkauft man bei »Baumann Rare Books« Bücher von unschätzbarem Wert. Wer einen der distinguierten Herren im dezenten Tuch bittet, die Erstausgabe von Lewis Carrols »Alice im Wunderland« sehen zu dürfen (die gibt es dort tatsächlich), darf sich an einen zentralen Tisch in der Mitte des Raums setzen, wo dann das Werk auf ein hölzernes Buchpult gelegt und vorsichtig für einen umgeblättert wird. Man sitzt an einem besonderen Platz und fühlt sich geadelt.

Schon in den griechischen Theatern der Antike wurden solche besonderen Sitzplätze auch optisch hervorgehoben. Denise schrieb in ihrem Buch »Das Lokal als Bühne«: »Prohedrien waren damals Ehrensitze, die sich durch ihre Form und dekorative Ausstattung – meist mit Weihinschriften verziert – besonders hervorhoben. Sie dienten also der sozialen Aufwertung ihrer privilegierten Benützer.«[22]

Im Salzburger Restaurant M 32 sitzt man im hypermodernen Déjà-vu eines alpinen Landschlosses unter einer ironischen Deckeninszenierung von Matteo Thun, die aus 200 Hirschgeweihen besteht (wer erinnert sich an die Einhorn-Trophäen im Faena?). Besonders begehrt sind zwei runde Tafeln, deren Stühle im Kardinalspurpur gehalten sind – die Prohedrien-Tische des Restaurants. Bei Events landauf landab sind überlange weiße Tafeln, die uns zu Königen der Gegenwart machen sollen, beinahe schon ein Klischee der Event-Kunst.

[22] Denise Schulz, Das Lokal als Bühne. Die Dramaturgie des Genusses. Düsseldorf, Metropolitan 1996 (2000).

Und wo steht die spektakulärste Prohedrieninszenierung der Welt? Im »Green T. House«, wahrscheinlich Pekings bestem Restaurant, das von der elfenhaften Musikerin Zhang Jin Jie, auch bekannt als JinR, geleitet wird. Dort haben alle Stühle Lehnen von weit über zwei Metern Höhe. Denn: wir alle sollten die Auserwählten sein. Und wenn sich schon nicht alle Menschen ein solches Restaurant leisten können, das Königsgefühl in Service und Hospitality steht uns allen zu.

GLORY
Das Erhabene

> Glory ist die positive Seite des Hochmuts
> Die Überhöhung ist nicht selbstbezogen

PSYCHOLOGIE

Auslösen:
> Höhe, Tiefe, Weite wecken Tempelgefühle
> Was hervorhebt, weckt Königsgefühle

Einfühlen:
> Erhobene Arme machen uns innerlich weit
> Das Schreiten dehnt die Zeit und macht uns weit

Nachwirken:
> Serotonin löst das Gefühl der Kraftruhe aus
> Glory-Gefühle lösen nachhaltig Angst

DRAMATURGIE

Tempelgefühle:
> Tempeltore werden freigestellt
> Tempelfassaden sind Marken-Architektur

› Stelen sind Ausrufungszeichen
› Säulenhallen lenken den Blick zweifach
› Gloriolen bewirken »highlighting«

Königsgefühle:
› Apotheosen erzeugen »Clean entrance«
› Große Treppen sind Podeste
› Die Tafelrunde adelt

JOY
Der Freudentaumel

Es ist 3 Uhr nachts, und noch immer hat es 30°. Unter unseren Kostümen ist es verdammt heiß. Gut, dass wir darunter nur Badeanzüge tragen, wie man uns geraten hat. Vor zehn Minuten hat sich unsere Truppe aus 4.000 Tänzern, 300 Trommlern, unserer Band und acht riesigen Wagen in Bewegung gesetzt. Denise und ich tanzen bei »Beijaflor«. Seit drei Jahren kennen wir die Kreativszene rund um den Karneval in Rio. Heute Nacht tanzen wir mit, und gerade jetzt biegt unsere Truppe ins Sambadrome ein, wo 90.000 Menschen auf uns warten. Hinter jedem unserer Wagen tanzen Hunderte von Akteuren in identischen Kostümen, gleich hinter uns sind es viele, viele alte Damen in drei Meter hohen weißen Glitzerkostümen. Wie großartig war es, bei der Wartezeit mit ihnen hinter dem Sambadrome – im Dreck, in der Hitze, umgeben von Beton –

ein Wasser zu trinken. Die Kostüme glitzern, flimmern, die Farben vor uns sind so intensiv, dass es beinahe schmerzt. Auf manchen Wagen fließt echtes Wasser in Strömen – Duschen und Baden durch die Jahrhunderte ist das Thema von »Beijaflor« beim Karneval in Rio 2009.

Nach 15 Minuten Samba in strenger Choreographie weiß ich sicher, dass ich gleich sterben werde. Doch nach 30 Minuten greift das *Dopamin*, das durch den Rhythmus, die Farben, das Glitzern, das Flimmern, das Blinken, die unglaubliche Vielfalt an visuellen Reizen ausgelöst wird. Jetzt, denke ich, während wir ständig angefeuert werden – das Publikum steht verblüffend nah –, könnte es so noch Stunden weitergehen. Doch jede Truppe muss nach rund 80 Minuten durch das Sambadrome durch sein, und so tanzen wir durch eines der drei Tore hinaus. Wir möchten schnell aus den Kostümen raus, viele Brasilianer greifen schon danach, aber erst wollen drei japanische Touristen ein Foto mit uns machen. Was für eine Nacht – »once in a lifetime« (siehe Farbteil, Seite 196).

Die Überfülle an Sinnesreizen, die schon bei den Zuschauern des Karnevals einen weltweit einzigartigen Zustand von Ekstase und Lust auslöst, wird durch die tatsächliche Körpererfahrung nochmals potenziert. Das also war es, was uns versprochen wurde, als wir am Flughafen in Rio ankamen und man uns einen Fächer mit Werbeaufdruck in die Hand drückte, auf dem stand: »Joy is Here«. Wir sind in der Welthauptstadt von Joy, dem Hochgefühl des Freudentaumels. Er wird durch visuelle Überfülle ausgelöst, zugleich gebändigt durch ein Höchstmaß an Ordnung und inszeniertem Rahmen.

Joy ist die positive Völlerei, ein kalkuliertes Spiel mit der Maßlosigkeit.

Dieser ursprüngliche Zusammenhang von Hochgefühl und Todsünde wird in den brasilianischen *Churrascaria*-Restaurants deutlich. Alle paar Minuten kredenzt dort ein anderer Kellner mit einem langen Spieß eine neue Fleischart. »Etwas Lamm, ein Stück Hüftsteak?«, und wenn man nicht aufpasst, platzt man irgendwann. Doch diese Maßlosigkeit ist gebändigt und folgt strikten Gesetzen. Man sagt gezielt »Nein«, sucht sich die besten Stücke aus, »wühlt« genüsslich im Überfluss des Paradieses. Die *Churrascaria* ist bereits auf dem halben Weg zum Joy-Gefühl, ist das evolutionäre Bindeglied zwischen der verwerflichen Todsünde und dem akzeptablen Hochgefühl.

Die Psychologie des Freudentaumels

Auslösen, Einfühlen, Nachwirken ist der psychologische Dreiklang, der hinter jedem Hochgefühl steht. Auch der Freudentaumel ist durch eine solche Abfolge definiert.

Sein Auslöser ist ein verschwenderischer Umgang mit Farben, Formen, Rhythmen, so dass wir gar nicht anders können, als mit einem überschäumenden Lächeln – und anderen Glücksverstärkern – zu reagieren. So fühlen wir uns in die Situation ein und spüren, wie das Dopamin ausgeschüttet wird, der Neurotransmitter hinter dem Joy-Gefühl. Er bewirkt den charakteristischen euphorischen Zustand von Joy und äußert sich dann nachhaltig als Funke für Kreativität. Wird Joy durch Warendesign oder Warenpräsentation erreicht, entsteht ein verkaufsförderndes Konsumgefühl.

Füllhorn & Wunderwelt

Der typische Auslöser des Freudentaumels ist die visuelle Überfülle, das Füllhorn des Glücks.

Wer jemals durch einen orientalischen Basar geschlendert ist, weiß, was gemeint ist. Die Waren im Basar liegen jedoch nicht einfach so herum, sondern werden höchst geordnet präsentiert. Verzichtet man auf ein solches Ordnungsprinzip, erhält man die gefürchtete *Gerümpeltotale*, die bewirkt, dass unsere Augen umherirren und man »vor lauter Bäumen den Wald nicht sieht«. Viele Shops erkranken daran, so dass sie irgendwann eingehen, und viele Messen werden eines Tages daran sterben. In Dubai kann man innerhalb von 20 Minuten den orientalischen Ursprung einer gelungenen Joy-Präsentation und die Umsetzung in der modernen Ladendramaturgie sehen.

Abb. 16 Textilsouk Dubai / »THE One« in der »BurJuman« Mall

Im indisch dominierten Textilsouk steht ein Kiosk für Pantoffeln. Hunderte der orientalischen Hausschuhe werden hier nach unterschiedlichen Ordnungsprinzipien präsentiert. Höhepunkt der Präsentation ist eine Vertiefung in der Mitte des Kiosks, wo, wie in einem Rahmen, nochmals Hunderte Pantoffeln, mit der schmalen Vorderseite zu uns gewandt, besonders eng und dicht und in wunderbarer Überfülle, hineingeschlichtet sind. Ein Füllhorn voller Pantoffeln. Den

Rahmen als Ordnungsprinzip für die Überfülle gibt es auch im feinen Einrichtungshaus »THE One« in der BurJuman Mall. Dort werden in zahlreichen, ebenfalls in der Wand eingelassenen Vertiefungen, unzählige Kleinmöbel, Polster, Vasen, Kistchen ausgestellt.

Die Überfülle braucht ein Ordnungsprinzip, damit keine Gerümpeltotale, sondern ein Joy-Effekt entsteht.

Als weiterer Indikator, dass die Überfülle nicht als minderwertig, sondern als freudvoll »gelesen« werden soll, dient ihre überhöhte Präsentation. Die Rahmen im »One« sind nicht zufällig goldfarben. Und die Jeans im New Yorker Abercrombie & Fitch – man erinnert sich – werden durch eine Batterie an Scheinwerfern zum Flirren gebracht.

Die Überfülle braucht die überhöhte Präsentation, um nicht als minderwertig erlebt zu werden.

Denn Überfülle soll nicht eine massenweise Verfügbarkeit signalisieren, sondern die verschwenderisch vorhandene Auswahl in einem Schlaraffenland der Möglichkeiten.

Der andere typische Auslöser des Freudentaumels ist ein Spiel mit den Sinnen, eine inszenierte Wunderwelt.

Auch die Sinneslust durch Völlerei wurde immer schon mit Spielereien jeder Art aufgepeppt. Gerade habe ich in meinem Lieblingsbeisel in Wien – Skopik und Lohn – ein Blutwurstgericht gegessen, das als Turm serviert wurde und eigentlich wie ein Dessert aussah. In meinem System der »Strategischen Dramaturgie« wird dieser Kunstgriff als *Geborgte Sprache* bezeichnet. Ein Medium »borgt« sich die Ausdrucksform eines anderen Mediums aus. Das kitzelt unsere Media Literacy – die Esprit-Maschine der gestalteten

Welt – die Fähigkeit, mit Sinnestäuschungen, Wortspielen, Bilderrätseln umzugehen und sie zu genießen. Die Wunderkammern der Fürsten in der Renaissance waren voll von solchen Spektakeln. Im Grünen Gewölbe zu Dresden schweben im Pretiosensaal, vor endlosen Spiegelwänden, Dutzende Nautilusmuscheln, die den Rumpf von Segelschiffmodellen bilden, oder den Körper eines Schwans, eines Straußes. Die Muschel »macht« das Schiff, sie macht den Vogel, ist beides in einem.

Was die Wunderkammern erfanden, ist heute die Methode moderner Concept Stores. Der spielerische Umgang mit Waren oder Warenpräsentation erzeugt das Joy-Gefühl. Im »wieWien«, dessen Thema meine Heimatstadt ist, kauft man neue Produkte, die aus alten Originalen zusammengebaut wurden. Besonders beliebt sind die Notizbücher. Deren Buchdeckel werden aus alten Wiener Schallplatten zugeschnitten, die Schuber aus den dazugehörigen Plattencovers gefertigt. Eine Wunderwelt der Sinne.

Abb. 17 Grünes Gewölbe / »wieWien«

Freudestrahlen

Auch die Warenpräsentation im »wieWien« bedient sich der *geborgten Sprache*: Wer das erste Mal hierherkommt und sieht, wie alte, offen stehende Reisekoffer als Warenträger dienen, muss spontan grinsen.

Tatsächlich ist dieses Freudestrahlen der wesentliche Glücksverstärker aller Joy-Gefühle.

Schon der Gründer der Pfadfinder Robert Baden Powell verkündete »Lächeln macht froh« und verordnete seinen Schützlingen die tägliche Portion Lachen. Damit ist kein gekünsteltes, soziales Lächeln gemeint, sondern ein Strahlen, das der Psychologe Paul Ekman als *Duchenne-Lächeln* bezeichnete.[23] Denn bereits 1862 schaffte es der Physiologe Guillaume-Benjamin Duchenne, ein solches überschäumendes Lächeln künstlich, mit Hilfe von Drähten und schwachen Stromstößen, zu erzeugen. So wissen wir heute: »Nur wenn nicht nur die Mundwinkel nach oben wandern, sondern sich zudem die Augen etwas zusammenkneifen, Lachfalten in den Augenwinkeln erscheinen und sich die oberen Hälften der Wangen heben, zeigt das Gesicht Glücklichsein an.«[24]

Abb. 18
Freudestrahlen

[23] Vgl. Stefan Klein
[24] Ebd.

Das Freudestrahlen ist nicht der einzige Glücksverstärker, wenn auch der häufigste, weil es immer und überall passend und ohne weitere Hilfsmittel anwendbar ist. Als Bestandteil der amerikanischen Football-Kultur entstand 1981 (so behauptet Wikipedia) die sogenannte *La-Ola-Welle* (Ola = spanisch »Welle«), die heute auch im europäischen Fußball und Eishockey praktiziert wird. »Dabei imitieren die Zuschauer eine sich kreisförmig durch das Stadion bewegende Wasserwelle, indem sie in einer vorgegebenen Richtung nacheinander kurz die Arme hochreißen. Der optische Effekt wird gelegentlich durch ein kurzes Aufstehen und Wiederhinsetzen verstärkt. Akustisch wird die Welle mittlerweile oft mit einem lauten Johlen untermalt. Dadurch bemerkt der Zuschauer auch leichter den herannahenden »Wellenberg« und damit seinen Einsatz für den beschriebenen Bewegungsablauf.«[25] Glücksverstärker »mit Hilfsmitteln« sind die Fahnen und Banner, die über die Köpfe der Zuschauer im Stadion gezogen werden, die Papierrollen, die geworfen und zu langen Papierbahnen werden, bunte Papierschlangen, Konfetti. Doch auch alle rhythmussteigernden Bewegungen gehören zu den *Joy*-Verstärkern: das Mitklopfen, Mitwippen, Mitklatschen und – natürlich – das Mittanzen.

Alle Glücksverstärker, mit denen wir uns in Joy einfühlen, sind ausgesprochen motorisch. Wenn Verkaufswaren Joy-Gefühle auslösen, beginnen wir daher unwillkürlich zu *stöbern*. Wir nehmen probeweise ein Produkt in die Hand, gehen zum nächsten, nehmen es kurz hoch, schlendern weiter durch den Laden, wollen spüren, wie sich das Produkt anfühlt, wie schwer es ist, wie es klingt, wie es riecht.[26]

Joy-Präsentationen lösen in Shops und auf Märkten unser Stöberverhalten aus.

[25] Wikipedia

[26] Paco Underhill, Warum kaufen wir? Die Psychologie des Konsums. München, Econ 2000.

Alle »Try-before-you-buy-Shops« machen sich dieses Verstärkerverhalten zunutze. Es sind Läden, die besonders »freudvoll« und überschwänglich aussehen und auch dementsprechende Produkte anbieten, wie etwa die britische Kette »B never too busy to be beautiful« (»Sei nie zu beschäftigt, um schön zu sein«). Verkauft werden vegane Kosmetika, getestet ohne Tierversuche, extrem bunt, verspielt, einfallsreich. Die Behältnisse der Cremes und Parfüms sind dabei genauso wichtig wie die Produkte selbst. Man möchte am liebsten jedes einzelne der indisch anmutenden Döschen angreifen und aufmachen. Eines glitzert in allen Farben des Orients, hat zusätzlich noch aufgesetzte Mini-Perlen und winzige Sternchen zwischen den fünf bunten Tiegelchen innerhalb der Dose (siehe Farbteil, Seite 196). Gleich daneben wird türkisfarbener Glitter in einem kleinen, geschnitzten Holzgefäß angeboten. Die Unterschiedlichkeit in der Haptik, die Farbenpracht und Opulenz machen aus einem Besuch im Laden ein *Stöbererlebnis*. Eine zusätzliche Steigerung des Joy-Gefühls sind die vier bunten Cocktails, die an der B-Bar in den Hauptgeschäften in London umsonst kredenzt werden und vielleicht noch ein wenig glücklicher machen.

Alegría

Das beim Karneval in Rio am häufigsten gesungene und gehörte Wort ist »Alegría«, der »fröhliche Gesang«, das Gefühl der Euphorie. Es ist ein Zustand, der durch die heftige Ausschüttung von *Dopamin* entsteht, jener körpereigenen Droge, die uns wach macht. Uns wach macht?[27] Ist es nicht selbstverständlich, dass wir »wach« sind? Keineswegs.

Roman und Film »Zeit des Erwachens« (»Awakenings«) von Oliver Sacks haben einer breiten Öffentlichkeit bewusst

[27] Vgl. Josef Zehentbauer

gemacht, dass es einen fließenden Übergang von höchster Wachheit bis zum Koma gibt, der nicht unwesentlich vom Neurotransmitter *Dopamin* bestimmt wird. Die sogenannte »Europäische Schlafkrankheit« steht im Mittelpunkt der Story. Sie hat anscheinend ähnliche Auslöser wie Parkinson und führt zur vollkommenen Erstarrung der Erkrankten. Durch das Medikament L-Dopa erwachten einige Patienten und gerieten in den wenigen Wochen, in denen das Medikament wirkte, in einen rauschartigen, hyperkreativen Zustand. Leonard, der berühmteste von ihnen, schrieb einen mehrere hundert Seiten langen Roman in kürzester Zeit. L-Dopa erzeugt einen Phantasieschub, macht total überdreht und freudig erregt. Auch das von uns ausgeschiedene natürliche Dopamin bewirkt einen ähnlichen Zustand, wenn auch nicht so dramatisch wie beim psychotischen Schub durch L-Dopa. Viele Künstler haben offenbar einen hohen Dopaminlevel und sprudeln richtig, wenn sie kommunizieren. Wer jemals Interviews mit Rolando Villazón oder Anna Netrebko gesehen hat, weiß, was gemeint ist. Für uns Durchschnittsbürger bedeutet der Dopamin-Kick einfach einen gewissen »emotional drive«, beim Karneval merkt man auch, dass Dopamin sexuell anregend ist.

Auch die Langzeitwirkung von Joy-Gefühlen ist bemerkenswert. Meine Freunde in Rio sagen, dass einmal Karneval pro Jahr jeden Psychotherapeuten ersetzt. Joy erwärmt die Seele, hellt sie auf. Ein bisschen Buntheit in der Tischdekoration, ein wenig Verspieltheit und Blumen können den Tag retten.

Dopamin ist ein natürlicher Stimmungsaufheller, der ganz ohne Chemie funktioniert, nur ausgelöst von der Ästhetik unserer gestalteten Welt.

Retail Therapy heißt es daher in den USA, wenn Einkaufen oder auch nur Window Shopping zum Freizeitvergnügen wird. Das hat dazu geführt, dass abseits der Downtowns, wo erhabene Glory-Shops dominieren, Einkaufsviertel entstanden, in denen das Joy-Shopping am Samstag und am Sonntagnachmittag im Vordergrund steht. Manchmal sind es ganze Stadtviertel, wie das New Yorker SoHo, die dem entspannten Joy-Flanieren von Geschäft zu Geschäft dienen. Industrien wurden aufgebaut, um leichtfüßige Joy-Produkte herzustellen. In Japan boomen Accessoires, mit denen man sein Handy schmücken kann, von Swarovsky-Kristallen bis zu bunten LED-Lämpchen. Von den witzigen Söckchen im Negligé-Look wurde bereits berichtet. Lush verkauft weltweit Seifen, die wie Käse, bunte Schokolade oder wie ein Strudel aussehen.

Retail Therapy als Stimmungsaufheller ist heute überall präsent und – in Zeiten der Krise nicht unerheblich – ist Einkaufen für den kleinen Geldbeutel mit großer Wirkung.

Hochgefühle werden in vielen Bereichen des Lebens wie ein Medikament für eine bestimmte »emotionale Erkrankung« benutzt. So beschlossen 2006 die Stadtväter von Aurangabad das »Pink City« Projekt. Ausnahmslos alle Gebäude der indischen Stadt sollten in herzerwärmendem Pink erstrahlen, um die steigende Aggressivität zu mildern und »die Moral zu heben«. Wie man hört, sollen heute bereits mehr als 80 % der Gebäude pink sein. Ob freilich die Strategie von Erfolg gekrönt war, ist nicht gesichert.[28] Meist sind jedoch keine Politiker für das Auftauchen oder Verschwinden von Hochgefühlen verantwortlich, das ist sogar höchst unwahrscheinlich. Das Leben selbst, die Evolution, stellt die Weichen.

Sommer 2006. Der Dokumentarfilm zum Ereignis heißt »Deutschland. Ein Sommermärchen«.[29] Worin besteht der Zauber? Die deutsche Mannschaft fährt mit dem Bus zu ihrem Hotel in Berlin. Am Straßenrand, links und rechts, stehen die Sicherheitskräfte in Uniformen. Als der Bus sie passiert, machen sie spontan die Welle, den Glücksverstärker

[28] BBC News vom 15.10.2006

[29] Sönke Wortmann, Deutschland. Ein Sommermärchen. Kinowelt, Leipzig 2006

des Joy-Gefühls. Sie sind ein sichtbares Zeichen dafür, dass in diesem deutschen Sommer die Evolution einen Sprung voran macht. Plötzlich, während dieser Fußballweltmeisterschaft, war Fußball nicht mehr eine Art Kriegsersatz. Plötzlich waren überhaupt alle Sportler nicht mehr die Heroen, wie sie Leni Riefenstahl noch 1936 in ihrem Olympiade-Film darstellte: Sie filmte sie nackt, wie griechische Statuen, mit vor Stolz gewölbter Brust. Glory war das Hochgefühl; auch in den Nike Towns, wo wir alle die Reliquien der Sportler bestaunten, den goldenen Laufschuh, den Nike vergab; auch Ronaldinho bekam einen solchen goldenen Fußballschuh – Gold die Farbe der Könige.

Dann starb Florence Griffith-Joyner, die schnellste Frau über 100 m, angeblich nicht an den Spätfolgen der Anabolika, die ihr eine sonore Stimme und einen Bartansatz eingebracht hatten. Dann kamen die Langläufer, dann die Radsportler – Doping überall. Wo bleiben da die Helden? So kam es zu einem Paradigmenwechsel im Sport, nicht nur im Fußball.

Glory und Power – die Hochgefühle des Kampfes und der Helden – wurden von Joy und Chill abgelöst – den Hochgefühlen der Feste und der Künstler.

Und es waren die Künstler, allen voran die fußballverrückte Erfolgsband »Sportfreunde Stiller«, die als Erste dieses neue Hochgefühl für den Sport ausdrückten. Mit ihrer lustvollen Formel, die sich an den Siegen Deutschlands bei vergangenen Fußballweltmeisterschaften orientierte, argumentierten sie für den aktuellen Sieg:

»1 und 2 und 3 und 54, 74, 90, 2006
Ja, so stimmen wir alle ein.
Mit dem Herz in der Hand und der Leidenschaft im Bein
werden wir Weltmeister sein.«

Und dann, als Deutschland trotz bravouröser Aufholjagd nicht Weltmeister wurde, stand da nach dem Sieg im Spiel um den dritten Platz in Stuttgart eine Mannschaft auf dem Rasen, die nicht mehr weggehen wollte. Man kann sich heute kaum erinnern, wer diese Weltmeisterschaft gewann, aber dieses Bild einer geliebten Mannschaft hat die Welt im Herzen behalten. »Ein Besuch bei Freunden« hieß es in der Voraus-PR, und plötzlich wunderte sich die ganze Welt, dass diese Deutschen nett waren, lächeln konnten, die Welt umarmten.

Deutschland hat durch das Sommermärchen von 2006 begonnen, das Dritte Reich zu überwinden und den Paradigmenwechsel von Glory zu Joy, vom Anspruch der Übermacht zum Freund der Welt, herbeigeführt.

Die Dramaturgie des Freudentaumels

Joy-Gefühle werden entweder durch ein Füllhorn ausgelöst, das sich über uns ergießt, oder durch eine Wunderwelt, die wir bestaunen. Man beginnt unwillkürlich zu strahlen oder stöbert von Ware zu Ware. So spüren wir die Wirkung des Dopamins noch intensiver und geraten in einen Zustand der Euphorie, in einen Freudentaumel, der kurzfristig die Stimmung hebt und uns manchmal langfristig einen kreativen Kick gibt.

Alles begann mit dem Traum vom Schlaraffenland. Da hieß es: »In den Flussbetten dieses Landes laufen Milch, Honig oder Wein statt Wasser. Alle Tiere hüpfen und fliegen bereits vorgegart und mundfertig durch die Luft. Die Häuser bestehen aus Kuchen. Statt Steinen liegt Käse herum.«[30] Diese Geschichte aus dem 15. Jahrhundert erinnert an jene Zeiten, in denen Mangel und Existenzkampf alltäglich waren und ein

[30] Wikipedia

Überfluss an Nahrung und Besitztümern als höchst erstrebenswert galt. Über viele Jahrtausende hindurch haben wir so gelernt, Überfluss jeder Art als beglückend zu empfinden, als etwas, was uns in einen Freudentaumel versetzt. Deshalb erzeugt Überfluss bis heute Joy-Gefühle, obwohl wir selbst längst kritischer denken.

Diesen ursprünglichen Zugang zu einem »beglückenden Mehr« kann man heute am besten bei der Präsentation von Lebensmitteln auf Märkten und in Supermärkten sehen. Bei »Whole Foods Market«, einer Biosupermarktkette in den USA und England, türmen sich Früchte und Gemüse in einer Inszenierung der opulenten Überfülle. Die Radieschen (rot), der Salat (grün), die Karotten (orange), die Spinatblätter (wieder grün), die Zwiebeln (violett) sind dicht an dicht in überhohen Stapeln geschlichtet. Die ständigen Kontraste zwischen den warmen Farben (rot, orange, violett) und den kalten Farben (meist grün) erzeugen den Eindruck von Vielfalt. Trotz der Fülle und Dichte der Waren herrscht durch das Schlichtprinzip höchste Ordnung. Die Gerümpeltotalen werden verhindert, stattdessen herrscht ...

Inszenierte Vielfalt

»Whole Foods Market« dramatisiert Lebensmittel nach dem Prinzip des *Ensembles*. Alle Akteure – Obst, Gemüse – treten nach einem gemeinsamen Prinzip auf: Immer wird besonders hoch geschlichtet und immer wird durch Kontraste die Vielfalt des Angebots signalisiert. Diese Ensembletechnik ist überall dort sinnvoll, wo ein hoher Warendruck herrscht, man aber auf keinen Fall »ramschig« aussehen möchte. Alle Waren bei »Whole Foods Market« sind biologisch und dementsprechend hochpreisig. Gerümpeltotalen wären da eine Katastrophe.

Als Hilfsmittel für *Ensembles* dienen oft improvisierte Warenträger als Ordnungsrahmen. Ein wunderbarer künstlicher Baum, wie aus einem Elfenwald, steht im hauseigenen Shop des Wynn Hotels in Las Vegas. An seinen Ästen hängen Dutzende und Aberdutzende Christbaumkugeln aus böhmischem Glas, aufwendig und opulent, dazu orientalische Quasten, Zapfen aus »Eis«. Der gemeinsame Auftritt – das Hängen am Baum – macht aus den unterschiedlichen Produkten und Stilen eine Einheit und aus der Präsentation die temporäre Attraktion des Ladens.

In der Meierei des Steirerecks in Wien, Österreichs bestem Restaurant, kann man rund 120 Käsesorten degustieren. Wer eine der vielen Käseplatten für zwei Personen bucht, macht sich von links oben am Teller auf eine Reise bis nach rechts unten. Dabei kommt man essend an zehn Käsesorten vorbei, an Saucen, Kernen und an vielen Zettelchen, die den jeweiligen Käsehappen beschreiben. Diese Geschichten von Herkunft und Geschmack helfen uns, die jeweilige Käsesorte im *Vergleich* zu den Sorten davor und danach einzuordnen. Der inszenierte *Vergleich* ist ein Ordnungsprinzip, das die Überfülle mit einer Erklärung verbindet. »Der Vergleich macht Sie sicher« heißt es, und tatsächlich entfaltet sich das Image eines Objekts durch das Nebeneinanderstellen. In meinem Buch »Der verbotene Ort« gibt es ein ganzes Kapitel darüber.[31]

Joy-Vergleiche addieren zu einem »normalen Vergleich« zusätzlich den Faktor der Überfülle. Sehr vieles wird dabei miteinander in Beziehung gesetzt. Eine dafür charakteristische Inszenierung im Handel ist die kreisförmige Anordnung der Waren. So entsteht ein kleines Theater, um das man im Kreis herumflaniert, stöbernd Waren hochhebt, die Fülle bewundert und dabei Vergleiche anstellt. Manche Süßwaren-Shops inszenieren ein kreisrundes Trüffeltheater, Parfümerien arrangieren auf runden Leuchttischen edle Flakons. In

[31] Christian Mikunda, Der verbotene Ort, oder Die inszenierte Verführung. Unwiderstehliches Marketing durch strategische Dramaturgie. Düsseldorf, Econ 1995.

JOY

Kaufhäusern gruppiert man bisweilen ein mehrstöckiges Handschuhtheater um eine Säule herum, und überall auf der Welt findet man Krawatten auf einem runden Holztisch im Kreis angeordnet. Auf diese Weise können dann auch mal Produkte dramatisiert werden, die nicht so sehr sexy sind: Schrauben oder technisches Zubehör jeder Art.

Abb.19 geordnete Überfülle

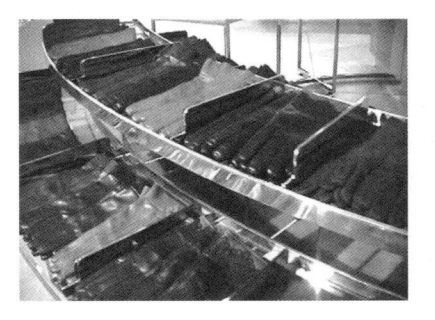

Farbenrausch

Eine besonders spektakuläre Form der Überfülle ist die Vielfalt an Farben. Nicht umsonst spricht man von Farbenrausch, einer quasi psychedelischen Wirkung der Buntheit, die, auch ganz ohne LSD, durch den Dopaminschock ausgelöst wird. Die stimmungsaufhellende Wirkung des Farbenrausches lässt Touristen zu den bunten Häusern der Insel Burano in der Nähe von Venedig pilgern, oder zu den grellfarbig leuchtenden Häusern La Bocas, wo die italienischen Einwanderer von Buenos Aires ihre Baracken aus Wellblech errichteten.

Im Jahr 2006, dem Jahr der Fußballweltmeisterschaft und dem Paradigmenwechsel von Glory zu Joy im Sport, fand diese Revolution auch im Entertainment und im Retail statt. Bisher waren wir in Las Vegas zu den wunderbaren Wasserspielen vor dem Bellagio Hotel gepilgert. Seit den gotischen Kathedralen in Frankreich hatte es keine solchen himmelhochjauchzenden Glory-Inszenierungen mehr gegeben. 70 Meter hoch schnellten die Fontainen in den Himmel, ein Wasservorhang am Ende von »Time to say goodbye«, der von links und rechts symmetrisch (Glory!) auf die Mitte zustürzte, hatte uns immer wieder die Tränen in die Augen getrieben. Und nun? Ganz plötzlich schien es, als ob die LSD-Erlebnisse der sechziger Jahre zu den hippen Attraktionen der Stadt gehörten. Im »Mirage Hotel« feierte die Beatles-Show »LOVE« Premiere und versetzt seinen Besuchern einen Farbschock nach dem anderen. Schon im Eingangsbereich der Show, inmitten des Casinos gelegen, entfaltet ein Neonlaufsteg seine Wirkung, leuchtet in allen Farben des Regenbogens und wechselt die Farben dabei auch noch ständig.

Auf der anderen Straßenseite, 100 Meter den Strip hinunter, steht im Garten des Wynn Hotels ein künstlicher Berg mit

Baumbestand und einem »Bergsee« davor. In der Stadt der Neonreklamen verwandelt sich dieser See folgerichtig in ein nächtliches *Farbenmeer*. Der »Lake of Dreams« leuchtet durch Millionen kleiner, unter Wasser angebrachter LED-Lämpchen, die einen ganz weichen Farbverlauf ermöglichen. Da taucht ein pneumatisch bewegter Frosch hinter einer Wand auf, ist mehrere Meter hoch und singt »What a wonderful world«. Leuchtend blau schimmert dazu die Wasseroberfläche, dann stürzt ein brüllendes Rot in sie hinein, die Farben drehen sich, verändern sich in konzentrischen Kreisen. Surreal ist der singende Riesenkopf, der jetzt aus dem See auftaucht.

Was uns Las Vegas vor Augen führt, ist die Renaissance der Lebendigkeit durch *Joy*, im Gegensatz zur Verehrung der Ewigkeit durch *Glory*. Früher nahm man in der Welt des High-End-Retailing nur die sakralen Glory-Shops ernst. Heute erobert nicht nur H&M die Ginza, sondern viele konsumige Joy-Produkte rücken ins Zentrum der Aufmerksamkeit. So war 2006 auch das Jahr, in dem die »Crocs« ihren weltweiten Durchbruch feierten. Jeder kennt die Sandalen aus Schaumharz, die ursprünglich einfach bequeme, rutschfeste Bootsschuhe sein sollten. Heute gibt es sie in 26 Farben und vielen Varianten. Großartig ist ihr Anblick, wenn sie auf Verkaufsständen nebeneinander ausgestellt sind und dabei eine optische Wirkung entfalten, die sonst nur die Präsentation bunter Süßigkeiten hat. Der Joy-Faktor der Crocs macht die Schuhe sogar zu typischen Produkten in Ferienregionen. Pins und Spezialeditionen fahren die Joy-Gefühle weiter hoch. Während ich diese Zeilen schreibe, trage ich Crocs, deren Luftlöcher aus dem charakteristischen Kopf der Mickey Maus (Kreis mit Ohren) bestehen. Disney bietet dazu Pins an, die man in die Schuhlöcher steckt und die Crocs damit aufwertet, ähnlich wie Vielreisende früher ihre Koffer mit Hotelaufklebern schmückten. Als Pins gibt es viele der klassischen Disneyfiguren, andere Anbieter bieten so ziemlich alles an – vom Totenkopf bis zum patriotischen Stars-&-Stripes-Banner.

Lassen Sie uns noch einmal Revue passieren:

Die gemeinsame Klammer aller Varianten von JOY ist das Konzept des Verschwenderischen.

Dieses nicht tatsächliche, sondern in einem ästhetischen Sinn *Verschwenderische* äußert sich entweder als *Füllhorn* oder als *Wunderwelt*. Das Füllhorn meint immer einen *symbolischen Überfluss* und hat seine Wurzeln im ehemals empfundenen *Mangel*. Die Wunderwelt meint immer eine Art *Spiel* und hat ihre Wurzeln in unserer kollektiven *Kindheit*. Und sie ist insofern freudig verschwenderisch, weil sie uns von der Tyrannei des Funktionalen befreit.

Funktional besehen ist die lebensgroße Kuh vor der »Motoyama Milk Bar« in Tokio eine Art Zunftzeichen, das draußen sagt, was einen drinnen erwartet. Aber ganz und gar nicht funktional ist der emotionale Zusatz. Man kann die Kuh melken. Genau das macht gerade mein neunjähriger Sohn, als zwei Japanerinnen vorbeikommen und den lieben Buben fotografieren wollen. »Zisch« geht es, und irrtümlich bekommen die beiden Damen eine Ladung simulierter Kuhmilch ab. Sie lachen sich kringelig. Der Zusatz ist eine Joy-Inszenierung, und es ist kein Zufall, dass sie ein wenig kindisch wirkt. Denn alle Kunstgriffe, die uns für kurze Zeit in eine Wunderwelt versetzen, haben ihren Ursprung in Spiel und Spielzeug. Damals, als in der Kindheit die Gedanken noch nicht genormt waren, erlebten wir ein Gefühl der Freiheit, das wir sehnsüchtig wieder erfahren wollen. Gerade in der japanischen Gesellschaft, die übervoll von Zwängen und Ritualen ist, von der Angst, etwas falsch zu machen und sein Gesicht zu verlieren, spielen entlastende Joy-Gefühle eine große Rolle.

Kinderspiele

Da ist wieder eine. Gerade rauscht sie an uns vorbei. Sie sieht aus wie eine lebendig gewordene Puppe, die ein Dienstmädchen aus dem 19. Jahrhundert darstellt. Die »Maids« sind Kult in Japan, inzwischen auch in Korea, Singapur, Hongkong. Es sind junge Mädchen um die zwanzig, die ihre Lieblings-Comic-Figur darstellen. In den Manga-Comics tragen sie kurze Röcke und sehen putzig oder sexy aus. Auf den Straßen von Tokio, vor allem in den Stadtvierteln Akihabara und Harajuku, kommen sie einem leibhaftig entgegen. Einige von ihnen sind Stars, die CDs aufnehmen, in TV-Shows auftreten, tanzen und singen. Alle besuchen Maid-Shops, in denen sie ihr Outfit kaufen und Touristen ihren Augen nicht trauen, was für gewagte Verkleidungen es hier gibt. Harmlos ist der »Wonder-Rocket-Store« in der Takeshita-dori, wo man in einem verspielten Wald à la »Alice im Wunderland« auf süße Verkäuferinnen und genauso verkleidete Kundinnen trifft. Einsame junge Männer, die kein »Date« haben, besuchen Maid-Cafés, wo die Dienstmädchen zu Kellnerinnen werden, lieb flirten und für 500 Yen ein Kinderspiel wie »Stein, Schere, Papier« mit dem Gast spielen. Wer gewinnt, darf mit dem Mädchen ein Foto machen. Dann muss man laut »Moé Moé Kyu« rufen und mit den Händen ein Herzchen formen, eine Glücksverstärkergeste, die es nur hier in Japan gibt.

Was hier so schräg anmutet, sind *Rollenspiele*, wie wir sie als Kinder spielten. In einer Art Improvisationstheater – wie bei »Cowboy und Indianer« – folgt man einer Handlungslinie, an der entlang bestimmte Elemente der mitgelebten Geschichte erwartet werden können, bestimmte Akteure, Kulissen, Dekorstücke. In einem »ordentlichen« Maid-Café bekommt man beim ersten Besuch eine magnetisch lesbare Kundenkarte. Wer dann wiederkommt, wird von den Maids freudig begrüßt:

Abb. 20 Auf Recherche im »Maid-Café«

»Welcome home, master« können manche sogar auf Englisch sagen. Wenn die Maid den Kaffee serviert, ist sie es, die vor dir Milch und Zucker hineingibt, und sie rührt für dich sogar den Kaffee um. Alle Speisen sind total verspielt, haben etwa reichlich bunten Zuckerguss. »Zucker« sind auch die Maids, die fragen, ob du zufrieden bist, und dabei eines der japanischen Zeichen für »Knuddeln« (siehe oben) machen und auf alles, was man sagt – »Ich komme aus Österreich« – mit einem bewundernden »Ah und Oh« reagieren. Dann fragen sie, ob man spielen möchte und mit welcher Maid. Schließlich kommen Foto und Verabschiedung – auf das Foto wurden schnell pinkfarbene Herzchen gemalt und das Datum des Besuchs, das Foto soll uns schließlich zurückbringen.

Allen Rollenspielen liegt ein Drehbuch zugrunde, das uns während des Spiels gar nicht bewusst ist, aber tatsächlich die Spielhandlung bestimmt. Im Maid-Café ist es die Geschichte vom englischem Lord und seinem Personal, das ihn umsorgt, eine Geschichte – die Kleidung der Maids zeigt es – aus dem 19. Jahrhundert. Man wird hofiert, »pampered«, wie die Amerikaner sagen. Geisha-Elemente finden sich auch, wenn die Maids vor dem Tisch kniend den Kaffee umrühren oder einmal pro Stunde zur Erbauung der Gäste einen herrlich kindischen Popsong darbieten. Das Joy-Gefühl greift tatsächlich, und Denise, Julian und ich hopsen aus dem Café.

Hinter allen Geschichten stehen *Brain Scripts*, Drehbücher im Kopf, die uns sagen, welche Geschichte wir eigentlich gerade erleben. Oft tun sie ihre Arbeit tief im Verborgenen, aber sie steuern den Fortgang der Handlung an der Oberfläche. Obwohl wir im Japan des 21. Jahrhunderts sind, erleben wir im Maid-Café eine viktorianische Geschichte und spielen auch noch mit. Dass wir so leicht dazu zu bringen sind, bei einer Geschichte mitzutun, machen sich alle *Themenwelten* zunutze. Wir sind auf einer Messe, Sony präsentiert seine Playstation 3. Für die Werbekampagne hat die Agentur Uniplan ein Motel erfunden, das »Paradis3 Motel«, das von allerlei skurrilen Zeitgenossen bevölkert wird. Jetzt, auf der Games Convention, soll dieses Motel lebendig werden. Der Messestand simuliert Lobby, Pool, Restaurant und Zimmer des Motels, und auf den nebeneinander aufgebauten weißen Toiletten sitzen tatsächlich neben dem Papierhalter an die zehn Jungs auf heruntergeklappten Toilettendeckeln und spielen mit der Konsole. Deren Bildschirm ist vor ihnen im Boden eingelassen, so dass sich alle Gambler automatisch nach vor beugen. Ohne es zu merken, spielen sie »auf dem Klo sitzen«. Der Stand war ein großer Erfolg.

Themenwelten nützen Kulissen, die so präpariert sind, dass man mitspielt, die Brain Scripts, die zur Umgebung passen, ausagiert. So versinkt man ganz in dieser Welt, ist an einem anderen, meist besseren Ort. Diese Weiterentwicklung des Kinderspiels mit anderen Mitteln hat in den letzten Jahren spektakuläre Flagship Stores hervorgebracht, die nicht wie Tempel oder Paläste aussehen, sondern, ganz im Gegenteil, sehr konsumig, verspielt, ironisch. Oft ähneln diese Shops einem wunderbar verwunschenen, vollgestellten Dachboden, auf dem man herumstöbert und dabei in eine andere Welt vordringt. Im Wafi Center von Dubai gibt es gleich zwei dieser *Joy-Themenshops*. Angeblich hatte sich ein Paar getrennt. Der eine betreibt den alten Shop – »Petals« –, ein Dachboden, in dem unglaublich dekadente Lüster im Dutzend hängen, wo Spinnweben am alten Vogelkäfig neben handgemachten Spiegeln, zweifellos beinahe aus der Renaissance, aus dem Dunkel hervorlugen, wo riesige Vasen und winzige Döschen auf Entdeckung warten. Der andere betreibt »Memoires«, einen Shop, der für mich den Weltrekord an Dekadenz in einem Laden hält. Zu Opernmusik betritt man ein Palais. Es ist dunkel, und wir gehen von Raum zu Raum, durch eine Geheimtür gelangen wir in ein Schlafzimmer, wo ein Totenkopf unter Glas neben einem Prachtstuhl steht, den Ludwig der XVI. als zu opulent empfunden hätte. Wieder schweben wahnsinnige Lüster mit grünen Smaragden und roten Rubinen – nicht echt, aber genauso teuer. Eine Hand hält einen goldenen Kandelaber. Die Security, in historischen Kostümen und bleich geschminkt, passt auf, dass wir jemals wieder herausfinden (siehe Farbteil, Seite 197).

Ein *Joy-Themenshop* ist entweder ein Ort, der Geschichten mit dem Glücksverstärker des Stöberns verbindet, oder ein Ort für etwas erwachsenere Spiele. Manche von uns vermuten vielleicht ganz richtig, dass Erotik etwas mit Vorstellungskraft, Spiel und Geschichten zu tun hat. Die Shops zum Thema sind der Beweis. In der Branche der Dessous-Läden versucht jeder, sich auf einer Achse der erzählten Erotik zu positionieren. Der eine Pol wird von jenen Läden besetzt, die uns in ein Boudoir hineinversetzen. Sie haben verspielte Tapeten, durchsichtige Vorhänge, gepolsterte oder flauschige

Wände. »Victoria's Secret« war die erste große Kette, die auf die begehbare Geschichte des Boudoirs setzte.

Auf der gegenüberliegenden Seite der Achse wartet ein Bordell. Der Exponent dieser expliziten Erotik ist die Kette »Agent Provocateur«. Die Verkäuferinnen tragen rote Stöckelschuhe und Netzstrümpfe, deren Design – Netz und Rosen – sich im rosafarbenen Boden wiederfindet. Der Laden soll mit seinen verspiegelten Wänden, den chinesischen Lampions an der Decke und den verruchten Umkleidekabinen hinter opulent gebauschten Vorhängen an ein Pariser Bodell des 19. Jahrhunderts erinnern. Jede *Thematisierung* braucht genug Anreiz, um die Geschichte mitzuspielen. Man darf die schweren Brokatvorhänge, die mehr als bodenlang sind, zur Seite schieben, und im Laden greifen viele Kunden – nach einer Schrecksekunde – mit dem Grinsen, das *Joy* anzeigt, nach der mit Swarovsky-Steinen besetzten Peitsche. Sie ist das Leitprodukt der Kette, ihr gewagtes und doch irgendwie ironisches Erkennungszeichen. Noch etwas expliziter ist »Kiki de Montparnasse«. Man betritt ein Schlafzimmer, in dem auch erotische Bildbände und Sexspielzeuge präsentiert werden. Auf dem Bett liegen zwei Kopfpolster zur Auswahl. Auf dem einen liest man »sleep«, auf dem anderen »fuck«: die Kopfpolster als Spielanleitung, das Schlafzimmer als Spielzimmer.

Wir sprechen über Wunderwelten, die uns die Freiheit des kindlichen Spielens zurückbringen und dadurch Joy-Gefühle auslösen. Das ist die Botschaft, die wir von dem Kind in uns lernen sollten. Im Einzelhandel wird vieles oft verbissen und zahlenorientiert gesehen. Regalbewirtschaftung und Controlling haben uns vergessen lassen, dass der Verkauf immer noch auch ein wenig wie das Spiel mit dem Kaufmannsladen ist, der in früheren Zeiten zu den Klassikern des kindlichen Rollenspiels gehörte. Doch dieses Joy-Gefühl müssen wir uns zurückerobern, als Käufer wie auch als Verkäufer.

Künstlerträume

Wer ist auch als Erwachsener noch Kind? Wir alle, hoffentlich, aber die Künstler doch im Besonderen. Sie nehmen uns auf ihre Traumreisen mit, auf eine Neuinterpretation der Welt. Picasso malte Porträts, die Front- und Profilansicht der Person in einem Bild zeigten. Tinguely schuf Wasser spritzende, scheppernde Maschinenskulpturen, deren Witz uns heute noch lächeln lässt. Alle Künstler, die uns einen verblüffenden Blick auf die Welt geben, lösen *Joy* aus. Der *ungewöhnliche Blick* tritt unsere *Media Literacy* los, von der schon die Rede war, die Fähigkeit, geschickt die Welt wahrzunehmen. Jedes Spiel enthält diesen Aspekt der Geschicklichkeit. Die inszenierte Welt macht sich diese Technik der Künstler zunutze und lässt uns manchmal Künstlerträume erleben, die spontan für jedermann verständlich sind.

Robert Hollmann ist Schauspieler und Sänger. Derzeit tritt er als Diener Ambrosio in der Oper »Der Barbier von Sevilla« an der Wiener Volksoper auf. Doch er ist auch Hotelier und machte aus seinen Künstlerträumen das vielleicht beste Boutique-Hotel Wiens, das »Hollmann Beletage«. Ironie und künstlerischer Einfallsreichtum ziehen sich wie ein roter Faden durch das Hotel. Neben dem Bett zieht man an einer Metallkette, eine CD erklingt, auf der Herr Hollmann selbst ein schräges Wienerlied singt. Bereits die Rezeption verkündet das Motto: »Hier werden wir Sie empfangen, erheitern und erquicken«. Das ganze Hotel ist voller *Neu-Interpretationen* dessen, was normalerweise in einem Hotel passiert. Die Theke der Rezeption hat das Aussehen eines riesigen Schrankkoffers, der abends, wenn die Pension den Gästen allein gehört, einfach wie ein Koffer geschlossen wird, so dass alle Computer und Unterlagen sicher verwahrt sind. Wer dann ankommt und dank Digitalcode die Eingangstür öffnet,

JOY

findet vor seiner Zimmertür eine Schiefertafel, auf der man namentlich und, bei Stammgästen, mit persönlichen Bemerkungen begrüßt wird. Im Zimmer selbst erschrickt man auf den ersten Blick, denn es scheint kein Bad zu geben. Man öffnet den großen Schrank, ein Fernseher ist hinter der Tür. Man öffnet weiter – Kleiderbügel, Minibar. Man öffnet daneben, und – »surprise!« – ein großes Badezimmer versteckt sich im Schrank, denn dahinter war noch ein verborgener Raum.

Abb. 21 Hollmann Beletage

Die Rezeption ist abends unbesetzt, aber für Unterhaltung ist gesorgt. Die Spielbretter für Schach und Backgammon hängen als Tücher im Spielzimmer, Beutelchen in der Hotelfarbe Orange enthalten die Figuren. Ein Schild mit der Aufschrift »Kino« macht neugierig: Tür geöffnet, mehrere Sitzreihen mit richtiger Kinobestuhlung, Popcornmaschine. Tatsächlich laufen auf großer Leinwand abends hier Filme mit Wienbezug – von »Der Dritte Mann« bis zum Oscarfilm »Die Fälscher«. Im Spa stürzt das Wasser aus einer Lichtdusche, Brausekopf und

Deckenlampe sind eins. Durch alles zieht sich Wien als Thema. Das Riesenrad erscheint in schräger Perspektive an der Decke der Lobby, ein Brunnen in Edelrost enthält Wiener Hochquellenwasser, die Hüte der Firma Mühlbauer sind Dekor.

Konsequent hat Hollmann die Dinge *uminterpretiert*. Statt Pay-TV gibt es ein Kino, das Bad ist im Schrank, die Theke im Koffer, die Spiele frei zugänglich, das Willkommen abends ohne Rezeptionisten, aber umso persönlicher. Die Künstler auf der Welt zeigen der »Experience Economy«, was es bedeutet, Kunden zum Staunen zu bringen. Eine ganze Hospitality-Branche ist daraus entstanden, die »Budget Design Hotels«, die mit geringen Personalkosten, aber witzigen Kundenideen günstige Übernachtungsmöglichkeiten bieten. Sie sind voller Wahrnehmungswitz, der unsere *Media Literacy* anspricht. Das »QT« in Manhattan hat keine Lobby. Stattdessen ist dort ein Swimming Pool, der abends zur Party-Location wird. An Stelle einer Rezeption steht gleich nach dem Eingangstor ein Zeitschriftenkiosk, an dem man eincheckt. Alles neu gedacht, überraschend, doch mit funktionalem Hintergrund.

In Europa sind die »Cube Hotels« in Kärnten, Tirol und in der Schweiz der Höhepunkt dieser Entwicklung. »CUBE ist alles, außer gewöhnlich« lautet der Slogan und tatsächlich ist hier alles anders als in einem gewöhnlichen günstigen Hotel für junge Leute. Leuchtendes, atemberaubendes Design im großen Atrium begrüßt die Gäste. Statt Treppen führen spektakuläre Rampen zu den Zimmern, so dass man Mountainbikes und andere Sportgeräte bequem transportieren kann. Jedes Zimmer hat einen Vorraum mit speziellen Aufhängevorrichtungen für die Räder, für Snowboards etc. und Trockenstäbe für die Schuhe. Eine spezielle Klimatisierung sorgt dafür, dass die Sportbekleidung sowohl im Winter als auch im Sommer am nächsten Tag wieder trocken zur Verfügung steht. Aufgrund der verglasten Front dient dieser als »Showroom«

JOY

bezeichnete Raum gleichzeitig als Präsentationsfläche für die Ausrüstung. Frühstück gibt es bis 15 Uhr, Chill-Out-Zonen sind überall, man sitzt nicht nur, sondern liegt auch.

Abb. 22 Showrooms im Cube Savognin

Der neue Blick auf Vertrautes ist die Technik, von der auch die Industrie gelernt hat. Fahrzeuge wie der »New Beetle«, haben ungewöhnliche Design-Features: Der Blinker ist in den Außenspiegel integriert. Eine Blumenvase im Armaturenbrett sagt uns: Ein Auto ist auch ein fahrendes Zimmer. Leicht surreal ist der neue Blick immer, aber er erzeugt befreiende Joy-Gefühle.

Gefühlscocktails

Glory, Joy, Power, Bravour, Desire, Intensity und Chill sind die sieben Hochgefühle, nach denen wir uns sehnen. Doch die Hochgefühle bleiben nicht für sich, sie existieren in Kombination mit anderen Hochgefühlen. So entstehen prototypische Gefühlscocktails, für deren Zustandekommen es gute Gründe gibt. Eine solche typische Kombination ist das gemeinsame Auftreten von *Glory* und *Joy*. Das scheint auf den ersten Blick verwunderlich, wo doch das Gefühl des Erhabenen und das Gefühl des Freudentaumels beinahe so etwas wie Gegensätze sind. Genau das ist der Grund, warum es manchmal sinnvoll ist, dass beide Hochgefühle einander in Balance halten.

Vinzenz Brinkmann ist ein deutscher Archäologe, dessen Fachgebiet die sogenannte »antike Polychromie« ist. Einer breiten Öffentlichkeit bekannt wurde er durch seine Ausstellung »Bunte Götter« in der er mit wissenschaftlich gesicherten Rekonstruktionen nachwies, dass die Götterstatuen der Antike und die meisten Tempel farbig bis quietschebunt waren.[32] Wie bitte? Waren nicht Generationen von Kunstbegeisterten vom erhabenen Glory-Effekt altgriechischer Tempel und Statuen bewegt? Ja, aber das sahen die alten Griechen anders. Sie wollten, dass ihre Statuen wie Comic-Figuren aussehen, weithin sichtbar, leicht verständlich und – freudig. Während die Architekten mit ihren Säulen und Giebeln und der göttlichen Symmetrie alles taten, um ehrfurchtgebietende *Glory*-Gefühle auszulösen, waren die Maler bestrebt, der allzu großen Ehrfurcht einen deutlichen Schuss *Joy* entgegenzusetzen. So waren alle Friese und Giebel, wahrscheinlich auch jene auf der berühmten Akropolis in Athen, bunt – waren blau, rot, gelb, schwarz und golden. Der Grund liegt auf der Hand: Wenn extrem erhabene Architektur lebendig benutzt werden soll – und die antiken Tempelanlagen waren voller Leben mit Handel, Versammlungen, Spielen, Theater –, dann muss *Glory* durch *Joy* ergänzt werden. *Glory* allein bedeutet ein Höchstmaß an Serotonin, bedeutet daher statische Anbetung wie in der gotischen Kathedrale. *Joy* heißt Dopamin, und das bedeutet Bewegung, Motorik, Konsumigkeit.

Bis heute verfolgt uns dieses Missverständnis vom solitären Umgang mit *Glory* in der modernen Architektur, wo so mancher Star der Zunft alles, was nur ansatzweise freudig aussieht, untersagt, auf dass die hehre Architektur-Skulptur keinen Schaden erleide. So entstehen manchmal unmenschliche, überdimensionierte Glaspaläste, Unternehmenskathedralen, Messeprunkbauten, die uns klein machen und erstarren lassen.

[32] »Bunte Götter«, Ausstellung im Liebieghaus Skulpturensammlung, Frankfurt am Main 2008 / 2009.

Das Rio-Prinzip

Die Kombination von *Glory* und *Joy* ist das Geheimnis hinter der legendären Schönheit von Rio de Janeiro. Erhaben sind die tempelhaften Berge, wie der pittoreske Zuckerhut und der Corcovado mit der Christus-Statue und auch die exotischen Inselberge im Atlantik gleich vor der Stadt. Überschäumend freudig ist das weiße Häusermeer an den Stränden von Copacabana, Ipanema und Leblon. Tausende Gebäude, die jedes für sich nicht unbedingt zu den architektonischen Highlights gehören, erscheinen uns als visuelles Füllhorn an Häusern, die zwischen Meer und Bergen ausgeschüttet wurden. Während die mythischen Berge und Inseln – unglaublich der Blick vom Zuckerhut im Nebel – für die spirituelle Seite der Cariocas von Rio stehen, ist die Überfülle der Gebäude am Strand ein Pendant zur Völlerei in der Chiurascaria und zur visuellen Opulenz des Karnevals. So halten einander Erhabenheit und Freudentaumel in einem harmonischen Gleichgewicht. Schönheit, so zeigen empirische Untersuchungen, entsteht durch Harmonie. Das ausgeglichene Verhältnis von *Glory* und *Joy* bei gleichzeitig höchster Ausdrucksstärke bewirkt die überwältigende Schönheit von Rio de Janeiro.

Dieses Rio-Prinzip müssen alle inszenierten Orte berücksichtigen, deren Glory-Gefühle drohen, in die Todsünde des Hochmuts umzukippen.

Das ist üblicherweise ein Problem von Brandlands und Design-Malls. Vom Atriumstempel des Mercedes-Benz Museums in Stuttgart wurde schon berichtet. Himmelhoch schnellen die Liftraketen nach oben, sakral drehen sich die ersten Automobile der Welt auf der Leuchtplattform. Dem haben die Szenographen die »33 Extras« entgegengesetzt. Das sind verspielte Details der Automobilgeschichte, die uns zum Schmunzeln bringen und umdenken lassen. Die topfartigen Damenhüte der zwanziger Jahre etwa waren die unmittelbare Konsequenz der ersten Automobile ohne Dach. So hat die Technik die Mode und das Selbstbewusstsein der Frauen beeinflusst. Daimler baute noch bis zum Ersten Weltkrieg Motoren für Kriegsflugzeuge – sie schweben im Museum als Schwarm von Motoren mit Propeller, wie ein Geschwader von Flugzeugen, über uns. Von den Alliierten wurde der Motorenbau schließlich untersagt – Daimler baute jahrelang nur Fahrräder, und so bewirkt ein schwarzes, einsames Rad am Weg entlang der erhabenen Zeitachse ein Umdenken und löst ein Schmunzeln aus: Auch das war einmal ein Mercedes (siehe Farbteil, Seite 198).

Die BMW-Welt in München ist ein Super-Tempel. Coop Himmelb(l)au aus Wien haben ganze Arbeit geleistet. Eine endlos lange Brücke, die wie magisch durch den Raum schwebt, wird zur sakralen Schreit-Treppe in einem riesigen, beinahe leeren Raum. Doch was ist das? Ein Paternoster mit fröhlich bunten, verspielten Miniaturautos, manche mit Federn bestückt und durchaus fahrtüchtig, schwebt über dem Eingangsbereich des »Junior Campus« in den Tempel der Erwachsenen hinein und bringt etwas *Joy* in das allzu übermächtige *Glory* der BMW-Fahrer. Der Szenograph und Jugend-Animator Wolfgang Berchtold und ich haben sehr dafür gekämpft, dass das möglich wurde.

Noch wichtiger ist die *Glory-Joy-Kombination* in Shopping Malls. Für das Tempelgefühl, das die Kunden auf ein Podest hebt, bauen viele Malls eine *Glory*-Architektur. Da ragen gotische Strebepfeiler in die Höhe und machen aus der Mall ein Kirchenschiff – gefährlich sakral. Beliebt sind auch gläserne Tonnengewölbe und abends blau beleuchtete Kuppeln.

Aber die meisten dieser Malls, die oben *Glory* auslösen, halten sich unten mit einem kräftigen Schuss *Joy* im Gleichgewicht. Dazu dienen Kioske, an denen man bunte, verspielte

JOY

Joy-Produkte, wie etwa Crocs, kauft. Das geht auch mit Bäumen und Bänken, geometrischen Mustern im Boden. In letzter Zeit fällt auf, dass im Zeitalter der Nachdenklichkeit zunehmend Naturthemen für das *Joy*-Gleichgewicht wichtig werden. Im Selfridges-Kaufhaus im »Bullring Center« von Birmingham sitzt man an Tischen, die wie Blütenblätter aussehen. Da verwundert es nicht, dass an der Decke Wolken schweben, wie sie Kinder zeichnen würden, von der Decke abgehängt und 20 Meter weiter gähnt das Loch, aus der die Wolke angeblich entschwunden ist. In der »Starhill Gallery« Mall von Kuala Lumpur sind alle Säulen mit echtem Holz ummantelt, mal wie bei einem Blockhaus, mal geometrisch verspielt, immer echt und verblüffend.

Abb. 23 BurJuman / Crocs Stand

Die schönste Glory-Joy-Kombination in einer Mall findet sich in der »BurJuman« Mall« in Dubai. Da ziehen Glory-Kuppeln den Blick in die oberen Geschosse, dramatisch sind die Durchblicke. Doch die Geschossdecken, die man unter den Kuppeln sieht, bestehen aus verspielter, geometrischer Joy-Architektur, die es weltweit kein zweites Mal so gibt. Als ob die Decken sich schälten, hängen Bahnen von Stuck herunter wie Papier. An anderen Zwischendecken sind sternförmige Elemente wie Schablonen abgehängt und hinterleuchtet. Immer sieht man Kuppel und verspielte Decke auf einen Blick: Glory & Joy (siehe Farbteil, Seite 199).

Joy
Der Freudentaumel

> Joy ist die positive Seite der Völlerei
> Joy ist der verschwenderische Umgang mit Sinnesreizen

PSYCHOLOGIE
Auslösen:
> Visuelle Überfülle erzeugt ein Füllhorn des Glücks
> Ein Ordnungsprinzip verhindert dabei die Gerümpeltotale
> Das Spiel mit den Sinnen erzeugt eine Wunderwelt
> Unsere Media Literacy lässt uns dabei staunen

Einfühlen:
> Das Freudestrahlen ist das überschäumende Lächeln
> Das Stöbern macht aus Joy das Konsumgefühl

Nachwirken:
> Dopamin bewirkt aufgekratzte, kreative Wachheit
> Joy-Gefühle sind nachhaltige Stimmungsaufheller

DRAMATURGIE
Füllhorn:
> Inszenierte Vielfalt entsteht durch Kontraste
> Farbenrausch ist psychedelisch

Wunderwelt:
> Kinderspiele sind thematisierte Geschichten
> Künstlerträume liefern Neu-Interpretationen der Welt

GEFÜHLSCOCKTAILS
Das Rio-Prinzip:
> Glory & Joy halten einander im Gleichgewicht
> Shopping Malls und Brandlands unterliegen dem Rio-Prinzip

POWER
Die Kraftstärke

Es ist der 7. Juli 2005, ein Donnerstagmorgen. Millionen fahren in London mit U-Bahn und Doppeldeckerbus zur Arbeit. Vier der Passagiere tragen große Rucksäcke auf dem Rücken. Sie sind Engländer pakistanischer Herkunft, einer kommt aus Jamaika. Die jungen Männer sind 18, 19, 22 Jahre alt, allein der Anführer ist 30. Später wird man sagen, sie seien naiv gewesen, hinters Licht geführt, denn sie trugen Parkscheine und Rückfahrkarten bei sich. Das Selbstmordattentat sei nur dem Anführer selbst bewusst gewesen. Zwischen 8.50 und 9.50 Uhr explodieren die Rucksäcke. 56 Tote inklusive Attentäter bleiben zurück, 700 Menschen sind verletzt. Zwei Wochen später wiederholt sich das Szenario. Wieder sind vier junge Männer mit Rucksäcken unterwegs, doch diesmal versagen die Zünder, nichts passiert. Es sei ein Scherz gewesen, sagen die vier später vor Gericht. Was aber war es tatsächlich, auch die Attentate in Madrid, in den Hotels von Bombay, nicht zu vergessen 9/11?

Die Fotos, die von den Überwachungskameras aufgezeichnet wurden, zeigen junge Männer, die aussehen wie ein Spezialistenteam in einem Hollywoodfilm. Entschlossen tragen sie ihre »Geheimwaffen« am Rücken, bereit, die Welt von etwas Bösem zu befreien. Die »Rucksackbomber« ähneln den »Ghostbusters« aus der gleichnamigen Filmserie der achtziger Jahre. Nur soll diesmal die Welt von den bösen Geistern der westlichen Dekadenz gesäubert werden. Die jungen Männer sehen sich genauso als Geisterjäger mit Spezialrucksack, wie sich die Attentäter von 9/11 als Mitglieder eines Fluggeschwaders fühlten, sogar ausgebildet zum Kurvenfliegen. *Power*-Gefühle hier wie da.

Abb. 24 »Rucksackbomber« und »Ghostbusters«

Was der Westen als terroristische Aggression beklagt, wird anderswo als *Kraftstärke* bejubelt. Endlich hat man es der Welt gezeigt, den Demütigungen etwas entgegengesetzt, die vom Westen geschundenen Werte gerächt. Auf der Strecke bleiben die Toten, die Verletzten, die Angst, auch die der zu Unrecht Gefolterten in den Geheimgefängnissen, in Guantanamo.

Selbstmordanschläge sind die Folge von Verzweiflung und Ohnmacht. Doch ein großer Teil der Faszination, die Selbstmordattentäter in ihren Ländern auslösen, rührt von der Inszenierung von Attentätern und ihrer Waffen als coole Eingreiftruppen. Diese Fehlinterpretation wird von den Medien, von in den Basaren zirkulierenden Postern und Kassetten und im Internet bewusst geschürt. Es gilt, diese Inszenierung zu durchbrechen, den Mechanismus der Faszination dahinter bewusst zu machen. Denn diese Begeisterung des Hochgefühls ist die irregeleitete Uminterpretation blinden Zorns.

Zorn – die Todsünde – ist eine gerichtete Aggression, ist die tatsächliche Selbstbehauptung gegenüber einem anderen, und die Allmacht, die man dabei verspürt, ist eine Täuschung.

Ganz anders verhält es sich mit einem echten Power-Gefühl. Wer jemals bei einem Morgentraining der Sumoringer in Japan dabei sein durfte, weiß nachher, was Kraftstärke ist. Mit gesenktem Haupt belauern die Kontrahenten einander, dann, ein Aufblitzen im Auge des Stars der Ringerschule, in der wir zu Gast sind, und schon krachen sie aneinander. Doch nicht Verletzung ist das Ziel – hier wird nicht geschlagen wie im Boxkampf. Man ergreift einander am Gürtel – laut ist das Stöhnen, die Kraftanstrengung enorm – und drängt den Gegner im Sand des Trainingsraums aus dem Kreis des Rings. Später sitzen wir mit den Burschen bei der traditionellen Sumoringer-Suppe, einem gesunden Eintopf, zusammen. Sie sind alle Kumpels, und obwohl unten der Killerinstinkt mit allen physiologischen Erfahrungen eines tatsächlichen Kampfes eine Rolle spielt, ist alles reglementiert und symbolisch. Das Hochgefühl der Kraftstärke wird nicht von Schmerz und Zerstörung besudelt, wie das beim Boxen der Fall ist.

Power, das Hochgefühl, ist sublimierter Zorn, die bloß symbolische Selbstbehauptung, die ein ähnliches Gefühl erzeugt wie der Zorn selbst, jedoch gereinigt von zerstörerischer Aggressivität.

Im Jahr 2001 trafen die Attentäter von 9/11 auf die »Firefighters« von New York. Feuerwehrleute gelten in den USA schon seit langer Zeit als *Power*-Typen, die gut durchtrainiert (Kalender!) und kraftvoll allerlei Spezialwerkzeuge zur Rettung bereithalten. Handwerker in den USA, und zunehmend in Europa, lernten davon. Sie treten in Gruppenfotos – die Dachdecker am Dach – wie ein Spezialistenteam auf, am Gürtel hängen die Werkzeuge. Sie sind die symbolischen Krieger, sind unsere Sumoringer.

Die Psychologie der Kraftstärke

In der Frühgeschichte der Menschheit gab es nicht nur den kriegerischen Kampf, der den Zorn als Angriffsmotor braucht. Es gab auch den Existenzkampf um Nahrung und Überleben in der feindlichen Natur. Wir mussten jagen, stapften durch den Morast, erzitterten vor Blitz und Donner, die von den Göttern kamen. Das Leben in dieser Zeit war voller Erschütterungen durch Naturgewalten, durch Kälte, Nässe, die Schwerkraft. Gleichgewichtssinn, Hautempfindungen, Schmerzrezeptoren kommentierten diesen Existenzkampf. Wer dann diese Naturgewalten besiegte, erlebte dasselbe befreiende Gefühl wie nach dem Kriegskampf, wie durch den Zorn: ein Gefühl der Überlegenheit. Doch es war nicht die Überlegenheit gegenüber einem anderen, sondern gegenüber den Elementen. Wir zeigten den Naturgewalten, dass wir sie überleben können, und fühlten uns dadurch lebendig und kraftstrotzend.

Im Spielfilm »Cast Away – Verschollen« gibt es eine Szene, die dieses *Power*-Gefühl aus der Frühzeit nachvollziehbar macht. Tom Hanks sitzt nach einem Flugzeugabsturz auf einer einsamen Insel fest. Ständig verletzt er sich in der ungewohnt rauen

Südseenatur. Erst nach zahllosen entmutigenden Versuchen gelingt es ihm endlich, Feuer zu machen. Das winzige Flämmchen wird nach und nach zum großen, mächtigen Feuer. Da tanzt Tom Hanks um die Feuerstelle, schlägt sich in stolzer Selbstbestätigung auf die Brust und ruft mit tiefer Stimme in den Himmel: »Ich – habe – Feuer – gemacht.«

Eisenhans

Die Wildheit ist durch die Zivilisation verlorengegangen, aber sie steckt immer noch in uns. Das Bild, das Tom Hanks in der Feuerszene abgibt, würde Robert Bly als »Wilden Mann« bezeichnen.[33] Bly ist der berühmteste Verfechter der sogenannten Mythopoetik. In seinem Bestseller »Eisenhans« bezieht er sich auf das gleichnamige Märchen über einen furchterregenden Mann, der am Grunde eines Sees haust und mit seiner braunen Haut aussieht wie aus Eisen. Er verhilft einem Königssohn dazu, zum erwachsenen Mann zu werden. Der Prinz geht erst in den Wald, wo ihm der Eisenhans alles beibringt, was ein Mann zum Überleben wissen muss, und dann in die Welt hinaus.

Für die amerikanische Männerbewegung war das Buch ein Schlüssel zur Wiederentdeckung einer echten Männlichkeit. Therapeuten gingen daher erstmals mit Männergruppen in den Wald, um dort mit Knüppeln auf Holz zu schlagen. Da spürt man wieder seine Muskeln. Männergruppen trafen sich in Schwitzhütten im Wald. Männlichkeit ohne ein Macho zu sein war das Ziel. Wir in Europa fanden zumindest, dass das Grillen im Garten reine Männersache sei. Andere suchten die Wildheit in Hochseilgärten, bei der Fahrt mit einem Auto mit Allradantrieb, beim Bunjee-Jumping. Dann erlebt man wieder die Gefahr, die der Gleichgewichtssinn vermittelt.

[33] Robert Bly, Eisenhans. Ein Buch über Männer. München, Kindler 1991.

Power, das Hochgefühl der Kraftstärke, stellt sich ein, wenn wir Wildheit erleben.

Als Auslöser kommt daher alles in Frage, wodurch wir die Elemente wieder spüren. Dazu gehört die Urkraft von *Wassermassen*, wie in Iguazu unter dem Wasserfall. Dazu gehört *Feuer*, wie bei dem neu inszenierten Vulkanausbruch vor dem Mirage Hotel in Las Vegas, wo uns aus Hunderten Feuerfackeln, die zur Trommelmusik hochschnellen, die Hitze ins Gesicht schlägt (siehe Farbteil, Seite 200). Zu den Auslösern gehören *urgewaltige Töne*, wie bei den traditionellen japanischen Trommlern oder der australischen Show »Stomp«, wo erstmals jemand die Idee hatte, mit den Deckeln metallener Mülltonnen zu steppen. Die Auslöser sind auch alle Apparaturen und Fahrzeuge, die uns rasant *beschleunigen* oder unseren *Absturz* simulieren, wie das »Dune Bashing« in Dubai und jede Art von Achterbahn.

Der »Rock 'n' Roller Coaster Starring Aerosmith«, den Disney in seinen Film-Parks in Paris und Orlando betreibt, kombiniert gleich mehrere dieser Auslöser. Neben der üblichen Absturz-Simulation, die jede Achterbahn bietet, wird man gleich zu Beginn der wilden Fahrt innerhalb von nur 3 Sekunden auf 100 km/h beschleunigt. Von diesem Augenblick gibt es ein Foto von mir, das mich wild schreiend zeigt, denn die Beschleunigung von 4,5 g ist größer als jene, die Astronauten beim Start eines Space Shuttles erdulden müssen. Besonders intensiv wird die Erfahrung dadurch, dass wir nicht hinabstürzen, sondern horizontal in die dunkle Halle hineinkatapultiert werden, in der wir dann die üblichen Loopings und Abstürze erleben. Als dritten *Power*-Auslöser hat Disney die wilde Rock-Gruppe Aerosmith an Bord geholt, zu deren Konzert wir angeblich in unserem Raketen-Cadillac rasen. 5 Lautsprecher pro Sitz trommeln den ohrenbetäubenden Sound auf uns ein, der auf die Bewegungen der Achterbahn abgestimmt ist. Mein Sohn, vor der Fahrt in Panik wie ich, will sofort noch einmal fahren. Was ist passiert?

Genießen kann man Power-Gefühle nur dann, wenn ihre Auslöser unter »Stimuluskontrolle« sind.

Signale, die eigentlich Angst auslösen, werden als positiv erlebt, weil wir gesehen haben, dass die Erfahrung zwar »wild« ist, aber nichts passiert. Beim nächsten Mal steigen wir schon mit lachendem Gesicht in den Cadillac, und irgendwann einmal werde ich vielleicht sogar die Arme heben, wie es die »Roller Coaster Buffs« tun, und nicht mehr fest den Haltegriff umklammern. Diese Fans haben den Reizauslöser bereits so sehr unter Kontrolle gebracht, dass sie ihre eigene Kontrolle lockern, um noch genug an Hochgefühl abzubekommen. Auch die Entwickler der Rides reagieren mit gestalterischen Maßnahmen auf die Abstumpfung gegenüber dem *Power*-Auslöser. Disney reduzierte in seinem »Tower of Terror«, bei dem man in einem Geisterhotel mit der Aufzugkabine abstürzt, die Vorhersehbarkeit der rasanten Bewegungen. Noch bei seiner Eröffnung 1994 lief jeder Durchgang der Fahrt auf dieselbe Weise ab. Man stürzte im freien Fall in die Dunkelheit hinunter, dann wurde die Kabine nach oben katapultiert, wo im Moment der »Beinahe-Schwerelosigkeit« die Luke nach außen aufging und man kurz sah, wie schrecklich hoch man ist, bevor man wieder ins Dunkel abstürzte, und so weiter. Heute ist nicht mehr so ohne weiteres vorhersehbar, in welcher Reihenfolge Katapult und Absturz auftreten, denn kurze und längere Vertikalbewegungen wechseln jetzt einander nach einem Zufallsprinzip ab: Maßnahmen gegen ein Zuviel an *Stimuluskontrolle*.

In einem Allradfahrzeug, mit dem man über Stock und Stein fährt, ist jeder Ruck ein *Power*-Auslöser. Interessant ist, dass viele 4WD in Städten gefahren werden, wo auf der ebenen

POWER

Straße die unmittelbaren Power-Auslöser ausbleiben. Trotzdem fühlt sich ein Hummer H2 ganz schön kraftvoll an. Die Sitzhöhe, die forsche Federung, man ahnt, dass der Hummer ursprünglich ein Militärfahrzeug war. Warum spüren wir in einem Allradfahrzeug die Power, auch wenn wir sie nicht fahren können?

Durch die »Spiegelneuronen« in unserem Gehirn fühlen wir uns auch in das mögliche Power-Verhalten ein, werden empathisch eins mit dem Power-Auslöser.

Polo-Spieler, mit denen wir in Argentinien zusammenarbeiteten, erzählten uns, dass sie sich während des Spiels als Einheit mit ihrem Pferd fühlten. Die mythologische Gestalt des Zentaur verdeutlicht diese Vorstellung. So ist erklärbar, dass wir das Power-Gefühl auch dann spüren, wenn wir ganz genau wissen, dass der kraftvoll aus dem Boden herausbrechende Wagen ein Fake ist, der da in Birmingham eine Roadshow bewirbt. Man hatte ihn hinten abgeschnitten, etwas Erdreich und ein paar Pflastersteine um ihn herumgelegt – gut genug für eine Illusion, die echte *Power*-Gefühle auslöst. Wir fühlen uns ein, wir spüren sie.

Abb. 25 Messe Birmingham

Sich stark machen

Anerkennend klopft der Kunde im Baumarkt auf die starke Bohrmaschine, die er nicht kaufen wird, deren Kraftstärke ihn aber spüren lässt, warum er hier ist. Dieses *Klopfen* ist der häufigste, und ganz und gar unauffällige, Glücksverstärker für Power-Gefühle. Er entspricht der bekannten *Becker-Faust*, über die schon berichtet wurde. Die Geste ist nicht aggressiv attackierend, sondern anerkennend bestätigend.

Brigitta Lorenzoni beschreibt in ihrem Klassiker »Wie Sie sich selbst zum Star machen« die ganze Bandbreite der Power-Verstärker.[34] King Kong trommelt auf seine Brust, und ein Spitzenmanager *wirft sich in die Brust*, wenn er Stärke beweisen will. Tarzan lässt seinen Dschungelruf hören, um sein Territorium zu markieren, und ein erfahrener Redner weiß, wann er seine *Stimme erheben* muss, um sich durchzusetzen. Arnold Schwarzenegger, als Schauspieler berüchtigt für seine starre Mimik, setzte doch nur den *durchdringenden Blick* des »Lead Heavy« ein, mit dem er den Gegner genauso fixierte, wie der CNN-Moderator Larry King, der sein Gegenüber in Schach hält. Gorbatschow und jeder andere betont männliche Politiker (wie etwa Margret Thatcher) machten mit ihren Händen *begrenzende Bewegungen*, die sagen sollten: bis hierher und nicht weiter. Vom Schreilachen der Kinder und der Mitfahrer in Achterbahnen war schon die Rede, ebenfalls vom *Muscle-Shirt* junger Männer, deren Underdog-Variante der nach *oben zeigende Finger* der Rapper ist. Die Liste der Verstärker ist endlos.

Allen gemeinsam ist der Wille, selbst etwas dazu beizutragen, um sich stark zu fühlen.

[34] Brigitta Lorenzoni, Wie Sie sich selbst zum Star machen. Ihre typgerechte Selbstpräsentation in Beruf und Öffentlichkeit. Reinbek bei Hamburg, Rowohlt 1998.

Erstarkung

Die unmittelbare Auswirkung von Power ähnelt jener des Zorns. Wie in der Kampfsituation werden *Adrenalin* und *Noradrenalin* ausgeschüttet, dazu kommen Sexualhormone, wie *Testosteron*.[35]

Noch wichtiger als die sofort spürbare Kraftstärke ist der langfristige Zuwachs an innerer Kraft. Das mag daran liegen, dass viele energetische Blockaden im Körper durch die Ausschüttung von Adrenalin gelöst werden und man mehr das Gefühl hat, »bei sich zu sein«. Der Theoretiker der Bioenergetik, Alexander Lowen, berichtet, dass er den ersten Schritt zu seiner persönlichen Heilung fand, indem er wochenlang täglich Achterbahn fuhr. Daraus entwickelten sich seine berühmten therapeutischen Fallübungen und auch jene Praktiken, bei denen die Patienten mit einem Tennisschläger auf eine Couch schlagen sollten.[36] Wen das an die Rituale der amerikanischen Männerbewegung zwanzig Jahre später erinnert, hat vollkommen recht.

Die schlagartige Lösung der Blockaden soll zu mehr Selbstbewusstsein führen, zu persönlicher Erstarkung.

Da Power-Gefühle auch durch empathisches Einfühlen auftreten, führt symbolisch erlebte Kraftstärke genauso zur nachhaltigen Erstarkung. Die Entertainment-Industrie lebt davon: von den germanischen Heldensagen bis zu Kinderfernsehserien, in denen ein Tier (Lassie, Fury, Flipper) sein kleines Herrchen gegen die Erwachsenenwelt stark macht. Das Tier ist wie ein verlängerter Arm des Kindes, das so doppelt zählt und, aufgrund der animalischen Power des besten Freundes, der Erwachsenwelt Paroli bieten kann.

[35] Vgl. Josef Zehentbauer

[36] Alexander Lowen, Der Verrat am Körper. Reinbek bei Hamburg, Rowohlt 1982 (Lowen 1967).

Nach diesem Prinzip funktionieren auch die »Pokémons«, die bei 8-12-jährigen Buben heute weltweit die Hitliste im Entertainment anführen. Dabei handelt es sich um eine japanische, medienübergreifende Reihe von Satoshi Tajiri, die Videospiele für unterschiedliche Spielkonsolen, eine Zeichentrickserie, gezeichnete Spielfilme, sowie Sammelkarten und Merchandising-Produkte aller Art hervorbrachte. Im Zentrum stehen die Pokémons, niedliche bis monsterähnliche Wesen, die hier die Funktion der stark machenden Tiere übernehmen. Sie tragen Namen wie Pikachu oder Glumanda und werden entsprechend ihrer Fähigkeiten im Kampf in Feuerwesen, Wasserwesen, Elektrowesen usw. eingeteilt. In den Spielserien sind die »Trainer«, wie Ash Ketchum, die Identifikationsfiguren, in den Videospielen wird der Spieler selbst zum Trainer.

Alle Handlungs- und Spielelemente zielen ausschließlich darauf ab, den kindlichen Rezipienten mit symbolischer Kraftstärke aufzuladen. Der Trainer fängt ein Pokémon – und was macht er? Er trainiert es im Kampf gegen andere Pokémons, damit es stärker wird. Der sichtbare Ausdruck der Erstarkung des Pokémons ist dessen Verwandlung in die nächsthöhere Entwicklungsstufe. So wird aus Glumanda irgendwann einmal Glutexo, der gefährlicher aussieht, noch mehr Feuerkraft hat usw. Dann trifft der Trainer in unterschiedlichen Ländern auf rivalisierende Trainer, gegen die es gilt, die eigenen Pokémons in einen Turnierkampf zu schicken. Ähnlich wie bei einem asiatischen Hahnenkampf treten die Stellvertreter-Wesen gegeneinander an, während die Trainer nur auswählen, welches Pokémon zum Einsatz kommt, und für alle hörbar laut ansagen, welche Kampfattacke es einsetzen soll. Jede der Attacken führt zur Stärkung oder Schwächung der eigenen Pokémons. Bei Erfolg signalisieren Siegerehrungen, Hymnen, ehrenvolle Abspänne dem kindlichen Trainer, dass nun seine Pokémons, und damit er selbst (kaum Mädchen im Spiel), stärker geworden ist.

Abb. 26 Liste der möglichen Pokémon-Attacken (in Auswahl)

Damit die Situation immer noch als Kraftstärken-Erlebnis gesehen wird und nicht als kriegerischer Kampf, zeigen die Pokémons knuddelig immer wieder ihre Freundschaft, wachen etwa in einem der Filme mit Ash in der Kälte, um ihn zu wärmen, und flüchten nicht in die kleinen Pokébälle, in denen die Pokémons leben, bevor sie zum Turnier hervorgeholt werden. Als Gegenleistung für so viel Kraftstärke kennen viele Fans die Namen und Eigenschaften der 493 unterschiedlichen Pokémons. Während manche Pädagogen die Pokémons als eine Art Kriegsspiel verteufeln, glauben andere, dass es einen Unterschied zwischen einer Dramaturgie des Zorns und einer Dramaturgie der Power-Stärke gibt.

Die Dramaturgie der Kraftstärke

Als Auslöser für *Power*-Gefühle kommt in Frage, was unsere Wildheit zum Leben erweckt. Im Schutz der Gegenwart triumphieren wir so über jene Umstände, die in der Vorzeit Angst machten: Feuer und Nässe, Kälte und Höhe, die Ausgeliefertheit insgesamt. Das Hochgefühl der Wildheit macht uns deshalb stark und selbstbewusst.

Wer hat heute Interesse, das Selbstbewusstsein anderer zu mehren? Die Spielindustrie, das haben wir gerade gesehen, wo kommerzielle Interessen und lebenstherapeutische Energie zusammenkommen. Interesse hat auch der Tourismus, der mit mehr Spaß in den Bergen den Sommertourismus ankurbeln will. Inszenierungen wie der Tiroler Aerofan, wo man auf den Schwingen des Adlers ins Tal fliegt, sind Ausdruck dieser neuen Chance. Interesse hat auch die Wirtschaft, die ihren Mitarbeitern in schwierigen Zeiten Stärke und Mut vermitteln muss, und sie manchmal in luftige Höhen schickt.

Absturz

Hochseilgärten werden oft missverstanden. Da balancieren in Todesangst Sekretärinnen über Seile in beängstigender Höhe, und bisweilen – schwarze Schafe gibt es überall – geht die Mutprobe nicht gut aus. Die Mutprobe? Ja was glauben eigentlich manche Event-Anbieter, warum man so etwas machen sollte? Sind wir denn bei den Marines? Nein, denn das Herantasten an die belohnende Erstarkung sollte das Ziel sein und nicht ein »Alles für das Unternehmen«, auch wenn man vor Angst schlottert. Das Canyoning, bei dem man einen Wasserfall hinunterschlittert, Rafting im Wildwasser, alle im

Kern wirklich gefährlichen Action-Events fürs Teambuilding, sollten immer und ausschließlich mit dem emotionalen Sicherheitsseil der Stimuluskontrolle eingesetzt werden. Nur dann wird aus dem *simulierten Absturz* ein stärkendes Power-Gefühl, und nicht Todesangst.

Was sollte Höhe in unserer Welt bedeuten? Sie ist trotz aller Angst, die mit dem vorgestellten Absturz einhergeht, eine Form von Entertainment. Die Experience Economy hat sich den Nervenkitzel der Höhe längst zu eigen gemacht. Da sind etwa jene Aussichtsplattformen für Touristen, die uns die Kraftstärke einer Hochgebirgsregion vermitteln. Am spektakulärsten ist der »Skywalk«, der über den Grand Canyon hinausragt. Nicht nur die unglaubliche Höhe über dem Abgrund erzeugt die Kraftstärke, sondern vor allem das Bodenglas, das uns die Illusion gibt, über dem Abgrund zu schweben (siehe Farbteil, Seite 201).

Vor Jahren nutzte Axel Gundlach von der Frankfurter Agentur KaHouse diesen Effekt als Einstieg für den Kongress »Hochhauswelten«. Die Kongressteilnehmer betraten den Saal über einen blauen Boden, auf dem zwei schmale Bretter lagen. Der Boden war Bestandteil einer Bluebox, wie man sie vom Fernsehen kennt. Auf einem großen Bildschirm konnten sich die Teilnehmer selbst sehen, aber – oh Schreck – statt dem Boden gähnte da der Abgrund zwischen zwei Hochhäusern, und sie selber waren es, die auf den schmalen Brettern von Wolkenkratzer zu Wolkenkratzer balancierten. Der Effekt war beeindruckend. Schweiß stand so manchem auf der Stirn, die Wirkung der Höhe entfaltete sich sofort, obwohl jeder den Fake erkannte. Die meisten Besucher gingen mit der Höhenwirkung aber spielerisch um und genossen den Thrill bei gleichzeitiger Sicherheit. Sie verstanden intuitiv, worum es bei Hochhäusern abseits von Renditen und Statik auch geht – um Emotionen.

Abb. 27 Kongress
»Hochhauswelten«

Muskelspiel

Nicht nur Frauen reagieren auf starke Muskeln. Auch wir Männer spüren, durch unsere Spiegelneuronen, die empathische Power, die von Muskelmännern ausgeht. »Lead Heavies«, wie Arnold Schwarzenegger, werden heute oft verlacht, aber die Faszination, die immer wieder durchbricht, hat, wie alle Power-Auslöser, ihre anthropologischen Wurzeln. Die starken Männer waren in der Vorzeit die Beschützer der

Horde, des Stammes. Nicht nur sie selbst, sondern auch ihre Kleidung aus erlegten gefährlichen Tieren und ihre geheimnisvollen, ganz offensichtlich siegreichen Amulette, strahlten die Kraft aus, die bewundert wurde. Die Wrestler-Kultur mit ihren Fake-Kämpfen, die amerikanische Biker-Kultur mit ihren Motorrädern, Ketten, Ringen, leben heute noch davon. Diese Accessoires der starken Männer und Motoren sind genauso Auslöser der Power wie die Muskelmänner selbst. Am bekanntesten wurde die amerikanische Luxuskette »Chrome Hearts« von Richard Stark, deren schwere Silberringe, Lederkleidung und Möbel mit Gothic-Motiven erst bei Stars von Lenny Kravitz bis Karl Lagerfeld und dann durch eine Reihe von Flagship Stores weltweit bekannt wurden. Im Laden in den Forum Shops in Las Vegas ist alles »schwer«. Die Möbel stiehlt niemand, weil sie nicht hochzuheben sind, die Vitrinen sind massiv, Wappen sind in Decke und Fußboden eingelassen wie auf der Farm eines texanischen Großgrundbesitzers. Da sind noch der schwere Schmuck, die übergroßen tiefschwarzen Lederfauteuils, der kernige Steinboden neben dem sehr dunklen Holzboden – ein Heim für den Eisenhans in uns.

Muskelspiele finden sich auf der gesamten Bandbreite der Ästhetik, von der Trivial- bis zur Hochkultur. Die kindliche Faszination an großen, starken (man könnte auch sagen »phallischen«) Maschinen bedient das weltweit gesendete TV-Magazin »Matt Rogers Fette Maschinen« (»Really Big Things«). In seiner Sendung zeigt der amerikanische Football-Trainer ausschließlich XXL-Maschinen, wie etwa ein Spezialschiff, das die Ufer des Mississippi mit Betonmatten befestigt, oder einen Kegelbrecher in einer schwedischen Kupfermine. Wie alle kleinen Jungs, die einmal etwas wirklich Großes in der Hand haben wollen, darf er die Maschinen auch alle selbst bedienen – und wir bedienen sie emphatisch ein wenig mit.

Auch der renommierte österreichische Theater- und Opernregisseur Martin Kušej (sprich »Kuschei«), der an der Oper in Paris, am Wiener Burgtheater, in Bayreuth und bei den Salzburger Festspielen inszeniert, ist solch ein kleiner Junge. Seine großartigen Inszenierungen klassischer und moderner Dramatik sind voller Power-Effekte. Berühmt – manche Kritiker sagen berüchtigt – wurde Kušej durch die vier Elemente, die er mit seinem Bühnenbildner Martin Zehetgruber auf die Bühne bringt. Es regnet, es brennt, es hagelt Dutzende Schuhe auf die Bühne, Symbole des Auswanderns in »Glaube und Heimat« von Karl Schönherr. Die Protagonisten waten im Morast (Peter Brook war einer von Kušejs Lehrern), und im »Weibsteufel« balancieren sie auf riesigen Baumstämmen über die Bühne. »Natur ist Kraft«, sagt Kušej. Seine Kritiker sehen ihn als Apokalyptiker, der eine Endzeit skizziert. Doch Kušej ist ein Regisseur einer »Vorzeit«, bevor wir »wurden« und uns das Leben umklammerte. So wie Kinder keine Skrupel haben, sich lustvoll in den Morast zu werfen, weckt Kušej das Wilde in uns: in einem Theater der Katharsis ohne intellektuelles Getue.

Kids Power

Was steckt noch in der Wildheit? Die Überwindung eines Gefühls der Hilflosigkeit durch demonstrative Gesten der Stärke. Wenn eine Gruppe von scheinbar Schwachen der Welt ihre wahre Stärke vor Augen führt, hängt man salopp an den Begriff für die Unterprivilegierten das Wort *Power* an. Man sagt Girl Power oder Kids Power. Im Internet findet man auch Blondinen Power, Tamil Power usw.

Ursprünglich sprach man nur von *Manpower* und meinte im englischen Sprachraum einfach die Arbeitskraft, und die war männlich. In den neunziger Jahren tauchten plötzlich All-Women-Bands auf, die mit übergroßer Energie eine Art dritte Welle des Feminismus auf die Bühne brachten. Die »Spice Girls« in England, die »No Angels« in Deutschland waren der Gegenpart zu den Boygroups der achtziger Jahre und verbanden erotischen Appeal mit aggressiv energetischem Selbstbewusstsein. *Girl Power* war geboren, denn:

Power-Gefühle machen Schwache stark.

Wer aber sind die Schwächsten? Die Kinder. »Harry Potter«, die »Fünf Freunde«, alle berühmten Kinderbücher sind voll von Szenen, in denen die Sehnsucht der Kinder, so stark zu sein wie die Erwachsenen, im Zentrum steht. *Kids Power* hat in den letzten Jahren »Indoor-Themeparks« hervorgebracht, die Kindern die Möglichkeit geben, spielerisch die Erwachsenenwelt auszuprobieren. Das Original steht in Mexiko und heißt »Ciudad de los Niños«. Diese »Stadt der Kinder«, die es gleich zweimal in Mexiko, einmal ein Japan und, mit eigenem Konzept, als »Minopolis« in Wien gibt, lässt Kinder Erwachsenenberufe ausprobieren. Die Kids fahren auf Feuerwehrautos zum Löscheinsatz, laufen als Polizisten mit Fahndungsfotos herum, machen in der Fahrschule einen Führerschein in drei Stufen und erproben die erlernten Fertigkeiten gleich in Mini-Autos. Die Wirtschaft unterstützt die Animation durch Sponsoring und profitiert ihrerseits von der Aufmerksamkeit, die sie dafür bekommt.

Im Wiener »Minopolis« kann man sehen, was funktioniert und was nicht. Dort dürfen die Kinder im Supermarkt einkaufen, aber nach erfolgter Bezahlung an der Kasse geben sie die Plastikfrüchte einfach ab, und andere Kinder, die im Markt arbeiten, schichten sie wieder ein. »Wo bleibt die Belohnung?«, fragen wir in unserem Beratungs-Workshop. Perfekt macht es die Magistratsabteilung, die in Wien für die

Kanalisation (wer kennt den Film »Der dritte Mann«?) verantwortlich ist. Die engagierten Mitarbeiter der MA 30 erklären uns erst das Kanalnetz, dann bekommen wir einen Helm mit Lampe und – ausnahmsweise darf ich mit – stürzen wir uns in einen simulierten Kanal. Dort ist es dunkel, und wir müssen Müll zur Seite schaufeln, bis es einen »unerwarteten« Wassereinbruch gibt. Unter Alarmgeheule und Rotlichtblinken evakuieren wir uns kriechend und laufend und werden draußen gelobt für unser schnelles, überlegenes und sowieso tolles Verhalten. Mit verwegenem Blick geben wir unsere Helme ab und kehren mit mehr Kids Power aus dem Kanal zurück, als wir mitbrachten.

Gefühlscocktails

Glory und Power gehören zusammen.

Im Märchen vom Eisenhans ist der junge Mann, der in den Wald geht und als einfacher Arbeiter schließlich die Königstochter erobert, immer schon ein Prinz, und auch der Eisenhans entpuppt sich am Ende als verwunschener König. Man wird nur auf ein Podest gehoben, wenn man auch Kraft und Stärke beweist.

Am 11. April 2009 ereignete sich im schottischen Glasgow eine Sternstunde des Entertainments. Eine 47-jährige unansehliche Frau namens Susan Boyle trat auf die Bühne eines Theaters und sang »I dreamed a dream« aus dem Musical »Les Misérables« so beeindruckend, dass sie bereits nach 20 Sekunden »Standing Ovations« bekam, sie nach einer Stunde weltweit im Internet präsent war und bis heute

60 Millionen Menschen ihren Auftritt im Internet ansahen. Ihre Interviews bei Larry King und Oprah Winfrey gingen um die Welt. Als ob die Arbeitslose niemals etwas anderes getan hätte, hob sie während des Songs ihren rechten Arm, mit der Handfläche nach oben, und eroberte mit einer ausholenden Glory-Geste den Saal. Jedermann war gegen sie gewesen, als sie auftrat. Als die Juroren von »Britain's Got Talent« mit Tränen in den Augen verkündeten, dass sie, Susan, mit erhobenem Haupt in ihre kleine Gemeinde zurückkehren könnte, mit dreimal Ja – »The biggest Yes I ever gave« –, riss sie, erst in einer großen Geste der Verzückung, ihre Arme nach oben, und stampfte dann wie ein Kind auf der Bühne auf, den linken Arm zur Becker-Faust hochgerissen: Glücksverstärker von Glory & Power.

Wann immer mehrere Hochgefühle verdichtet auftreten, gibt es eine gemeinsame Quelle, aus der die Gefühle gespeist werden. Im Fall von Susan Boyle ist es das mythische *Brain Script* vom »Hässlichen Entlein«, das sich, erst verlacht und verspottet, vor aller Augen in einen Schwan verwandelt. Jedermann erinnerte sich sofort an den unansehnlichen Handy-Verkäufer Paul Potts, der mit »Nessun Dorma« ein ähnliches Coming Out feierte und heute, nach Zahnregulierung und neuem Styling, riesige Veranstaltungshallen füllt. Das *Brain Script* sagt uns, wie es auch mit Susan Boyle weitergehen wird. Erste Ansätze für ein Umstyling waren bereits im Internet zu sehen, aber auch die Warnungen zu hören, dass die Verwandlung nicht zu schnell erfolgen dürfe. Sonst geht die Rührung verloren, das »Hässliche Entlein« muss noch einige Zeit sichtbar bleiben. Es braucht die optische Kluft zwischen Aussehen und Auftritt, um das Glory-Podest weiterhin erlebbar zu machen. Es braucht auch den Kampf, sich – »against all odds« – von ganz unten nach ganz oben zu arbeiten, damit wir die Power-Gesten nach den Auftritten würdigen.

Die Kombination von Glory und Power ist weitverbreitet und prägt das Entertainment der Gegenwart. So war Boxen früher nur eine Angelegenheit von Power-Gefühlen. Heute ist es auch Frauensache, seit dem harten Spektakel eine erhebende Show vorangeht. Vitali Klitschko betritt muskelbepackt die Arena, und eine Glocke, glorios aus dem Dunkel herausgeleuchtet, erhebt ihn in ein Firmament der Boxerlegenden. Aus dem Dunkel ertönt der berühmte langgezogene Ruf des legendären amerikanischen Boxansagers, den jeder kennt: »Vitaliiiiiiii Klitschkooooooo«.

Das New-York-Prinzip

Die Kombination von Größe und Stärke ist zutiefst amerikanisch und kann nirgendwo auf der Welt so prägnant erlebt werden wie in New York. Wie sang schon Frank Sinatra? »And if I can make it there, I'm gonna make it anywhere.«

In der Stadt, die niemals schläft, strahlen die Wolkenkratzer von Manhattan die hochenergetische Kombination aus erhabener Größe und unglaublicher Kraftstärke aus.

Das Glory-Gefühl stellt sich ein, weil Wolkenkratzer unseren Blick in die Höhe ziehen und mit tempelartigen Aufbauten ihre Spitzen veredelt wurden. Das Power-Gefühl resultiert aus der Überwindung der Schwerkraft und der Beherrschung der Statik. Diese *Glory-Power-Kombination* gehört zur amerikanischen Seele und ist in den USA vertikal wie horizontal erlebbar. Vertikal in der Gegenwart durch die überhohen Skylines, horizontal im »Wilden Westen« durch den Zusammenprall der rauen Wildnis mit der beglückenden Freiheit großer Weiten.

Trotzdem ist Manhattan für die ganze Welt die Metapher für die Kombination von Glory und Power, ist das New-York-Prinzip. Kein Zufall also, dass die Terroristen von 9/11 gerade ins World Trade Center flogen, denn dort konnten sie zwei Fliegen mit einer Klappe schlagen und sowohl die *Glory* als auch die *Power* von Amerika attackieren.

Schon früh konfrontiert man in den USA die lieben Kleinen mit diesem uramerikanischen Selbstverständnis. Die erfolgreichste *Kids-Power*-Inszenierung der Welt, angereichert durch einen Schuss Glory, richtet sich an Mädchen im Alter von 3 bis 13 Jahren. »American Girl Place« gibt es im Internet und in sieben, jeweils mehrstöckigen, Flagship Stores von New York bis Los Angeles. Vordergründig gesehen kauft man dort Puppen, deren Kleidung und Accessoires, Puppenmöbel, Bücher, DVDs.

Tatsächlich gekauft werden die Hochgefühle, die von den Waren und deren Inszenierung ausgehen.

Und diese Inszenierung ist tatsächlich grandios. An der Wand aller Stores ist weithin sichtbar der Slogan von »American Girl Place« zu lesen: »Follow Your Inner Star«. Dieses »Drehbuch im Kopf« speist *Glory-* & *Power*-Gefühle: die Kraft, mit der die Girls zu sich stehen sollen, das glorreiche Leben, das sie haben werden. Weiter heißt es da: »American Girl® celebrates a girl's inner star – the little whisper that encourages her to stand tall, reach high, and dream big. We take pride and care in helping girls become their very best today so they'll grow up to be the women who make a difference tomorrow.«[37] Manchen wird es jetzt kalt den Rücken hinunterlaufen vor so viel »American Way of Life«. Aber in einem Land, dessen Bürger die rechte Hand aufs Herz legen, wenn die Hymne ertönt, haben *Glory* & *Power* einen anderen Stellenwert als im kritischen Europa.

[37] www.americangirl.com

Wir betreten mit unserem Sohn das New Yorker Kaufhaus von American Girl. »Was gibt's hier für mich?«, fragt er. Wir antworten ausweichend und gehen nach links in die Abteilung »Just like you®«. Dort stehen wir fassungslos vor einer Vitrine mit 23 Puppen. Es ist immer dieselbe, aber mit unterschiedlichem Hautton, Haar- und Augenfarbe. Die Mädchen wählen die Puppe aus, die ihnen am meisten ähnelt, und gehen weiter in die nächste Abteilung, wo sie für die Puppe und sich selbst dasselbe Outfit auswählen. Wer will, geht dann noch weiter zum Puppenfriseur – appointment required –, wo die Puppe von einer engagierten Friseuse exakt dieselbe Frisur verpasst bekommt, die auch das Mädchen trägt. Das Ebenbild ist erschaffen, der Fetisch, der Kraft gibt: Power-Gefühl. Diese Puppe teilt das Leben des American Girl®, etwa wenn Puppe, Mädchen und Mutter des Mädchens ins Café von American Girl Place® gehen, wo es dreimal täglich ein vorreserviertes »Seating« gibt, alle gemeinsam am Tisch sitzen und manchmal auf gruselige Weise einander ähneln. Dann kauft man für die Puppe die Accessoires für das Hobby, das Kind und Puppe nun teilen – Reiten, Golf, soziales Engagement. Wer lacht? Kennen wir nicht alle die Songs der Selbstbestätigung, die wir laut, allein im Auto sitzend, singen? Dieselbe Strategie.

Weiter geht's. Im obersten Stockwerk lauern die Vorbilder aus der amerikanischen Geschichte. In Dioramen, mit Artefakten und Videos angereichert, mit Puppen in historischen Kleidern, werden die Geschichten von mehr als einem Dutzend Mädchen erzählt, die ihre Stärke bewiesen und ihren persönlichen Sieg errangen: im Unabhängigkeitskrieg, in Zeiten der Sklaverei, im Zweiten Weltkrieg. Sie sind das Rollenvorbild für die Girls von heute. Das beste Vorbild in unseren Tagen ist vielleicht Kit Kittredge, die in der Weltwirtschaftskrise von 1929 miterlebt, wie ihr Vater von einem Tag auf den anderen sein Geschäft verliert, und lernen muss, sich einzuschränken und selbst etwas zum Überleben der Familie beizutragen.

Dabei entdeckt sie ihre Kraft und Möglichkeiten und kann stolz auf sich sein: *Glory-Power-Kombination*, ehrenhaft interpretiert und eigentlich gar nicht so sehr amerikanisch.

Praktisch ohne Budget realisierte der ehemalige Fußballtrainer meines Sohns seine *New-York-Prinzip-PR*. Sean Laverty ist gebürtiger Ire und Veranstalter der englischsprachigen »Seans United Soccer Academy«, kurz SUSA. Seans motivierende E-Mails sind legendär. Seinen Wahlspruch »Living the soccer dream« setzt er durch eine Öffentlichkeitsarbeit um, die nicht nur faktenorientiert ist, sondern auf Hochgefühle setzt. »Der Traum vom Sieg« ist das »Brain Script«, das dabei die *Glory-Power-Kombination* mit Emotion speist. Gemeinsam mit seiner in England lebenden Tochter, einer Pop-Sängerin, schrieb er einen Song, den er selbst mit einer Amateursängerin aufnahm:
Der Wecker läutet, es ist Samstagmorgen, SUSA Tag. Die Kids ziehen die Fußballschuhe an, das Power-Werkzeug an den Füßen, das mit Rasenstoppeln und festem Halt helfen wird, die Wildnis des Platzes zu bezwingen: Fußball ist ein Power-Sport. Aber er ist auch voll von Glory. Nicht zufällig singen die Fans von Manchester United (zu denen Sean und mein Sohn gehören) zur Melodie von »Glory, Glory, Hallelujah« den Mannschaftssong »Glory, Glory, Man United«. In Seans eigenem Song träumt das Fußballkind davon, das entscheidende Tor gegen die englische Mannschaft zu schießen und SUSA zum Sieg zu verhelfen. »Goaaaal« ruft Sean selbst im Song, und der Jubel ist grenzenlos: Glory & Power.

Power
Die Kraftstärke

> Power ist Zorn ohne Aggressivität

PSYCHOLOGIE

Auslösen:
> Sie entsteht durch Wildheit, den »Eisenhans« in uns:
> Wassermassen, Feuerstürme, Krafttöne, Temporausch, ...

Einfühlen:
> Durch Gesten machen wir uns aktiv stark:
> Becker-Faust, Schreilachen, Muscle-Shirt, fester Blick, ...

Nachwirken:
> Adrenalin löst bioenergetische Blockaden
> Die nachhaltige Erstarkung wirkt heilend

DRAMATURGIE

Absturz:
> Der simulierte Absturz spielt mit Urängsten
> Genießen kann man ihn nur unter Stimuluskontrolle

Muskelspiel:
> Durch starke Maschinen, Fetische, die vier Elemente
> Durch Spiegelneuronen fühlen wir uns ein

Kids Power:
> Macht Schwache stark

GEFÜHLSCOCKTAILS

Das New-York-Prinzip:
> Glory und Power gehören zusammen
> Man wird nur erhöht, wenn man auch Stärke beweist

BRAVOUR
Die Raffinesse

Nein, das ist ganz und gar keine angenehme Situation, wenn in einem unterirdisch gelegenen Forschungslabor ein Säuretank ausläuft und aufgrund einer Explosion alle Verbindungen zur Außenwelt gekappt sind. Aber so weit sind wir noch nicht. Erst muss MacGyver die tödlichen Sicherheitsbarrieren überwinden, die den Schacht hinunter ins Hochsicherheitslabor abschirmen. Weil sie noch dazu unsichtbar sind, raucht MacGyver schnell zwei Zigaretten auf einmal. Ah, da sind die tödlichen blauen Laserstrahlen, die sich heimtückisch bewegen. Das geliebte Fernglas muss daran glauben, denn MacGyver braucht eine Linse, um den einen tödlichen Strahl nach und nach so weit abzulenken, dass er das gesamte System zerstört, wie ein Skorpion, der sich mit dem eigenen Stachel tötet. Tief unter der Erde trifft er auf die hübsche blonde Assistentin der eingeschlossenen Professoren (einer wird sich als Böser erweisen), und mit ihrer Hilfe dichtet er den Säuretank ab. Zu diesem Zweck stopft sie, auf seinen Schultern stehend, die Risse im Tank mit Vollmilch-Schokolade. Durch eine chemische Reaktion, die MacGyver vorhersah, schmilzt die Schokolade und schließt die Löcher. Fans der Fernsehserie aus den achtziger Jahren nannten diese Tricks bald *MacGyverismen*. Sein Schweizer Armeemesser und eine Klebebandrolle begleiten den freien Mitarbeiter der Phoenix Foundation auf Schritt und Tritt. Aus Alltagsgegenständen bastelt er mit naturwissenschaftlichen Kenntnissen und Einfallsreichtum Werkzeuge und Waffen zum Überleben.

Raffiniert, denkt man angesichts der überraschenden Lösungen. MacGyvers bravouröses Verhalten hat eine lange Tradition. Als man etwa 1300 v.Chr. im Zeitalter von Sethos I. die riesigen Säulenhallen von Theben errichtete, war das nur mit einem MacGyver-Trick möglich. Man legte Stein auf Stein, aber um zu verhindern, dass die Säulen umfielen, schüttete man rund um die kreisrunden Steinplatten Erdreich und Sand auf, immer höher, je höher die Säulen wuchsen. Als die Säulen fertig waren, wurde der Sand, der sie im instabilen Zustand gehalten hatte, entfernt, und – sie stehen heute noch.

Raffinierte Lösungen, ein besonderes Können, sind durch die Jahrtausende hindurch die Kennzeichen von Bravour.

Heute finden sich diese bravourösen Lösungen in der Experience Economy. Da ist zum Beispiel die »Yotel«-Idee. Sie stammt von Simon Woodroffe, der in England seit etwa 20 Jahren durch seine kreativen Lösungen auffällt. Zuerst erfand er »Yo! Sushi«, eine Kette von Running-Sushi-Lokalen. Dort zapft man Sojasauce aus Hähnen an der Theke, und Roboter brachten, zumindest in der Anfangszeit von »Yo! Sushi«, das Bier. Inspiriert von japanischen Kapselhotels erschuf

Woodroffe nun das »Yotel«, das von den Designern der British Airways First Class gemeinsam mit Sir Terence Conran entwickelt wurde. Kompakt hat man Schlafzimmer, Aircondition, Dusche, TV, Wireless LAN in einen weißen Traum auf sieben Quadratmetern gepackt. Auf den Londoner Flughäfen Heathrow und Gatwick, auf dem Schiphol Airport von Amsterdam, gibt es bereits die »Yotels«. Die Raffinesse besteht darin, dass die Hotelzimmer mit ihren weichen Formen und dem Raumkapsel-Feeling so verdichtet sind, dass es keinen Unterschied mehr macht, ob da auch noch Fenster nach außen sind oder nicht. Dieser MacGyver-Trick stammt von den Kapselhotels, und so schauen auch die Yotel-Zimmer nicht nach außen, sondern nach innen. Weil sie entlang von Gängen, im Inneren von Gebäuden, angelegt sind, können auf kleinstem Raum sehr viele Zimmer untergebracht werden, die auch noch Lifestyle und Luxus bieten, Leder und Glas, violett-blaues Stimmungslicht, 24-h-Roomservice via Internet (siehe Farbteil, Seite 203).

Die Psychologie der Raffinesse

Bravour kommt von Neid. Beiden gemeinsam ist die »Abweichung nach oben«.

Doch während der Neid hauptsächlich durch materielle Differenz ausgelöst wird – durch Besitz, Aussehen, gesellschaftlichen Status –, ist das Bravour-Gefühl der Ausdruck einer meisterhaften Bewältigung einer Aufgabe.

Sie kann technischer Natur sein, wie beim Bau von Tempeln und Pyramiden in der Zeit vor der Erfindung von Rad und Flaschenzug. Sie ist vielleicht künstlerischer Natur, wie bei

Opernsängern und Spitzenpianisten. Sie kann auch, wie beim »Yotel«, durch die Meisterschaft eines Unternehmers entstehen, der dann bewundernd als *Entrepreneur*, als Pionier der Wirtschaft, bezeichnet wird.

Dieser Faktor der Bewunderung ist der Schlüssel, um den Unterschied zwischen Neid und Bravour zu verstehen. Denn wie jedes Hochgefühl kommt auch die Bravour nur durch das Zusammenspiel von Auslösen, Einfühlen und Nachwirken zustande. So ruft die Meisterschaft eines lang gehaltenen hohen C eines Tenors den zustimmenden Applaus hervor, der die »Abweichung nach oben« sofort von jeder Art von Neid reinigt. Und wenn wir dann die Oper verlassen und noch immer die Spitzentöne in uns nachklingen, übersteigt die Begeisterung über die Leistung des anderen unser eigenes Gefühl der Kleinheit. Statt Neid entstehen Bravour-Gefühle.

Meister & Mentor

»Verachtet mir die Meister nicht« singt der Schuhmacher Hans Sachs in Richard Wagners »Die Meistersinger von Nürnberg«. Tatsächlich verstanden sich die Handwerker des Mittelalters als Träger einer Handwerks-Kunst. Dass künstlerische und handwerkliche Fähigkeiten im Kern eins sind, habe ich durch meinen Freund Georg Doblhammer verstanden. Als wir 1983 gemeinsam unseren Zivildienst leisteten, brachte er mir bei, wie man einen Besen richtig hält. Heute ist der akademisch ausgebildete Bildhauer einer der führenden Designer für clevere Möbelstücke. Ein preisgekröntes Regalsystem, das er entwickelte, heißt ausgerechnet »Chaos«. Ohne weitere Befestigung wird es einfach an die Wand gelehnt und kann doch mit mehreren tausend Kilo belastet werden. Wie ist das möglich?

Georgs Produzent »Gea« erklärt: »Wie beim Bau modernster Hochhäuser holt das Regal seine Stabilität und Festigkeit aus dem Zusammenspiel von Druck- und Zugkräften. Die durchgehenden Metallstangen setzen die einzelnen Steherelemente unter Druck. Dieser Druck von circa 1500 kg zwängt die Tragflächen wie einen Schraubstock ein. So ist jede Tragfläche gespannt – jetzt kann sie eine Last aufnehmen wie ein schweres Brett. Die Tragfläche kann dabei nicht anders als gerade sein. Sie hängt nie durch.«[38]

Hinter dieser Meisterleistung steht die Kenntnis physikalischer Kräfte und handwerklicher Techniken. Bravour ist evolutionär gesehen die Folge unserer Werkzeuggeschicklichkeit. Schimpansen stecken Stöckchen zusammen, um sich eine Banane zu angeln. Wir genießen ungewöhnliche Lösungen, die so smart und elegant sind, dass wir sie nur bewundern können. Wer sich mit einem solchen Produkt beschäftigt, registriert die Bravour aufgrund seiner *Media Literacy*. Von diesem psychologischen Mechanismus war schon rund um *Joy* die Rede. Doch diesmal löst nicht ein Spielzeug unsere Fähigkeit zur geschickten Wahrnehmung aus, sondern ein Werkzeug. Schon vor fast dreißig Jahren war Georg Doblhammer ein Meister einer solchen *Media Literacy* der Ironie und Wortspiele. Seinen Hund nannte Georg damals »Da komm her«. Jetzt enthalten seine Möbel solche Tricks und Kniffe. Durch die *Media Literacy*, mit der wir diese MacGyver-Tricks durchschauen, empfinden wir ein Gefühl von Smartness, das aus der Bravour das Hochgefühl der Raffinesse macht.

Abb. 28 »Chaos« Gea-Regal von Georg Doblhammer

Wer Bravour auslöst, ist ein Meister der raffinierten Lösung. Wer bravourös erklärt, wird durch seine Erklärkunst zum Mentor.

[38] www.gea.at

Diese andere Möglichkeit, *Bravour*-Gefühle zu bewirken, hat sich erst vor wenigen Jahrzehnten durchgesetzt. Ein Lehrer war früher ein strenger Pauker des Wissens. Die populären Volkserzieher, wie der Zoologe Bernhard Grzimek oder der »Opernführer« Marcel Prawy, wurden erst durch das Medienzeitalter hervorgebracht. Durch ihre bravouröse, sinnliche Erklärkunst waren sie genauso faszinierend wie die von ihnen erklärten Sachverhalte.

In seinen Fernsehsendungen spielte Marcel Prawy manchmal Klavier, sang dazu mit brüchiger Stimme, und jeder verstand. Prawy war auch mein Lehrer an der Universität. Nie werde ich vergessen, wie er den Schleiertanz aus der Oper »Salome« von Richard Strauss erklärte. Der Schleiertanz ist eine Art antiker Striptease, mit dem Salome ihren Stiefvater Herodes dazu bringen möchte, ihr einen Wunsch zu erfüllen. Sie will den Kopf des Propheten Jochanaan, der in der unterirdischen Zisterne schmachtet, weil er sie verschmähte. Auf der Bühne muss Salome tanzen, das Orchester spielt, niemand singt. Wir Studenten der Theaterwissenschaft kennen die Oper natürlich gut und wissen auch, dass nach dem Schleiertanz Salome ihre Belohnung einfordern wird. Sie wird singen »Ich will den Kopf des Jochanaan«. Wir haben diese Szene gut im Ohr. Prawy spielt uns den Schleiertanz vor, eine weltberühmte Opernsängerin der Vergangenheit ist als Gast anwesend und lauscht ebenfalls. Da singt Prawy plötzlich in den Orchesterpart hinein. Er singt nicht über Querflöte und Fagott, die das musikalische Thema des Schleiertanzes vorgeben, er singt über die Streicher, die das Hauptthema nur kommentieren. »Dadum da dadadam« spielen sie, »Der Kopf des Jochanaan« singt Prawy. Natürlich. Warum habe ich das noch nie gehört? Die Streicher lassen die Todesdrohung schon jetzt durchklingen, die Salome in der nächsten Szene singen wird. Ein Leitmotiv! »Seeing is Believing«, heißt es, aber auch das Hören funktioniert als Beweisführung.

Der Lehrer ist heute ein *Mentor*. Als Trainer unserer Wahrnehmung provoziert er unter Zuhilfenahme sinnlicher Erklärstrategien eine Erkenntnis, stellt Vergleiche an, arbeitet mit Gleichnissen, demonstriert.

Erst durch den *Mentor* erkennen wir die ansonsten verborgen bleibende Stärke und erleben dabei seine Arbeit als bravourös. Da persönliche *Mentoren* von Klasse dünn gesät sind, haben automatisierte Mentoren-Systeme ihre Aufgabe übernommen. Infotainment in Museen und Ausstellungen, oder großartige Kinderbücher, die auch Erwachsenen Dinge erklären, die sie noch nie verstanden haben, bewirken heute die Mentoren-Bravour.

Demonstrative Zustimmung

Dr. Prawy nimmt den Tonarm des Plattenspielers von der Schallplatte. Wir nicken zustimmend. Das *Nicken* ist ein Glücksverstärker für das Verstehen durch Bravour. Wenn ich einen Vortrag halte, warte ich auf dieses *Nicken*, das mir zeigt, dass ich verstanden wurde und die Chance habe, in meinem Publikum ein Bravour-Gefühl zu entzünden. Das *Nicken* signalisiert auch, dass die neue Information eingeordnet werden konnte. Kongresse, auf denen schriftliche Unterlagen vor Kongressbeginn ausgeteilt werden, verringern die Aufmerksamkeit der Teilnehmer und damit die Bravour-Gefühle, die von den Stars unserer Branche in der Live-Situation losgetreten werden. Die aufmerksame Zustimmung verankert Informationen in der Gesamtmatrix unseres individuellen Wissens. Das *Nicken* ist wie das Abhaken einer Zeile in einem Formular. Es bestätigt und verstärkt. Im Angesicht von Bravour sagen wir vielleicht auch »Wahnsinn« oder zumindest »nicht übel«, verwenden verbale Verstärker.

Je emotionaler die Bravour-Leistung, desto emotionaler ist auch der Glücksverstärker. Bei maximaler Bravour brechen wir in *Jubel* aus. Dazu gehören Bravo-Rufe, Applaus jeder Art, Klatschen, vielleicht verbunden mit Standing Ovations, Trampeln im Sitzen. Der *Jubel* führt physiologisch unmittelbar zur Bewunderung, die wir für die Unterscheidung zwischen Neid und Bravour brauchen. Er ist häufig in einen Rhythmus, in den man mit muss, eingebunden. Auch viele unserer inneren Körperfunktionen sind rhythmisch organisiert: Kreislauf, Herzrhythmen, Atmung, die Weiterleitung elektrischer Impulse im Nervensystem. Nur allzu leicht sind wir dazu zu bringen, in diese inneren Rhythmen mit einzusteigen. Wenn uns eine äußere Instanz ein Rhythmusangebot gibt, können wir gar nicht anders, als unsere inneren Rhythmen mit den äußeren zu synchronisieren.[39] Dieser Verstärker führt dazu, dass wir mit den äußeren Rhythmen mitgerissen werden. Und Applaus ist ein perfekter äußerer Rhythmus.

Mitreißen

Angesichts von Bravour fragen wir uns: Wie geht das? Wie haben sie das bloß gemacht? Wie kann man nur einen Ton so lang halten? Bravour ist emotional und intellektuell mitreißend, ist immer auch *Denklust* durch den Neurotransmitter *Acetylcholin*.[40] Der ist an jeder Art von intellektuellem Genuss beteiligt, von Kreuzworträtseln bis Sudoku. So emotional Bravour-Gefühle auch immer sein mögen, die Basis ist immer die Denklust angesichts der Raffinesse.

Wenn man sieht, wie jemand etwas Besonderes vorführt, will man es auch selbst probieren. Oft wird man von diesem Meister auch aufgefordert, es ihm gleichzutun.

[39] Vgl. Christian Mikunda, Kino spüren

[40] Vgl. Josef Zehentbauer

BRAVOUR   149

Abb. 29 Kreisel-Bravour mit Verstärker-Applaus in Tokio

An einem Sonntagnachmittag in Tokio entdecken wir in einem Hinterzimmer des alten Edo Museums eine Versammlung von Leuten aus der Nachbarschaft, die fasziniert einige Kinder und Erwachsene beobachten, wie sie mit Kreiseln unglaubliche Kunststücke vollführen. Ein Junge im Alter meines Sohns lässt seinen rotierenden Kreisel über eine gespannte Schnur wandern, den Arm hinauf und den anderen wieder hinunter. Er wirft ihn hoch und fängt ihn wieder mit der Schnur. Dann werden wir freundlich aufgefordert, es auch einmal zu probieren. Unsere Ergebnisse sind jämmerlich, wir werden aber trotzdem wohlwollend beklatscht. Wir kaufen einige Kreisel, denn die entspannte Versammlung wurde von den Inhabern einer traditionellen japanischen Spielzeughandlung organisiert. Gekauft haben wir, weil wir weiter probieren wollten. »Wie geht das?«, wollten wir wissen, wie ein Kind, das eine alte, mechanische Uhr zerlegt, um sich deren raffiniertes Innenleben anzusehen.

Bravour ist ein Hochgefühl, das uns dazu bringt, mehr wissen zu wollen. Es ist, trotz aller berauschender Emotionalität, ein lehrendes Hochgefühl, das so manchen von uns in jungen Jahren mit einer Leidenschaft infizierte, von der wir heute leben.

Denn Bravour ist auch das Hochgefühl der Inspiration.

Die Dramaturgie der Raffinesse

Alles begann vor eineinhalb Millionen Jahren. Damals wurde der Faustkeil erfunden, das erfolgreichste Werkzeug aller Zeiten. Bis ins Zeitalter der Neanderthaler 40.000 Jahre v. Chr. war er das am weitesten verbreitete Gerät unserer Geschichte. Ein etwa 20 cm großer Stein wurde beidseitig so bearbeitet, dass man mit ihm hacken, schneiden, schaben, schlagen und sogar werfen konnte. Archäologen haben den Faustkeil daher als das Schweizermesser der Vorzeit bezeichnet.[41]

Alle Meister der Bravour stehen bis in unsere Zeit in der Schuld der Entwickler des Faustkeils. Sie haben gezeigt, wie man es macht. Ein Ding muss so beschaffen sein, dass wir verrückt danach werden. Das ist das Geheimnis jeder Dramaturgie der Raffinesse. Der *Meister* stellt uns diese Bravour zur Verfügung, damit wir sie bewundern und von ihr inspiriert werden. Der *Mentor* erklärt uns eine Leistung auf bravouröse Weise und schafft mit seiner Erklärung selbst wieder Bravour. Fünf dramaturgische Kunstgriffe stehen Meister und Mentor dafür zur Verfügung:

Ratiocination

Wenn man von der Raffinesse eines Ablaufs eingenommen wird, entsteht die Ratiocination, der Kunstgriff der Ablauffaszination.

In den fünfziger Jahren wurde dieser Traum vom perfekten Räderwerk zugleich in zwei unterschiedlichen Lebensbereichen erfunden: in der Küche und auf dem Flughafen. In der amerikanischen »Astronautenküche« der Vorstadt sollte am

[41] Wikipedia

besten alles vollautomatisch funktionieren. Gleich in der Titelsequenz des Films »Die Frauen von Stepford« wird parodistisch eine solche Küche vorgeführt. Alles funktioniert auf Knopfdruck: der Gefrierschrank ist eine Säule, wo hinter Glas die Lebensmittel im Kreis fahren. Ein Herd fährt aus dem Nichts hoch, aus der Wand erscheinen wie von Geisterhand Tisch und Stühle, das Geschirr im Geschirrspüler präsentiert sich hinter Glas, das sich für den Zugriff automatisch öffnet. Die Fernbedienung war die große Erfindung dieser Zeit, und so dachte man, dass alles und jedes ab nun ferngesteuert oder am besten gleich vollautomatisch ablaufen sollte. Man war fasziniert von einem wie geschmiert ablaufenden Räderwerk, so dass die *Ratiocination* entstand, die Bravour des Ablaufs.

Im Kino lief Disney's Film »Swiss Family Robinson«, in dem eine Familie auf einer einsamen Insel strandet und mit Seilzügen, Kokosnüssen und Winden eine elegante Wasserleitung in ihr Baumkronenhaus hinauf installiert. Man begann vermehrt zu fliegen, und so wurden aus den simplen Flugplätzen echte Flughäfen, auf denen man dem Passagier jede Mühe abnehmen wollte. Diese Flughäfen der frühen sechziger Jahre waren die ersten Orte auf der Welt, an denen sich die Türen automatisch öffneten. Sensoren gab es noch nicht. Man stieg auf eine druckempfindliche Matte, die mit einem pneumatischen Seufzen das Öffnen der Tür veranlasste. Sogar so brave Buben wie ich mussten dann wieder und wieder durchlaufen.

Wir erleben die Bravour von Technik durch unsere Media Literacy, die erahnen lässt, wie die Zahnräder von Ursache und Wirkung ineinander greifen, wie ES FUNKTIONIERT.

Diese Kausalität lässt uns nicht los. Sie ist ein großartiges technisch gespeistes Hochgefühl für Buben jeden Alters. Auf den Flughäfen wurden dann nach und nach immer mehr *Ratiocination*-Techniken erfunden. Fahrzeuge tauchten auf, die es außerhalb der Airports nicht gab, wie die Push-Back-Traktoren, ganz flach wie eine Flunder, mit einer Stange im Maul und unheimlich stark. Fluggastbrücken, die Räder hatten und mittels Lenkrad gefahren werden konnten, schnorchelten uns punktgenau in die Flugzeuge hinein. Endlos lange Förderbänder gaben uns Siebenmeilenstiefel, und manche Fahrzeuge, wie am Flughafen in Washington, waren Schnorchel und Bus in einem, die sogar vertikal fahren konnten, um uns draußen am Flugfeld in die Maschine hineinzuhieven. »Flughafenland« sagte einst mein Freund Herbert Krill, wie ich ein Vielflieger und Fan von Flughäfen.

Ich werde oft gefragt, wie man sperrige Dinge, wie Technik, Chemie, Physik kommunizieren kann. Was für eine Frage, wo doch die Welt voll ist von raffinierten Abläufen, die man vorführen kann, und wo man mit dem Kunden gemeinsam bestaunt, was vielleicht auch gekauft werden könnte. Mein Freund Harald sitzt eines Tages in einem Sportwagen, und wir können gar nicht anders als ihn bitten, den MacGyver-Trick mit dem sich öffnenden Verdeck vorzuführen.

Abb. 30
Ratiocination

Das Hochgefühl der Bravour durch Ratiocination ist ein perfektes Werkzeug einer sinnlichen Öffentlichkeitsarbeit.

Die Extras moderner Autos halten dafür jede Menge Potential bereit. Bei der »Coming-Home-Funktion« beginnen Lampen im Seitenspiegel zu leuchten, wenn wir uns im Dunkel dem Fahrzeug nähern. Der »Keyless Access« öffnet die Tür bei bloßer Berührung, wenn wir nur den Schlüssel bei uns tragen. Und der »Spurwechselassistent« berät uns, ob es gerade günstig ist, hinüberzufahren.

Baumärkte sind in den letzten Jahren ein wenig bunter geworden, überzeugend sind sie nicht. Erst ein Verkäufer, der einen Rasenmäher vorführt, schafft manchmal etwas Bravour. »Demo or Die«, sagt man in Amerika. Im »Media Lab« des MIT, der berühmten technischen Universität bei Boston, haben die beinahe ausschließlich jungen Professoren kleine Präsentationskojen aufgebaut. Dort ist immer alles für die perfekte Kurzpräsentation vorbereitet. Der vielleicht gerade entwickelte Roboterarm ist eingeschränkt funktionsfähig. Nach 7 Minuten Vorführung und Erklärung ist alles klar. Wie großartig könnten Baumärkte sein, wenn auch dort zwei, drei von solchen Demonstrationseinheiten bereitstünden, die zeigen, was etwas kann, wie man vorgeht: Schritt eins, dann zwei, jetzt drücken, dann drehen: *Ablauffaszination* als Lebenshilfe.

Pop-up

Ratiocination feiert die Vorhersagbarkeit von Vorgängen. Doch auch das Können, das überrascht, kann Bravour-Gefühle lostreten. Wie die *Pop-up*-Fenster am Computer, die aus dem Nichts auftauchen, tauchen auch die *Pop-up* Stores unerwartet auf. Für einen Tag, eine Woche oder einen Monat eröffnet an einem ungewöhnlichen Ort ein Laden. Die Idee stammt ursprünglich aus der Clubbing-Kultur der achtziger Jahre, wo temporäre Clubs zum Tanzen und Ausgehen in geschlossenen Museen, stillgelegten U-Bahn-Schächten oder nicht mehr geweihten Kirchen aufmachten. Heute versuchen Unternehmen mit Pop-up Stores jene Zielgruppen zu erreichen, die mit klassischer Werbung und Öffentlichkeitsarbeit nicht mehr ansprechbar sind: junge Leute, die kaum fernsehen, an Lifestyle interessiert sind, von Internet und Videospielen geprägt. Auf Clubbings und in Clubs, mit Plakaten und auf Friendship-Webseiten wird von einem neuen Pop-up Store berichtet. Er soll die Marke zum Bestandteil der Mundpropaganda machen – »Guerilla Marketing« durch Flüsterpropaganda.

Damit ein Pop-up Store bravourös erscheint, muss er sowohl unerwartet auftauchen als auch ungewöhnlich sein.

Das gilt für die Ware – verkauft wird Seltenes und Besonderes, etwa Jeans, die es so nur hier und nur begrenzt gibt. Das gilt aber auch für die Gestaltung. Sie muss smart sein, unsere *Media Literacy* ansprechen. In einem leerstehenden Lokal eröffnete Diesel in Wien einen Pop-up Store, um eine seiner besonders trendigen Untermarken zu promoten. »96 Hours« hieß der Laden, denn er war nur 96 Stunden offen, jeweils freitags und samstags, bis die 96 Stunden insgesamt aufgebraucht waren. Nach außen versteckt, innen eher nieder und verwinkelt, so gar nicht den Ansprüchen eines Verkaufslokals entsprechend, war es genau das, womit die Inszenierung ironisch spielte. Auf die niederen Decken etwa wurden wir durch einen pompösen Kronleuchter aufmerksam gemacht, den man mit einem Seil zur Seite gezogen hatte, damit er überhaupt in den Raum passte: »schräg« im tatsächlichen und im übertragenen Sinn.

Bei dem italienischen Kaffeehersteller Illy, auch bekannt für seine künstlerischen Sammeltassen, nahm man den Pop-up-

Begriff wortwörtlich. Da stand an drei Tagen in New York ein Schiffscontainer im Time Warner Center, der sich tatsächlich auf Knopfdruck in eine Fünf-Zimmer-Wohnung mit Küche, Esszimmer, Schlafzimmer, Wohnzimmer und Bibliothek verwandelte. Die Wände des Metallcontainers klappten nach außen, und – Surprise – an deren Innenwänden waren bereits alle Möbelstücke fest angeschraubt. Erst schwebten Sofa, Tisch und Stehlampe noch ganz schräg in der Luft, dann immer gerader, bis sie schließlich, mit allen anderen Möbelstücken vereint, am Fußboden dieser schrägen Wohnung landeten.

Abb. 31 »96 Hours« in Wien

Die Nähe zur Performance-Kunst und zum Underground steckt in allen Pop-up Stores. Das Spiel mit unseren Sehgewohnheiten spricht unsere Media Literacy an – die Fähigkeit, geschickt und smart wahrzunehmen. Pop-up Stores generieren daher immer hohe Aufmerksamkeit. Aus diesem Grund haben auch soziale Pressure Groups die Pop-up-Präsentationen entdeckt. »Pink Ribbon« gegen Brustkrebs schuf mit einer konsequent pinkfarbenen Warenwelt einen aufsehenerregenden Pop-up Store, der Geld und Bewusstsein für die Sache brachte.

In einem öffentlichen Gebäude der Stadt New York entdecken wir eines Tages CAT. So steht es jedenfalls in großen

Buchstaben an der Fassade des altehrwürdigen Hauses. Dass davor auch zwei riesige Katzenstatuen stehen, verblüfft uns und bringt uns in den Pop-up Store. Dort klettern Gast-Katzen, von Frauchen oder Herrchen hierhergebracht, in einer Wunderwelt mit Kletterspielzeug und Katzengesellschaft. Dort läuft gerade ein Vortrag über Tierhaltung. Dort kann man Katzen kaufen, ihr Spielzeug, sich über Futter und Hygiene beraten lassen. Wir sind in einem Pop-up Store einer gemeinnützigen Organisation, die uns über richtige Katzenhaltung aufklären will. Katzen aus dem Tierasyl suchen auch gleich vor Ort ein neues Zuhause. Unser Sohn will sofort eine kaufen. Wir haben tausend Argumente dagegen. Doch heute, während ich diese Zeilen schreibe, liegt eine Katze zwischen Tastatur und Bildschirm, nur Zentimeter von der Computermaus entfernt. Der Pop-up Store hat sich durchgesetzt.

Bravour ist, wie ausgeführt, eine Spätfolge unserer evolutionären Fähigkeit zur Werkzeuggeschicklichkeit. Wie benutzt man Werkzeuge geschickt? Man arbeitet mit ihnen in einer sinnvollen, zeit- und energiesparenden und sicheren Abfolge. Daraus entwickelte sich die *Ratiocination*, die Ablauffaszination, die wir spüren, wenn es »läuft wie geschmiert«. Was fasziniert uns noch am Werkzeug? Merkwürdige Formen, ungewöhnliche Features, das Exotische am Gerät. »Was ist denn das?« fragen wohl manche Kids von heute, wenn sie im Heimatmuseum eine Sense an der Wand hängen sehen. Und wie ungewöhnlich sieht das aus, wenn der Bauer diese merkwürdigen Bewegungen macht, wenn er sie benutzt. Dieses überraschte Staunen hat die Pop-up-Phänomene – Stores, Clubbings – hervorgebracht. Und schließlich: Wie geht ein Meister mit einem Werkzeug um, nach jahrelanger Übung und der Liebe zum Gerät? Virtuos!

Virtuosität

Er spielte so schnell, dass man meinte, das gehe nicht mit rechten Dingen zu. Teufelsgeiger wurde er genannt, Nicolò Paganini, der berühmteste Vertreter einer virtuosen Spielkunst, wie sie später Franz Liszt verkörperte und heute vielleicht der chinesische Pianist Lang Lang. Ihre Technik zielt auf Effekt ab. Paganini ließ dazu seine wertvolle Geige so umbauen, dass er schneller greifen, klangvoller spielen und spezielle Techniken wie das Doppelflageolett einsetzen konnte.[42] Dabei begleitet sich ein Geiger, der mit dem Bogen eine Melodie spielt, selbst mit einem mehrstimmigen Pizzicato, dem gezupften Spiel. Niemand anderer war so virtuos dazu in der Lage. Paganini und die anderen Bravour-Künstler spielen mit *Brillanz*.

Dabei entsteht die Virtuosität durch besondere Schnelligkeit und halsbrecherische Schwierigkeit, die wir als Publikum registrieren.

Pianisten, die brillant spielen, bezeichnet man deshalb manchmal etwas abwertend als Tastentiger: Der äußere Effekt ist wichtiger als die Tiefe der Interpretation und die Intensität.

Virtuosität findet sich heute vor allem in einer Architektur, die zur Wahrzeichenbildung beiträgt. Frank Gehry mit seinem Guggenheim-Museum in Bilbao, Wolf D. Prix mit seiner BMW-Welt in München schufen Gebäude, die fotografiert werden wollen. Sie sind genauso Werkzeuge des Marketings, wie früher nur Slogans und Logos.[43] Brandlands, wo man die Marke »zu Hause besucht«, Museen als Touristenattraktion und Shopping Malls, die neuerdings prominent mitten in der Stadt liegen, müssen zwei Merkmale aufweisen: ein prägnantes »Landmark« – das Wahrzeichen außen – und eine

[42] Wikipedia

[43] Christian Mikunda, Marketing spüren, Willkommen am dritten Ort. Frankfurt am Main, Redline 2002.

einprägsame »Core Attraction« – die zentrale Attraktion – innen. Dazu können sich Architekten heute einer Gestaltung bedienen, die noch vor zehn Jahren technisch unmöglich war. Dank CAD, Computer Aided Design, entstehen Glasdächer und Betonfassaden, die so *gewagt* aussehen, als ob alle physikalischen Gesetze außer Kraft gesetzt wären.

Die architektonische Virtuosität entsteht dabei durch gewagte Entwürfe am Rande der physikalischen Machbarkeit.

Die beiden Meister, die architektonische Bravour mit einer hochwertigen Handschrift verbinden, sind Daniel Libeskind mit seinem Shopping Center »Westside« in Bern und Massimiliano Fuksas mit seiner Mall »MyZeil« in Frankfurt am Main. Für beide Center war ich Mitglied im Beratungsteam, jeweils auf Seite der Entwickler, aber streitbar für die Ideen der Architekten. Knapp vor der Eröffnung von »Westside« gehe ich mit einem Kamerateam durchs Haus. Noch ist innen nicht alles fertig, Geschäfte noch nicht bezogen, die Rolltreppen noch nicht eingebaut, nicht alles verblendet. In dieser Phase habe ich ein Gebäude am liebsten, an dem ich irgendwann Jahre davor mitgearbeitet habe. Zehn Jahre hat es bei »Westside« vom ersten Workshop mit der Migros und den geladenen Architektenteams bis zur Eröffnung gedauert. Heute gehe ich durch das Haus und bin ganz begeistert von den Treppen, die Libeskind entwarf. Jetzt, noch roh, kann man besonders deutlich seine MacGyver-Tricks erkennen. Da verändert eine der Treppen, mitten in der Luft hängend, ihre Richtung, wie die magischen Treppen bei Harry Potter, die oben immer anderswo ankommen. »Am Rande des physikalisch Machbaren« sagt der Statiker zu mir bei einem Glas Wein.

Einige Monate später, im Februar 2009, eröffnet das Haus, das Fuksas in einem Workshop mit dem Beraterteam »Zeilforum« getauft hat. Nun heißt es »MyZeil«, ist aber trotzdem gelungen. Prominent gelegen im Schnittpunkt von Zeil – der berühmten Einkaufsstraße – und Hauptwache, soll es die Funktion eines Stadtzentrums für Frankfurt haben. Fuksas hat es geschafft, mit einer zentralen Gestaltungsidee sowohl ein spektakuläres *Landmark* zu entwerfen als auch eine atemberaubende *Core Attraction*. Als ob ein Riese mit seiner Faust die Glasfassade eingedrückt hätte, stülpt sie sich nach Innen, so dass ein Loch entsteht, das sich im Gebäude selbst als Glastrichter fortsetzt, sich durch das Atrium windet und schließlich, mit dem Aussehen einer Windhose bei einem Hurrikan, mitten in der Mall in die Tiefe stürzt. Anfangs war noch davon die Rede, dass vielleicht im Bereich des Atriums Wasser übers Glas fließen könnte, aber die Idee wurde aufgegeben. Sie ist auch gar nicht nötig, denn die scheinbare physikalische Unmöglichkeit des Stülpens und Windens und Verformens ist derart gewagt, dass keine weitere Ergänzung nötig ist.

Abb. 32 MyZeil

Infotainment

Die Meister beeindrucken durch ihr bravouröses Können. Die Mentoren geben ihren Blick auf die Welt auf bravouröse Art weiter. Das geschah früher durch Vormachen und Nachahmen. Das geschieht heute durch Erklärungen, die zugleich sinnliches Vergnügen bereiten. Information und Entertainment fanden sich im *Infotainment*. Wenn dies auch noch mit bravourösem Können geschieht, erleben wir Lernen als Hochgefühl. Angesichts von Pisa-Studie und allgemeiner Schulmüdigkeit liegt auf der Hand, dass wir uns in einer Krise der Schulen und Universitäten befinden. Wo sind die Lehrer mit Bravour, mit raffinierten Methoden?

Während uns das traditionelle Lernen langsam abhandenkommt, entstanden zugleich neue, populäre Lernmedien, die aufgrund ihrer leichten Bekömmlichkeit zuweilen angefeindet werden. Die Kochshows im Fernsehen bekommen die Häme des intellektuellen Feuilletons genauso zu spüren wie die bravourösen Architekten. Dabei sind sie nur die ersten Vorboten der neuen Lehrer, die uns wieder Lust auf das »Wissenwollen« geben könnten. Trotz aller Inszenierung skurriler Kochtypen und ihrer Marotten haben wir durch die Kochshows wieder gelernt, dass ein Fisch nicht rechteckig ist und eine Sauce eine Kulturleistung, dass richtige Temperatur, Garzeit und Ausgeglichenheit im Geschmack (»vielleicht eine Spur zu viel Zitrone«) mit Wissen zu tun haben. Jamie Oliver in England hat mit flapsiger Art und unprätentiösem Zupacken (Kochen mit Handeinsatz, einfache Zutaten, simple, aber einfallsreiche Verarbeitung) weltweit eine Renaissance des Kochens zu Hause eingeleitet. Was also macht diese neuen Lehrer und ihr Infotainment aus? Was ist das Bravouröse an ihrer Arbeit?

Jedes Hochgefühl entsteht aus dem Zusammenspiel von Auslösen, Einfühlen und Nachwirken. Darin liegt auch der Schlüssel zum Infotainment. Der Auslöser ist wie bei jedem Lernen, eine *Erklärstrategie*. Die Demonstration etwa arbeitet mit der Überzeugungskraft des Augenscheins, der zum Beweis wird: »seeing is believing«, heißt es. Im neuen Infotainment geschieht das, wie früher in der Zaubershow, durch einen Beweis aus dem Publikum. Die Köche sind von der

Sauce von Herrn Lafer nicht sehr angetan und kredenzen daher das Gericht dem anwesenden Publikum. Zwei der Gäste finden es ganz O.K., ein dritter verzieht das Gesicht. Sie hatten wohl recht.

Das Einfühlen ist der zweite Schritt zum Hochgefühl. Im Fall von Bravour heißt das »Applaus, Applaus«. Die neuen Wissenschaftsshows in Fernsehen, aber auch in den Museen, geben dem Publikum die Möglichkeit der *Zustimmung*, wenn ein wissenschaftliches Experiment gelingt. Die Münze schwebt auf der Wasseroberfläche und bekommt dafür von uns Applaus.

Und schließlich wird, der dritte Schritt, das Nachwirken, bereits zum Bestandteil des Infotainments selbst. *Alle machen mit*, in Kochkursen mitten in der Kochbuchhandlung, im Tangokurs in der Mall, einfach so im Vorbeigehen. In »Tokio Midtown« gehört das »ABC Cooking Studio plus international« zu den Magneten des Shopping Centers. Eine Glasfront gibt den Blick auf gut zehn Kocheinheiten frei. Alle sind sie gut besetzt, vier Personen, zumeist Frauen, kochen pro Einheit. Auf Videomonitoren sind die Rezepte und Anweisungen zu lesen, Billboards zeigen die angestrebten Endergebnisse: »60 Minuten« steht in großen Ziffern darüber, oder »90 Minuten«.

Die Didaktik ist in den Malls angekommen, in den Museen etablieren sich Shows zu ehemals so gefürchteten Themen wie Mathematik. »Math Space« im Wiener Museumsquartier macht es vor. In einem Rausch der Denklust, ganz und gar spielerisch, malen die Kinder den Rechenbaum des italienischen Mathematikers Fibonacci auf den Boden, neunzig Minuten lang wächst der Baum: $0+1=1$, $1+1=2$, $1+2=3$, ad infinitum. Die Schultafel schüchtert ein, der Fußboden entlastet. So wird vielleicht auch eines Tages eine neue Generation von Lehrern vor unseren Kindern stehen, die Lernen als Hochgefühl vermitteln und dafür unseren Applaus verdienen.

Gefühlscocktails

Wer sieht, mit welcher Freude die Kinder im »Math Space« den Rechenbaum malen, erkennt, dass *Bravour* und *Joy* einander gut ergänzen. Bravour macht auch Spaß und verbindet sich daher mit Joy zu einem stimmigen Gefühlscocktail. Joy erdet die Bravour und nimmt ihr das Einschüchternde, das oft von beeindruckenden Leistungen ausgeht.

Es geht aber auch andersherum. Das Leistungsgefühl kann noch weiter veredelt, gefeiert, überhöht werden. Dann verbindet sich *Bravour* mit *Glory* und zeigt mit diesem Gefühlscocktail der Welt, wozu man imstande ist. Nirgendwo ist das derzeit so sehr spürbar wie in Dubai und den benachbarten Staaten am persischen Golf.

Das Dubai-Prinzip

Seit in den Vereinigten Arabischen Emiraten das Erdöl knapp wird, will man aus Dubai eine erstklassige Touristendestination machen. Das Prinzip lautet: »Was kann man unmöglich bauen?«, und das wird dann gebaut. Am bekanntesten sind die Maßnahmen zur Landgewinnung: drei Aufschüttungen im Meer in Form von riesigen Palmen und ein Aufschüttungsprojekt, das aus Hunderten Inseln eine Weltkarte im Megaformat macht. Die erste der Palmen, »The Palm Jumeirah«, ist bereits eröffnet, die Villen am Meer, die Eigentumswohnungen und Luxushotels sind komplett ausgebucht.

Glory-Gefühle entstehen bekanntlich durch Höhe, Tiefe, Weite, und die sind in Dubai reichlich vorhanden. Der »Burj Dubai« wird das höchste Gebäude der Welt, die »Mall of Arabia« das größte Shopping Center des Planeten. Wichtiger noch als tatsächlich das jeweils Größte zu sein, ist der »Spirit« der Größe und Weite. Wir warten erst 90 Minuten am Security Check zur »Palm Jumeirah«, dann haben wir auch die neunte Unterschrift und dürfen mit den Teilnehmern unserer Lernexpedition als allererste Gruppe überhaupt auf die Palme fahren. Erst waren wir noch europäisch kritisch, jetzt fotografieren wir alle, bis der Bus im Untergrund verschwindet und die letzten hundert Meter unter dem Meer zum äußeren Palmenwedel vordringt. Dort steigen wir entgegen den Versprechungen, die wir der Security gaben, aus und machen ein Gruppenfoto. Wir schnuppern die Seeluft und sind ganz überrascht: Es fühlt sich tatsächlich an wie auf dem offenen Meer, man spürt die Weite, das befreiende Gefühl auf einer Insel, das Glory-Gefühl. Die künstliche Palme ist tatsächlich so groß, dass sich echtes Insel-Feeling einstellt.

Glory ist das eine Hochgefühl im Gefühlscocktail – Bravour das andere. Die Palmeninseln werden zu Recht wegen ihres Eingreifens ins ökologische Gleichgewicht kritisiert. Doch die technische Bravourleistung ist bewundernswert. Wie man Absinken, Strömungen, langfristige Veränderungen eingeplant hat, ist große Ingenieurskunst wie der Bau das Suez-Kanals oder des Eiffelturms.

Da Glory und Bravour so gut zusammenpassen, treten sie in Dubai fast immer Hand in Hand auf. Das merkt man vor allem am Einsatz riesiger Aquarien. Schon im legendären Hotel »Burj al Arab« verlieh das Aquarium mit den majestätischen Rochen und Fischschwärmen dem simulierten Unterwasserrestaurant des Hotels eine gewisse Erhabenheit und lieferte zugleich beim Essen Gesprächsstoff über die vermutete Belastbarkeit des Glaszylinders. Die Bravour ist die Basis, das Staunen darüber, dass man so etwas überhaupt machen kann, und noch dazu in einem Hotel, einem Shopping Center.

Die Glory-Gefühle kommen durch die jeweilige Inszenierung dazu. In der jüngst eröffneten »Dubai Mall« entstehen *sakrale Tempelgefühle* durch ein überhohes, überbreites Aquarium, in dem übergroße Fische schwimmen. Mythisch leuchtet das Riesending aus dem Dunkel hervor, wie eine überdimensionale Cinemascope-Filmleinwand. Bravourös ist hier die technische Leistung der größten Plexiglaswand der Welt und des Tunnels, der durch das Riesenaquarium hindurchführt.

Im Hotel »Atlantis The Palm« wartet auf die Gäste der »Lost Chambers Suiten« eine Inszenierung, die ihnen ein Gefühl gibt, das nur Herrscher vergangener Zeiten erlebten. Entspannt räkelt man sich auf dem Doppelbett und blickt dabei nicht auf den üblichen Flachbildschirm an der Wand, sondern direkt ins Auge eines Rochens, der einen geradewegs anschaut. Vor dem Gast schwebt ein großes Panoramafenster zum Aquarium, und der Rochen ist in diesem Augenblick sein »persönliches« exotisches Tier, so wie früher Könige ihre eigene Menagerie besaßen, mit Pfauen im Garten und dem Gepard neben dem Thron. Dieses *Königsgefühl der Apotheose* will man im »Palazzo Versace« am Dubai Creek mit der Kühlung des Strandes erreichen. Hinter dem Herrscher standen (nubische) Diener, die mit großen Palmwedeln dem orientalischen Potentaten Kühlung zufächelten. Im »Palazzo Versace« wird der Sand durch ein System unterirdischer Kühlleitungen und – wie man versichert – neuester energiesparender Technologien auf eine Temperatur von 22° abgekühlt, und das bei deutlich über 40° Celsius in den Sommermonaten.

Das Dubai-Prinzip hat die Emirate längst verlassen und steht überall auf der Welt für die *Glory-Bravour-Kombination*. Sie findet sich dort, wo es technisch perfekt und irgendwie übergroß daherkommt. Die derzeit interessanteste Entwicklung dieser Art sind die sogenannten Giga-Liner. Natürlich sind elegante, yachtähnliche Kreuzfahrtschiffe für wenige Passagiere eine schöne Sache. Aber da immer mehr Menschen sich den Luxus einer Kreuzfahrt, womöglich mit eigenem Balkon über dem Meer, wünschen, haben die Reedereien die neuen Riesen auf dem Meer erfunden, die wie schwimmende Las-Vegas-Resorts aussehen. »Royal Caribbean Cruise« lässt 2009 und 2010 das größte und noch einmal das größte Kreuzfahrtschiff vom Stapel. Jedes Schiff wird eine Milliarde Euro kosten, über 6.000 Passagiere aufnehmen, 360 m lang sein. Mit 100.000 BRT werden die »Oasis of the Seas« und die »Allure of the Seas«, mit der wir vor kurzem unterwegs waren, doppelt so viel Raum einnehmen wie die Titanic. Und diesen Raum brauchen die beiden Riesen auch für ihre Glory-Bravour-Inszenierungen.

Man betritt jedes der Schiffe durch die »Royal Promenade«, die mit Restaurants und Geschäften wie eine inszenierte Mall aussieht. Durch das Glasdach sieht man hinauf in den »Central Park«, der sich mit seiner parkähnlichen Landschaft, unterschiedlichen Gärten, Straßentheater und All Fresco Dining wie eine Schlucht durch das gesamte Schiff hindurchzieht. Die »Zip-Line« lässt die Gäste 25 Meter über den »Board Walk« fliegen, der sich am Heck des Giga-Liners zu einem riesigen Amphitheater mit Kletterwand und Ringelspiel öffnet. Gerade schießen dort im Aqua-Theater die Wasserfontänen zwanzig Meter in den Himmel. Die Artisten stürzen sich aus enormer Höhe in den Entertainment-Pool, dann wieder scheinen sie wie Jesus auf dem Wasser zu laufen – der Wasserstand kann innerhalb von Sekunden hydraulisch von sieben Metern Tiefe auf zwanzig Zentimeter verringert werden. Tausende Gäste bewundern die Musik-, Wasser-, und Luftshow vor dem erhabenen Hintergrund des Himmels über dem Meer.

Das Afrika-Prinzip

Wie wird es wohl den Artisten gehen, die auf der »Oasis« auftreten? Schiff und Meer als Arbeitsplatz, aber auch vermutlich zwei Shows pro Abend, Körpertraining tagsüber. Bravour kann weh tun. Wer ein besonderes Können erwirbt, muss sich manchmal quälen. Als André Heller die erste Generation chinesischer Artisten nach Europa brachte, lautete der Wahlspruch »Möge die Übung gelingen«: Zirkus voll körperlicher Bravour. Doch nach und nach tauchten Gerüchte über die überharte Ausbildung chinesischer Kinder zu Artisten auf. Die waren dann zwar perfekt mit ihrer Performance, süchtig nach Applaus, für den sie sich verbogen, aber sie lächelten nicht. Jahrzehnte später zog André Heller daraus seine Konsequenzen und brachte mit der Show »Afrika! Afrika!« Artisten aus dem schwarzen Kontinent zu uns. Diese Artisten waren ganz anders. Sie strahlten über das ganze Gesicht. In Interviews betonten die afrikanischen Artisten immer wieder, dass die Freude am Tun ihr Antrieb sei, nicht die Perfektion im Zirkuszelt und der Applaus. Bravourös waren sie trotzdem, aber mit einem großen Schuss an Joy-Gefühlen, die sich auf ihr Publikum übertrugen.

Die *Joy-Bravour-Kombination* wurde dann auch als Show, die glücklich macht, beworben. Als Afrika-Prinzip steht sie für die Freude am Können, die überraschend oft gemeinsam mit dem Willen zum Überleben auftritt, nicht nur in Afrika. In Buenos Aires treten junge Leute, als Clowns verkleidet, vor die bei Rot haltenden Autos und jonglieren. Interessant ist dabei nicht so sehr ihr Können, sondern die Haltung, mit der sie auftreten. Wenn ein Ball runterfällt, lachen sie und strahlen, und trotzdem geht der Hut herum, bevor die Ampel wieder auf Grün springt. Das Freudestrahlen des Joy-Gefühls ist mindestens genauso wichtig wie die Bravour der Darbietung.

BRAVOUR 167

Was ist das? Inmitten des Shopping Centers kniet ein Dutzend Menschen am Boden, mitten im Atrium der Mall, auf einer überdimensionalen Landkarte, wie es scheint, die von einem eleganten Rahmen aus Holz umgeben ist. Die Kunden des »Atrio« Shopping Centers haben große Filzpantoffeln an, die sie einfach über die Schuhe stülpten. Jetzt fahren sie mit dem Finger über die Karte und reden aufeinander ein. Die Gesichter strahlen. Als Berater der österreichischen Spar-Gruppe habe ich diese Karte als »Core Attraction« des »Atrio« vorgeschlagen. Das Thema dieser Mall in Villach, einer Stadt in Kärnten, ist »Senza Confini« – ohne Grenzen –, und tatsächlich sind hier neben Österreichern auch Kunden aus dem unmittelbar benachbarten Slowenien und dem genauso nahen Italien, genauer aus Friaul, anzutreffen. Die Region ist wichtiger als die Staatsgrenzen, das ist die Idee des Mall-Themas. Um diese Grundidee im Zentrum des Gebäudes erlebbar zu machen, bat ich den Schweizer Szenographen Otto Steiner, diese Karte zu realisieren.

Abb. 33 Atrio

Sie zeigt ein Luftbild der Region, zusammengesetzt aus unendlich vielen Satellitenaufnahmen. Die Auflösung ist enorm. Jedes Haus, jeder Bach ist zu erkennen. Was machen die Kunden? Sie erzählen einander ihr Leben. Großeltern zeigen den Enkeln, woher sie ursprünglich kamen, wo das Haus vielleicht noch steht. Die Seen, die Straßen, die Städte, alles kann man sehen, die Grenzen nicht.

Dem Afrika-Prinzip entsprechend besteht das Erlebnis aus einer *Joy-Bravour-Kombination*. Bravourös ist die Auflösung der Karte. Sie ist gestochen scharf, und kein Wölkchen trübt den Blick. »Ist das echt?«, fragt mancher staunend. Replikate, die eben diese Frage nach dem »echt oder nicht echt« stellen, sind klassische Wahrnehmungsspiele. Sie starten unsere Media Literacy – »ja, da sieht man auch Autos, das ist echt« – wir staunen über die Bravour. »Joyful« ist das Verhalten der Menschen auf der Karte. Wie bei einem Kinderspiel rutschen die Erwachsenen von Entdeckung zu Entdeckung. So manche Erzählung wird beinahe zur Pantomime. Spielzeug und Spiel treten Joy-Gefühle los. So wurde die Landkarte zum Anziehungspunkt in der Mall und zum identitätsstiftenden Element für die ganze Region. »Warum können wir nicht auf die Karte?«, heißt es, wenn sie mal für einige Stunden abgedeckt ist, weil ein temporärer Markt den Platz im Atrium braucht. Das Hochgefühl ist den Menschen genauso wichtig wie die Funktion am Ort.

Bravour
Die Raffinesse

> Bravour ist positiver Neid (Aristoteles)
> Bravour ist die raffinierte Lösung (MacGyver-Trick)
> Bravour ist Werkzeuggeschicklichkeit (Media Literacy)

PSYCHOLOGIE
Auslösen:
> Meister verfügen über ein besonderes Können
> Mentoren erläutern uns die Welt mit ihrer Erklärkunst

Einfühlen:
> Demonstrative Zustimmung lässt uns die Bravour erst spüren
> Das sind Nicken, Jubel, rhythmischer Applaus

BRAVOUR

Nachwirken:
› Acetylcholin erzeugt Denklust
› Bravour reißt mit und inspiriert

DRAMATURGIE
Ratiocination:
› Wenn das Räderwerk greift, entsteht Ablauffaszination
› »Demo or Die« ist die perfekte Öffentlichkeitsarbeit

Pop-up:
› Auch das überraschende Können erzeugt Bravour
› Pop-up Stores sind unerwartet und ungewöhnlich

Virtuosität:
› Das ist halsbrecherische Schnelligkeit und Schwierigkeit
› Das sind auch gewagte architektonische Entwürfe

Infotainment:
› Mentoren erklären durch »seeing is believing« u.a.
› Zustimmung und Mitmachen macht aus »Lehre« Bravour

GEFÜHLSCOCKTAILS
Das Dubai-Prinzip:
› Das ist die Glory-Bravour-Kombination
› Das Leistungsgefühl wird durch Erhabenheit veredelt

Das Afrika-Prinzip:
› Das ist die Joy-Bravour-Kombination
› Sie verstärkt die Freude der Bravour durch das Spielerische

DESIRE
Die Begierde

Wie afrikanische Händler tragen sie die Ware auf dem Kopf. Doch »Barneys New York«, das Luxuskaufhaus in Las Vegas, wirkt so gar nicht afrikanisch. Sakral ist die zentrale Treppe, kühl und elegant sind die Schaufensterpuppen. Gleich sieben von ihnen sind angetreten, um je einen einzelnen Stöckelschuh stolz auf ihrem Haupt zu balancieren. Wir sind nicht überrascht, denn schon im Schaufenster trugen andere Puppen edle Handtaschen, als Hüte zweckentfremdet, verkehrt herum auf dem Kopf (siehe Farbteil, Seite 205).
Was überhöht angepriesen wird, löst Begierde aus. Noch ist nicht gesagt, dass wir die Ware auch tatsächlich kaufen, doch die Karotte ist bereits zu schnuppern, die man dem Esel vor die Nüstern hält. Müssen wir kaufen, können wir nicht anders? Keineswegs.

Die Psychologie der Begierde

Die Evolution hat uns zu Wesen gemacht, die schon mit der Jagd selbst ganz zufrieden sind. Was am Kauf emotional befriedigt, wird bereits durch das Jagdfieber ausgeschüttet: das *Neurotrophin*, der Botenstoff der Verliebtheit.

Der Flirt mit dem Objekt der Begierde löst das Hochgefühl aus, nach dem wir lechzen.[44]

Die Jagd ist wichtiger als die Beute, deren Erwerb als belohnender Verstärker zur Geltung kommt. Je mehr der nackte Kauf, ohne ästhetisch inszenierten Flirt, in den Vordergrund rückt, umso eher droht die Todsünde der Gier, die hinter dem Hochgefühl der Begierde schwebt. Das gierige Raffen entsteht durch Verknappung, Zweikampf um die Ware, unkontrollierten Kaufrausch durch Lockangebote auf Teufel komm raus. Die Begierde jedoch lockt mit der feinen Klinge der *Antizipation*.

Wir werden auf ein Ziel gespannt, das man uns vor Augen hält. Wir wollen wissen, wie das so wäre, das Objekt zu besitzen. Wir begehren.

Laufsteg & geschmückte Braut

Desire beginnt mit der Überhöhung, die klarmacht, dass hier etwas *lobgepriesen* wird.

Üblicherweise geschieht dies durch tatsächliches Hochheben.

---

[44] Vgl. Josef Zehentbauer

Der Ehrengast auf dem Kongress wird begrüßt, und er steht auf, zeigt sich zum Applaus. Laufstege jeder Art bewirken, dass sich der Blick aller Anwesenden auf das so Präsentierte richtet. Drehscheiben, Podeste am Point of Sale, Stangen im kleinen Hutoutlet in Tokios Shibuya, an denen die Angebote im Eingangsbereich hängen – sie alle heben hoch. Im Wynn Shop in Las Vegas hängen wertvolle Glaskugeln auf einem künstlichen Baum, der als Warenträger dient. Dort oben werden sie angepriesen, im Korb auf dem Tisch liegen sie zum Verkauf bereit. Jeder Spezialist in der Warenbildgestaltung – jener vertikalen Wandbilder mit Ware im Geschäft – weiß, dass die oberste Ebene dem Anlocken dient und aussagekräftiger, signalhafter Ware vorbehalten ist. In der Psychologie bezeichnet man die werbewirksame Auswirkung des Hochhebens als *Podiums-Effekt*.[45] Was herausgehoben wird, bekommt nicht nur mehr Aufmerksamkeit, sondern auch eine positivere Bewertung. Der psychologische Mechanismus der *Inferential Beliefs*, der gefolgerten Meinung, beginnt zu arbeiten, so dass wir von dem simplen Image-Faktor, dass da etwas Besonderes im Scheinwerferlicht erstrahlt, auf andere positive Image-Faktoren schließen, die ins Bild passen.[46] Das Besondere erscheint dann auch als edel, hochwertig, außergewöhnlich.

In Japan preist man nicht nur die Ware an, sondern auch deren Verkäufer. In traditionellen Kaufhäusern geschieht das durch eine Uniform, in den unzähligen flippigen Shops des Landes tragen die Verkäufer einen auffälligen Hut: »Seht her, wir sind für euch da«, scheinen sie zu sagen. Als »normale Menschen« betreten die Verkäufer den Laden. Dann schlüpfen sie in ihre Rolle, setzen sich »den Hut auf«, der für den Laden steht, und agieren »im Zeichen des Hutes«. Auch in Europa war – und ist bisweilen immer noch – die Kopfbedeckung der sichtbare Ausdruck der Profession: Richter, Priester, Henker, Koch.

[45] Tracy Cabot, Wie bringe ich eine Frau dazu, sich in mich zu verlieben? München, Heyne 1990.

[46] Vgl. Christian Mikunda, Der verbotene Ort

DESIRE

Abb. 34 Verkäufer mit Hut in Tokio

Das Hochhalten braucht zumeist aber noch eine weitere Verstärkung, damit tatsächlich *Desire*-Gefühle entstehen. Der Apfel wird poliert, das Pferd gestriegelt, *die Braut geschmückt*. In Japan ist man Meister im sinnlichen Präsentieren von Lebensmitteln. Die Lebensmittelabteilung des Kaufhauses Isetan in Tokios Stadtteil Shinjuku schlägt dabei alles. Melonen für 400 € liegen neben solchen, die man in Würfelform oder als Pyramide gezüchtet hat. Unsere *Media Literacy*, jener schon mehrmals erwähnte psychologische Mechanismus, mit dem wir Abweichungen jeder Art registrieren und uns überhaupt geschickt mit der Welt anstellen, lässt uns sofort stehen bleiben und staunen.[47] Kann das sein, eine Melone als Würfel – und wir Europäer staunen auch über den Preis.

Die Braut schmücken heißt, sie zum Hingucker machen.

In Jeans-Shops rund um die Welt kann man sehen, wie die Braut durch simple Wahrnehmungsspiele geschmückt wird. Jeans werden unten am Hosenbein cool verknotet, die Hemdsärmel aufgekrempelt, Gürtel zu Knoten verschlungen, wie bei »Blackout« in der Schweiz.

[47] Ebd.

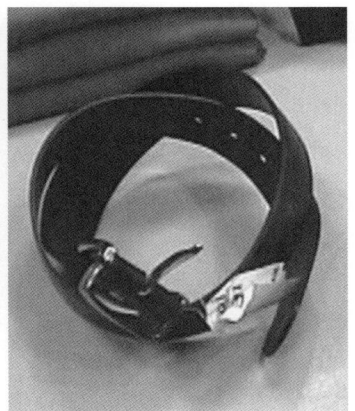

Abb. 35 Japanische Melonen in Pyramiden- und Würfelform
Gürtel als Knoten bei „Blackout"

Liebäugeln

Jedes Hochgefühl entsteht durch das Zusammenspiel von Auslösen – Einfühlen – Nachwirken. Ausgelöst werden Desire-Gefühle durch die überhöhte Präsentation. Dieser *Podiums-Effekt* und das Phänomen der *Geschmückten Braut* bewirken, dass wir antizipieren, wie es wohl wäre, wenn wir das Ersehnte auch besäßen. Dopamin wird ausgeschüttet und bewirkt eine vibrierende Vorfreude, die bei allen Primaten – Menschen und Affen – ähnlich ist: Wir begehren.[48] Uns fallen beinahe die Augen heraus vor Begierde. Wir lechzen nach dem begehrten Objekt.

Als Glücksverstärker kommen daher alle Verhaltensweisen in Frage, die uns mit dem begehrten Objekt flirten lassen.

Wir glotzen das begehrte Objekt an, wie weiland Dagobert Duck die Golddukaten im Geldspeicher. Wir zeigen auf das Objekt der Begierde, wir nehmen es probeweise hoch. Viele Verkäufer sehen das gar nicht gern, obwohl gerade dieses Verhalten überzeugender ist als so manches Verkaufs-argument. Die Dopaminausschüttung bei Desire-Gefühlen,

[48] Vgl. Stefan Klein

DESIRE

gekoppelt mit der Verliebtheit durch Neurotrophin, ist für die vibrierende Vorfreude verantwortlich, die uns hingreifen, anprobieren, in Augenschein nehmen lässt.

Abb. 36 »Lechz« / Riesenamethysten in Brasilien

In allen Basaren der Welt werden uns daher die möglichen Kaufprodukte in die Hand gedrückt, Kostproben angeboten, Gewürze zum Riechen gereicht. Im Luxusbereich wird die Lust aufs Hingreifen mit den Mitteln der Wareninszenierung geführt. Louis Vuitton hält in allen seinen Glory-Tempeln eine Wand bereit, in der Luxusuhren mittels großer Lupen präsentiert werden. Durch die dramatische Vergrößerung werden uns die wertvollen Chronographen verführerisch vor die Nase gehalten. Bei »Christian Louboutin« kauft man Schuhe, die durch ihre rote Sohle auffallen. Was liegt näher, als die Begehrlichkeit nach dem unverwechselbaren Produkt bereits außen zu wecken. In einem typischen Schaufenster von »Christian Louboutin« besteht deshalb die Bodenfläche aus einem schmalen Spiegel, der den Blick auf die signalrote Unterseite der Schuhe ermöglicht und so den Blick auf das »ganz Besondere« richtet.

Jagdfieber

Wir sind Jäger und Sammler, und alle Kultur und Zivilisation bildet nur eine schmale Membran zwischen uns und unseren Instinkten. Also wollen wir jagen, und wir wollen sammeln. Einer der großen Profiteure dieser anthropologischen Dimension unseres Lebens ist das italienische Unternehmen Panini, das mit seinen Sammelkarten von Fußballteams unglaubliche Umsätze macht. Warum? Weil neben dem Dopamin, das uns hingreifen lässt, auch Neurotrophin bei allen Desire-Gefühlen eine Rolle spielt, das Flirt-Gefühl, das die Schmetterlinge im Bauch bewirkt.

»Book Crossing« und »Pin Trading« sind zwei Geschäftsmodelle, bei denen das Jagdfieber das eigentliche Produkt ist, und nicht die Ware. Fast 800.000 Mitglieder haben sich weltweit bei www.bookcrossing.com angemeldet. Sie alle jagen Bücher, die an zuvor im Internet beschriebenen Plätzen »in die Freiheit entlassen« wurden, wie die »Bookcrosser« sagen. Allein in meiner Heimat Österreich wurden 1.800 Bücher freigesetzt. »Auf der Prater Hauptallee Nähe Konstantinhügel auf einer Bank«, heißt es da, liegt »Wir Kinder vom Bahnhof Zoo«. Die bezeichneten Orte sind die Jagdgründe, auf denen sich die »Bookcrosser« bewegen, die Bücher sind das Wild, das gejagt wird. Und wie das Wild hat auch jedes Buch seine Identifikationsnummer, seine Beschreibung.

Das »Book Crossing« ist ein altruistisches Modell, das nicht auf Gewinn abzielt. »Pin Trading« ist hochkommerziell. In den letzten Jahren hat es in den großen Vergnügungsparks allen anderen Merchandising-Produkten den Rang abgelaufen. Vor den Parks, etwa in Downtown Disney, dem Vergnügungsviertel der Disney World in Orlando, stehen die erwachsenen Fans mit ihren Sammelbüchern und zeigen stolz den Newcomern, wie meinem Sohn und mir, ihre Alben voller Schätze. Täglich waren wir in den Parks selbst an zahlreichen Pin-Trading-Kiosken vorbeigekommen, wo Wand für Wand unterschiedliche Serien von Pins die Sammlerleidenschaft anheizen. Die Pins sind kleine, metallene Ansteckkreationen, oft phantasievoll und voller Witz. Während mein Sohn während unseres letzten Aufenthalts in der Disney World gerade auf Stitch-Figuren stand (von der Disney-Serie »Lilo & Stitch«), sammelte ich Pins, die ausschließlich die Schuhe von Disney-Charakteren dreidimensional darstellten. Sammeln heißt, die ganze Bandbreite einer Serie jagen. Die Pins sind nicht günstig. Sie kosten 5 $, 10 $, ja 20 $. Da ist das vorgesehene Budget rasch verbraucht. Um trotzdem das Jagdfieber aufrechtzuerhalten, sind viele Cast-Member in den Disney-Parks mit Buttons versehen, die sie als tauschwillig ausweisen. So stürzt mein Sohn auf den Verkäufer im Disney-Store zu, überreicht ihm den ungeliebten Stitch-Pin, den es überall gibt, und bekommt dafür den seltenen, wertvollen.

Die Dramaturgie der Begierde

Desire-Gefühle entstehen, wenn uns etwas demonstrativ so entgegengehalten wird, dass wir mit dem Objekt der Begierde liebäugeln und uns schließlich das Jagdfieber überkommt. Abhängig vom Grad der Nähe zum Jagdobjekt haben sich zwei wesentliche Desire-Strategien herausgebildet: *Anstoßen* (Nudge) und *Anheizen* (Arouse). Angestoßen wird die Begierde, wenn man erst einmal auf eine Idee gebracht werden soll. Angeheizt wird man, wenn ein Zielobjekt bereits identifiziert wurde, es aber noch »geschmückt werden« muss, um endgültig als Beute in Frage zu kommen.

Anstoßen (Nudge)

Mit ihrem bei Econ erschienenen Weltbestseller »Nudge: Wie man Entscheidungen anstößt« zeigten Richard Thaler und Cass Sunstein, dass eine geschickte Entscheidungs-Architektur, wie sie es nennen, der entscheidende Anstoß für jede Art von Wahl und Auswahl ist.[49] Emotionale Aspekte in Form von Desire-Gefühlen spielen dabei eine besondere Rolle.

Was auf das Podium gehoben wird, erweckt Begierde. iTunes, das Internet-Musik-Portal von Apple, hebt bei jedem präsentierten Album jene Einzelsongs hervor, die am beliebtesten sind. Die Länge des horizontalen Balkens zeigt dabei den Grad der Beliebtheit und erzeugt den *Podiums-Effekt*. Unwillkürlich klickt man dadurch zuerst den beliebtesten und nicht den ersten Song des Albums an.

Eine Vorauswahl wurde getroffen, wir wurden »angestoßen«.

Das geschieht üblicherweise im Vorfeld der eigentlichen Entscheidung. Typisch sind die Ankündigungen von Sonderangeboten und des Ausverkaufs. Ein schlichtes »Sale«-Schild mag so manchen Käufer eher abschrecken, weil es »dirty«, minderwertig erscheint. Wenn aber die Botschaft mit einem Desire-Gefühl verbunden wird, löscht das Hochgefühl die Minderwertigkeit. Dazu muss, wie wir wissen, die Präsentation für einen Podiums-Effekt sorgen, muss eine Erhöhung im Spiel sein. Im Kaufhaus »Breuninger« in Stuttgart stehen riesige Buchstaben, die S A L E sagen und den Ausverkauf mit Pauken und Trompeten ankündigen. Wo bei Breuninger schöne Tücher zum Verkauf bereitliegen, schweben einige der Tücher, kokett mit Knoten, von der Decke und stoßen uns auf die Gelegenheit. Bei IKEA war es eine ganze Wolke aneinanderhängender

[49] Richard Thaler, Cass Sunstein, Nudge: Wie man kluge Entscheidungen anstößt, Berlin, Econ 2009.

Kleiderbügel aus rotem, weißem und schwarzem Plastik, die eines Tages über einer Schütte voll mit dem besonderen Angebot schwebte. Man soll auf den Geschmack kommen, mit dem Gedanken spielen, »...was wäre wenn?«.

Desire-Gefühle erzeugen eine »Aura«, die eine <u>Gelegenheit</u> signalisiert.

Vorauswahl anbieten und eine Aura für eine Entscheidung schaffen, sind zwei typische Situationen für Desire-Gefühle. Die dritte klassische Situation spricht bereits Dagobert Duck an, die Leitfigur aller Desire-Gefühle: »Zeit ist Geld«, hält er seinem Neffen Donald immer wieder vor. Am Point of Sale bedeutet das, mit weithin sichtbaren Zeichen zu signalisieren, was die Bedeutung eines Ortes ist. Sortimentsbuchhandlungen zeigen mit Großfotos oder Gegenständen, wo was zu finden ist. Ein Seestern als Poster an der Wand signalisiert die Abteilung für Reiseliteratur genauso, wie der Riesenglobus, der auf dem Weg zu den Reiseführern aufgestellt wurde. Wie Zunftzeichen sagen die Signale, wo sich was befindet, und erleichtern damit die Orientierung, optimieren die Zeit des Suchens und Findens.

Schon in einem früheren Kapitel wurden auf das großartige »Nicolas G. Hayek Center« auf der Ginza von Tokio aufmerksam gemacht. Sieben Glaslifte warten dort darauf, die interessierten Kunden in eines der sieben Uhrengeschäfte zu bringen, die zu Hayeks Imperium gehören. Unablässig verbeugen sich der Concierge, wenn wir abfahren, und auch die Verkäufer, wenn wir den jeweiligen Shop per Lift verlassen. Diese Apotheose, die durch das Verbeugen entsteht, tritt das Königsgefühl los, von dem bereits berichtet wurde. Aber das Hayek Center löst durch die Inszenierung der Lifte auch ein Problem, das viele Einzelhändler kennen. Ein Laden hat mehrere Geschosse, aber die Kunden sind schwer dazu zu bewegen, nach dem Besuch der Taschenabteilung im Erdgeschoss auch die Koffer im Untergeschoss oder die Gürtel auf der Galerie zu besuchen. Was tun? Man kreiert einen »Botschafter« für den verborgenen Ort, er wird vorveröffentlicht.

Jeder Lift im Hayek Center enthält Vitrinen mit einer Auswahl typischer Uhren des jeweiligen Ladens und er ist dem Corporate Design der jeweiligen Marke entsprechend gestaltet. So ist der Glaslift, der uns in den Laden von »Blancpain« bringt, innen holzgetäfelt, wie auch der Laden, in den wir emporschweben, enthält eine klassische kleine Wandlampe, und wenn wir mit ihm im »Blancpain«-Laden angekommen sind, integriert sich der Lift nahtlos in dessen Innenarchitektur. Aus einem Manko – der problematischen räumlichen Erschließung und dem Versteckspiel auf mehreren Ebenen – wurde ein theatralischer Effekt. Die Lifte dienen als Vorveröffentlichung, die alle Läden bereits unten präsent macht und die Begehrlichkeit lostritt, bevor man noch den eigentlichen Verkaufsraum betritt. Wir antizipieren. Zugleich erfüllen die Lifte die Bedingung des Hochhebens, das die Voraussetzung für alle Desire-Gefühle ist.

Desire-Gefühle produzieren die Begierde für ein Produkt, das ursprünglich <u>verborgen</u> ist.

Sobald man dem Objekt der Begierde nahegekommen ist, greift zumeist eine zweite Strategie:

Anheizen (Arouse)

Aufgrund von *Podiums-Effekt* und *gespannter Erwartung* haben wir uns mit erhöhter Aufmerksamkeit dem Dargebotenen zugewandt. Aber dieser Zustand verfliegt bald, das

DESIRE

Arousal, der Grad der Aktivierung unseres Nervensystems, lässt nach, wir »kühlen ab«. Viele konsumige Läden dramatisieren deshalb ihre Ware zusätzlich. Bei »Lucky Brand Jeans«, einer weltweit agierenden Kette, werden die Jeans oft kunstvoll zu einem Jeans-Berg in der Mitte des Ladens gestapelt oder hängen als Fries an der Wand in Rahmen, sind so Bestandteil eines »Jeans-Gemäldes«. Unsere Aufmerksamkeit wird durch solche »Spiele mit den Sinnen« erneut angeheizt, durch Arrangements, die unsere *Media Literacy* anregen, die Fähigkeit, uns geschickt anzustellen.

Das Anheizen ist oft Aufgabe eines cleveren »Visual Merchandising« und damit eher kostengünstig, wie im Zürcher Kaufhaus »Manor«, wo Gürtel in einer Trendabteilung um einen Boxsack herumgeschlungen wurden, ihn ironisch-spielerisch als Warenträger missbrauchten. In konsumigen Flagship Stores ist das Anheizen jedoch meist eine Aufgabe der Innenarchitektur, so finanziell aufwendiger, aber dafür Bestandteil der Werbebotschaft. Bei »AlZone« etwa, in Dubais »Mall of the Emirates«, kommen uns Jeans und Shirts auf einer Art Sessellift entgegengefahren, während wir auf einem Travelator, einem Förderband für Menschen, durch die Hauptachse des Ladens transportiert werden. Ähnlich ergeht es den Kunden von »Michael K.« in New Yorks Soho, wo die Hauptachse mit einem Liftsystem überspannt ist, an dem die trendigen Schuhe des Labels in Käfigen über uns hinwegfahren.

Ganz vorsichtig balanciert mein Sohn über die Glastreppen, deren Farbe gerade von einem strahlenden Blau auf ein brüllendes Orange wechselt. Unter seinen Füßen schwebt eine ganze Armada trendiger Sportschuhe über die Treppen, langsam von rechts nach links, hier im Eingangsbereich des Flagship Stores von »Bape – The Bathing Ape«, dem japanischen Kultlabel. Wir sind in Tokios Trendviertel Shibuya, und die Schuhe sind der Spezialeffekt, mit dem der Laden sowohl lockend zum Betreten des Shops *anstößt*, als auch unsere Aufmerksamkeit *anheizt* und ständig wach hält. Denn manche Spitzenläden kombinieren gleich beide Kunstgriffe, die zu Desire-Gefühlen führen.

Der Podest-Effekt kommt von den bunten *Farbduschen*, die da unter den Glastreppen für sinnliche Aufwertung sorgen. Angeheizt werden wir durch einen *Replikat*-Effekt, der die Frage aufwirft: »Echt oder nicht echt?« Schweben die Schuhe tatsächlich? Erst beim dritten Hinsehen wird ersichtlich, wie es gemacht wird. Die Schuhe stecken auf unsichtbaren Halterungen, die sich unter ihrer Sohle verstecken und in Schienen laufen. So fliegen sie wie von Zauberhand unter den Leuchtstufen hinweg und »verzaubern« uns dazu, mit ihnen zu liebäugeln.

Gefühlscocktails

Welche Hochgefühle jeweils zusammenpassen, ist oft eine Angelegenheit der beteiligten körpereigenen Drogen. Desire und Joy sind beides Hochgefühle, die aufgrund der Ausschüttung von Dopamin motorisch aktivierend sind. Dopamin verursacht das Hingreifen.[50] Kunden betasten die Orangen im Supermarkt, riechen an den Gewürzen im Basar, halten prüfend ein Kleidungsstück hoch und betätigen den Hebel an den einarmigen Banditen im Casino.

Desire und Joy sind daher die Hochgefühle hinter jeder Art von Konsumigkeit.

Ihre »natürliche Heimatstadt« ist Las Vegas, wo der Flirt mit dem Konsum raffinierter geführt wird als sonstwo auf der Welt.

[50] ebd.

Das Las-Vegas-Prinzip (Joy & Desire)

Sobald der Reisende am McCarran Airport von Las Vegas ankommt, hat er das Klingeln der »Slot Machines« in den Ohren, das unablässig Gewinn verspricht, und er wird diesen Sound der glückseligen Verheißung nicht mehr los, bis er die Stadt wieder verlässt. Das *Desire*-Gefühl der Begierde wird in dieser hyperaktiven Stadt auf vielfältige und ständig präsente Weise losgetreten. »It's complimentary«, antwortet mir die Cocktailkellnerin auf meine Frage, was sie für den Gin Tonic möchte, den sie mir gerade serviert hat. Vor zwanzig Jahren war ich eben noch ein Las-Vegas-Greenhorn. Heute, zehn Aufenthalte in dieser irren Stadt später, weiß ich: Wer den einarmigen Banditen mit Münzen füttert oder am Spieltisch sitzt, wird von den leichtgeschürzten Damen – Minirock obligatorisch – mit Getränken jeder Art versorgt. Manche Spieler haben jedoch bereits einen mitgebrachten »Fancy Drink« neben sich stehen. Jedes Casino lockt die Spieler mit riesigen, phantasievollen Bechern mit dem Drink des Hauses, etwa in Form des Eiffelturms im »Paris Las Vegas«. Ab und zu scheppert es gewaltig, wenn jemand am Spielautomaten gewinnt und die Münzen ins Metallfach purzeln. Dieser süße Klang verzaubert zusätzlich und lenkt den Blick hinauf auf die Ebene über den Maschinen. Dort schweben nicht selten flotte Motorräder oder schicke Sportwagen, die uns vor die Nase gehalten werden. Sie gehören zu den Sondergewinnen, die jedes ordentliche Las-Vegas-Casino zusätzlich in Aussicht stellt.

Glückstöne, Alkohol, Sex und Luxus sind die Desire-Auslöser in der Stadt der Glücksverheißung. Wen wundert's, dass plötzlich auch die großen Luxusautohersteller hierher in die Wüste fanden. Im »Wynn Casino« warten Dutzende Ferraris auf die Besucher, die innerhalb des Hotels Eintritt bezahlen, um die

Boliden auf ihren Drehscheiben zu bewundern. Im »The Palazzo« ist es neuerdings Lamborghini, der seine Sportwagen bereithält. Auch Essen und Trinken wird in Las Vegas verlockend präsentiert. Das Bellagio Hotel zum Beispiel wartet mit dem Café »Jean Phillipe« auf, in dessen Schokoladenbrunnen die süße, flüssige Pracht viele Meter in die Tiefe fließt.

Viele Desire-Auslöser sind zugleich auch voll mit Joy-Signalen. Die »Fancy Drinks« sind besonders bunt, das Klingeln der »Slot Machines« erzeugt einen ständigen Ohrenkitzel, der so etwas wie einen akustischen Overkill produziert. Zusätzlich werden die Desire-Auslöser mit eigenen, für Las Vegas typischen Joy-Auslösern ergänzt. So ist in allen Casinos von Las Vegas ein bestimmtes Einrichtungselement unverzichtbar: ein geschmackloser Teppich. Alle Casino-Architekten zwischen Las Vegas und Macao schwören darauf, dass ein überbunter, opulenter Teppich voller geometrischer Muster oder in sich verschlungener Blumenmotive die Spielfreude in der Halle erhöht. Und recht haben sie, denn die visuelle Überfülle auf den kilometerlangen Teppichen erhöht die Dopaminausschüttung, die Joy und motorische Aufgekratztheit fördert. Wer auf so einem Teppich steht, will etwas tun: die Chips setzen, den Hebel herunterdrücken, die Spieltaste drücken. Nicht zufällig wird Las Vegas nachts von jenen berühmten Neonreklamen geprägt, deren ständiges Blinken und buntes Glitzern dieselbe Wirkung auf uns haben wie die flirrenden Teppichmuster. Das teuflische Triumvirat von Neonwerbung und Teppichmuster wird durch die opulenten Frühstücksbüffets komplett gemacht. Nirgendwo auf der Welt biegen sich die Theken so wie in den Hotels von Las Vegas. Wer gleich zum Frühstück ein kleines Steak verspeisen möchte, gefolgt von fünf Arten süßer Eclairs mit Sahne und mit drei unterschiedlichen Saucen verziert, kann das nur in Las Vegas tun. Das Schlaraffenland ist wahr geworden, die Hochgefühle kommen den Todsünden gefährlich nahe.

DESIRE

Sobald Desire & Joy gemeinsam auftreten, entsteht eine geschlossene Kette von Anstoßen, Anheizen, Zugreifen und Wühlen, die aus dem Hochgefühl beinahe die perfekte Verführung macht.

Doch die meisten Touristen kommen mit dem festen Vorsatz hierher, sich dieser Verführung staunend, aber lieber nur in kontrollierten Happen hinzugeben. Ein festes Budget beim Spiel und bewusster Konsum führten gerade in Las Vegas zum Phänomen des *New Luxury*. Man genießt die Maßlosigkeit, aber nur auf Zeit. Statt der normalen Plätze in der Show bucht man den kleinen Luxus der VIP-Plätze mit Champagner. Statt mit dem Taxi zurück ins Hotel zu fahren, steigt man spontan in die Stretch-Limousine. Die Malls sind bis Mitternacht geöffnet, und wer nicht hoch spielen will, kauft die Restspannungen mit einem Mitbringsel ab. Kostenlose Fassadenshows und »Core Attractions« in den Malls, wie das untergehende Atlantis in den »Forum Shops«, ziehen an und befriedigen all jene, die das Las-Vegas-Prinzip für eine begrenzte Zeit genießen und nicht reich werden wollen.[51] Wer den Blick dafür hat, entdeckt ab und zu auch eine unfreiwillig ironische Variante des Las-Vegas-Prinzips: Die Kofferwagen mancher Hotels, wie jene des »Wynn«, sind mit demselben Teppich ausgelegt wie das Casino selbst.

Erfunden wurde das Las-Vegas-Prinzip freilich nicht in Las Vegas, sondern Hunderte Jahre zuvor in den orientalischen Basaren. Im Gewürzbasar von Istanbul, auch ägyptischer Basar genannt, kann man noch heute sehen, wie das Prinzip funktioniert. Vor dem Laden hängen dessen Leitprodukte weithin sichtbar von der Decke: riesige Wurststangen oder ganze Gewürzbündel im Laden daneben. Das Sortiment wird auf diese Weise prägnant hergezeigt mit dem Ziel, die Kundschaft anzulocken und *Desire*-Gefühle loszutreten. Hinter den Leitprodukten quillt die ganze Bandbreite der Waren in

[51] Vgl. Christian Mikunda, Der verbotene Ort

orientalischer Opulenz und Überfülle hervor. Unter den Gewürzbündeln stehen dann die Säcke voll mit gemahlenen, knallbunten Gewürzen, das ganze Füllhorn des Orients, das unsere *Joy*-Gefühle lostritt (siehe Farbteil, Seite 204).

Die Kombination von *Desire & Joy* garantiert Orte mit höchster Konsumigkeit und hohem Warendruck. Immer stehen die spektakulären Leitwaren ganz vorne oder quellen sogar aus dem Laden heraus. In einem riesigen Touristenladen für Pretiosen und Halbedelsteine an der Grenze von Argentinien und Brasilien stehen ganz vorne die meterhohen Amethysten (Abb. 36). Ich würde gern einen kaufen, aber sie kosten so viel wie ein kleines Auto, und wie sollte ich sie transportieren? Also tauche ich in die Präsentation Hunderter kleiner Bäumchen dahinter ein, mit Blättern aus Amethysten, die ganz wenig kosten und leicht zu transportieren sind. Discounter jeder Art sollten daher immer die Joy-Gefühle, die durch übervolle Warenträger entstehen, mit prägnanten Leitprodukten ankündigen, die Desire-Gefühle auslösen. Nicht nur marktschreierische Sonderangebote sollen anlocken, auch die Emotion des Günstigen, aber Besonderen.

Das Las-Vegas-Prinzip hat längst den Bereich des nur Konsumigen verlassen. So wie Las Vegas selbst heute eine Lifestyle-Stadt ist, so ist auch das Las-Vegas-Prinzip längst ein Lifestyle-Phänomen. Vom Flagship Store von »Abercrombie & Fitch« in New York war schon die Rede. Phantastisch ist die Lichtinszenierung, die innen die Joy-Gefühle lostritt. Draußen vor der Tür wartet die Verlockung für die Desire-Gefühle. Da steht er, mit nacktem Oberkörper, cool und lässig. Gerade lässt sich eine junge Frau freudestrahlend mit ihm fotografieren, während wir anderen, hier auf dieser Lernexpedition durch New York, dabei zusehen. Die Damen in unserer Gruppe bestaunen den jungen Typen mit der tiefliegenden Hose, die unter seinem Hüftbein endet, mit leuchtenden Augen. »So kenne ich meine Frau gar nicht«, sagt ihr Mann. »Ich bin der hier«, erzählt das Model stolz und zeigt auf eines der drei Schwarzweiß-Fotos, die überdimensional im Eingangsbereich des Ladens hängen. Für diesen Samstagnachmittag in Manhattan ist der durchtrainierte Körper lebendig geworden. Im Laden selbst, der mit seiner Dunkelheit, dem dramatischen Licht und der kraftvollen Musik mehr wie ein Club wirkt, setzt sich das Spiel von *Desire & Joy* fort. Das Licht erzeugt die phantastisch flirrende Überfülle, die uns stöbern lässt, Die Models halten die Desire-Gefühle aufrecht. Sie hängen als Key-Visuals an der Wand. Sie stehen aber auch lebendig geworden an jedem Treppenabsatz. Vor der Herren-Ebene steht da eine Schönheit und lächelt mir zu. »Wie schön, dass du hier bist« – oder etwas Ähnliches – sagt sie, und strahlt mich unwiderstehlich an. Für einen kurzen Augenblick glaube ich ihr.

Das Tokio-Prinzip (Glory & Desire)

Glory-Gefühle entstehen durch Anspielungen auf die Versatzstücke von Tempel, Kirche und Natur, die uns durch ihre Höhe, Weite und Tiefe auch innerlich weit machen. *Wasserfall* und *Tempeltor*, *Tempelfassade* und *Stele* ziehen den Blick nach oben, die lange *Säulenhalle* in die Tiefe. Wir schreiten über breite, lange *Treppen*, wie bei einer Prozession. Die *Gloriole* und andere Mittel zur Lichterhöhung bringen die Ikonen der Verehrung zum Strahlen. Im Zentrum aber aller Glory-Gefühle steht das *Allerheiligste*. Es ist ein Ort, der die Sehnsucht weckt, der uns anzieht. So ist das Heiligtum – die heilige Kammer, der Schrein, der Altar – auch immer Bestandteil des Anlockens und somit von Desire-Gefühlen. Wir begehren.

Nirgendwo auf der Welt, auch nicht in New York oder London, findet sich auf engstem Raum eine derart große Anzahl von Flagship Stores wie in Omotesando, Aoyama und Ginza, den Einkaufsparadiesen in Tokio. Fast jeder Flagship Store besteht aus einem ganzen Haus von sieben Stockwerken oder mehr, oft mit einem Restaurant, einem Café oder einer Bar an der Spitze. Das Grundprinzip ist immer das Gleiche:

Die Gebäude erscheinen als Ganzes wie ein heiliger Schrein.

So wie im Mittelalter wertvolle Reliquien – zum Beispiel Knochen von Heiligen – durch einen Schrein aus edlen Materialien – Marmor, Edelsteine – »verpackt« wurden, macht heute die Architektur ganze Gebäude zu Reliquienschreinen der verehrungswürdigen Marke. Wie in einem gläsernen Schneewittchensarg ist dabei alles sichtbar und zugleich aufgewertet.

Das Hineinsehen erzeugt die Desire-Begierde, die wertvolle Tempelfassade bewirkt die Glory-Andacht.

Die Schweizer Architekten Herzog & De Meuron schufen mit dem »Prada-Flagship-Store« in Aoyama den zurzeit spektakulärsten Shop im Luxussegment. Die Außenwand des Prada-Gebäudes besteht aus Hunderten riesigen, nach außen gewölbten Glaselementen, die aus dem Gebäude einen Kristall machen. So schwebt der Kunde durch eine weißcremige Welt im Inneren eines wertvollen Kristalls, vorbei an Warenträgern, die nahtlos aus der Wand fließen. Im shintoistischen Japan ist die Anspielung auf die heilige Natur kein Zufall. Auch »Todd's« auf der Omotesando und »Mikimoto 2« auf der Ginza sind Flagship Stores, die wie Kristalle wirken und uns dazu bringen, langsam und andachtsvoll durch sie hindurchzuschreiten.

Abb. 37 Prada Omotesando / Apple Store Manhattan

Das *Tokio-Prinzip*, die Kombination von Verlockung und Erhabenheit, ist längst in der übrigen Welt angekommen. In New York ruht unweit der Südseite des Central Parks der gläserne und auf Straßenniveau gänzlich leere Kristallwürfel des »Apple Flagship Store«. Nur das im Glas eingelassene Logo des Computerherstellers verweist kryptisch, und dadurch nur umso heftiger, auf das Vorhandensein des eigentlichen Shops im Untergrund: Tempel und Verheißung in einem. In Paris stapelt Citroën im Showroom auf den Champs Elysées seine Autos in einer überdimensionalen Glasvitrine übereinander – Autos wie Pretiosen präsentiert, sakral und doch als »Karotte« vor unserer Nase.

Desire
Die Begierde

> Etwas wird lobgepriesen
> Wir werden dadurch auf ein Ziel gespannt, wir antizipieren

PSYCHOLOGIE

Auslösen:
> Laufsteg & geschmückte Braut
> Hochheben bewirkt den »Podiums-Effekt« (Inferential Beliefs)
> Wahrnehmungsspiele erzeugen Hingucker (Media Literacy)

Einfühlen:
> Liebäugeln ist Flirten und Probehandeln
> Das ist »Anglotzen«, Hinzeigen, Hochnehmen, Probieren

Nachwirken:
> Dopamin erzeugt das Jagdfieber
> Neurotrophin erzeugt die Schmetterlinge im Bauch

DRAMATURGIE

Anstoßen (Nudge):
> Stößt das Interesse an
> Kreiert eine »Aura der Gelegenheit«
> Bewirkt Vorauswahl und Vorveröffentlichung

Anheizen (Arouse):
> Erhält das Interesse
> Erhöht das Arousal, bevor wir »abkühlen«
> Dramatisiert Produkte über Wahrnehmungsspiele

DESIRE

GEFÜHLSCOCKTAILS

Das Las-Vegas-Prinzip (Joy & Desire):
> Bewirkt Konsumigkeit
> Eine Kette von Anstoßen, Anheizen, Zugreifen und Wühlen

Das Tokio-Prinzip (Glory & Desire):
> Bewirkt das Anziehende des Allerheiligsten
> Eine Kette von Begierde und Andacht

DIE 7 HOCHGEFÜHLE 193

GLORY: »Wald« und »Bergsee« im »Globetrotter« Flagship Store, Köln

DIE 7 HOCHGEFÜHLE

GLORY: Die Säulenhalle »La Catedral« im Faena Hotel, Buenos Aires

DIE 7 HOCHGEFÜHLE   195

GLORY: »Eisfall« mit Liftgruppe im Stadion Center, Wien

JOY: »B Never Too Busy To Be Beautiful«

JOY: Als Gastakteur bei der Karnevalstruppe »Beijaflor«, Rio 2009

JOY: »Memoires« im Wafi Center, Dubai

RIO-PRINZIP: »Fliegende Motoren« und Atrium im Mercedes-Benz Museum, Stuttgart

RIO-PRINZIP: Kuppel und Deckenwellen in der »BurJuman«-Mall, Dubai

DIE 7 HOCHGEFÜHLE

POWER: Macucu Boote, Iguazu / »Dune Bashing«, Dubai / »Volcano« Mirage Hotel, Las Vegas

DIE 7 HOCHGEFÜHLE   201

POWER: Grand Canyon »Skywalk«

BRAVOUR: Vertikaler Garten auf der Fassade des »Musée du Quai Branly«, Paris

DIE 7 HOCHGEFÜHLE **203**

BRAVOUR: »Yotel« Hotels: Hotelflur / Premium Cabin / Standard Cabin

DESIRE: Ägyptischer Basar, Istanbul (Video-Bilder)

DIE 7 HOCHGEFÜHLE 205

DESIRE: »Barneys New York« im »The Shoppes at the Palazzo«, Las Vegas

DIE 7 HOCHGEFÜHLE

INTENSITY: »Sky Aquarium« in »Roppongi Hills«, Tokio

DIE 7 HOCHGEFÜHLE

INTENSITY: »Reddot Design Museum« auf Zeche Zollverein, Essen

CHILL: LED-Videokacheln und LED-Leuchtbänder im Stadion Center, Wien

INTENSITY
Die Verzückung

Am Ende eines langen Interviews fragt mich Clarissa Mayer-Heinisch nach dem Antrieb für meine Arbeit. Ohne auch nur eine Sekunde nachzudenken sage ich: »Ich bin verrückt nach Intensität«.[52]

Als Sechsjährige entdeckt Nanou, wie sie von ihrer Mutter liebevoll genannt wird, dass kleine Wehwehchen ihr so etwas wie eine lustvolle Freude bereiten. »Sie hat es wieder getan«, flüstern dann ihre Eltern, wenn sie bemerken, dass sich ihre Tochter wieder einmal geritzt hat. »Ich erinnere mich, dass ich dachte, das Leben würde sich an mir reiben, und auf diese Weise würde ich es besonders stark, elementar und substantiell spüren«, schreibt darüber die Pianisten Hélène Grimaud, die einmal Nanou war, in ihrer Autobiographie »Wolfssonate«.[53] Nachts rezitiert sie als Kind Gebete, stundenlang,

[52] Clarissa Mayer-Heinisch, Verrückt nach Intensität, in: Konzeptionen des Wünschenswerten, Was Städte über die Zukunft wissen sollten, Graz, Czernin 2006.

[53] Hélène Grimaud, Wolfssonate (Variations sauvage), München, Blanvalet 2005 (Paris 2003).

bis sie erschöpft einschläft, oder sie presst die Augen so stark zu, dass sie beinahe ohnmächtig wird.

Die Psychologie der Verzückung

Verletzungen oder aktiv herbeigeführter Stress unter Stimulus-Kontrolle führen zur Ausschüttung von *Endorphinen* und dem Gefühl höchster Intensität bis hin zur Verzückung, wie sie die tanzenden Derwische erleben, die sich lange Zeit unentwegt im Kreis drehen.[54] *Runner's High* nennen Sportwisschaftler den Glückszustand, in den Läufer nach einiger Zeit kommen. »She was in the Zone«, beschreibt ein Konzertbesucher seinen Eindruck von der in sich versunkenen Hélène Grimaud, deren typisches Verstärkerverhalten in diesem Buch bereits beschrieben wurde. Mit zurückgelegtem Kopf gibt sie sich dem Spiel vollkommen hin und verweist damit auf den Ursprung von *Intensity* in der Erotik und der Herkunft des Hochgefühls in der Todsünde der Wollust.

Verdichtung

Intensity-Gefühle entstehen durch jede Art von <u>Verdichtung</u>, durch die wir die Welt verstärkt erleben.

Bilder, Gerüche, Töne, auch Zeichen und Symbole, werden dabei in einen ästhetischen Druckkochtopf gesteckt. In diesem Kapitel wird noch die Rede davon sein, wie durch *ästhetische Verdichtung* intensive Warenbilder am Point of Sale entstehen, wie durch »Urban Design« unsere Städte wieder zu intensiven Lebensräumen werden und wie durch den Zusammenprall von

[54] Vgl. Josef Zehentbauer

INTENSITY

Zeichen aus unterschiedlichen Welten spektakuläre Shops und Hotels entstehen können. Der Wirkungsverlauf von Intensity-Gefühlen lässt sich jedoch am besten am Beispiel musikalischer Interpretationskunst verstehen.

Da die Musik eine Kunst ist, die in der Zeit abläuft, entstehen durch Musik ausgelöste Intensity-Gefühle durch die Verdichtung des Zeiterlebnisses.

Hélène Grimaud ist definitiv keine Pianistin, der das strenge Einhalten von Vorgaben der Komponisten besonders wichtig ist. Vielmehr ist ihr Spiel schöpferisch interpretierend. Hélène Grimaud spielt *agogisch*, mittels kleinster Abweichungen im vorgegebenen Tempo. Zu Beginn des Mittelsatzes von Rachmaninovs 2. Klavierkonzert zögert sie für einen winzigen Augenblick vor jedem Einsatz der immer wiederkehrenden thematischen Phrase. Dadurch entsteht ein *Auskosten*, das den Satz intensiv macht, wie ich es noch nie zuvor gehört habe. Nach dem Ende dieses Satzes bei einem Konzert in Amsterdam war es totenstill im Saal, und die Zuhörer vergaßen das übliche Hüsteln.

Gegen Ende des zweiten Satzes von Ravels Klavierkonzert in g-Moll haben die Hände der Pianisten einen schier endlosen Lauf die Klaviatur hinauf und hinunter zu absolvieren. Während viele Pianisten hier romantisieren, spielt Grimaud auf eine perlende Weise den Lauf mit einer schier unerschütterlichen *Gleichmäßigkeit*. So entsteht eine *hypnotische Wirkung*, wie damals durch das sich manisch wiederholende Aufsagen der nächtlichen Gebete, oder wie bei den Derwischen, die sich unaufhörlich im Kreis drehen. »Magisch« flüstert eine Besucherin im Wiener Konzerthaus ihrer Freundin zu.

Der 3. Satz von Chopins Sonate Nr. 2 mit dem berühmten Trauermarsch besteht nach der klassischen Regel A – B – À aus drei Themen: dem eigentlichen Trauermarsch (A und À) und einem Seitenthema (B), das sich vielfach wiederholt. Hélène Grimaud spielt in der vollbesetzten Royal Festival Hall in London. Bei jeder Wiederholung des eindringlichen Seitenthemas wird sie unmerklich leiser und eine Spur langsamer, wie ein erfahrener Redner, der weiß, wie er einem besonderen Part seiner Rede höchste *Eindringlichkeit* verleiht. Sie hält die *Zügel zurück*, so dass der zweite Einsatz (À) des Trauermarsches umso effektvoller wirkt.

Hingabe

Hochgefühle sind immer in einen größeren Zusammenhang von Auslösen – Einfühlen – Nachwirken eingebunden. Wenn darstellende Künstler dabei eine Rolle spielen, werden sie vom Publikum genau beobachtet. Denn sie sind nicht nur Träger des Auslösers, sie sind auch zugleich ihre eigenen »Erstzuschauer«. Sie reagieren auf sich selbst und geben damit dem Publikum wichtige Hinweise, wie man ihre Darbietung deuten soll.

Empathisch imitieren wir ansatzweise den Künstler und übernehmen sein Verhalten als Glücksverstärker, der erst zum Hochgefühl führt.

Irritiert drehen sich einige Damen um. Wer keucht da so, ausgerechnet jetzt, wo die Pianistin so vollkommen verzückt spielt, an dieser leisen, langsamen intensiven Stelle. Doch es ist die Pianistin selbst, die da hörbar die *Luft einzieht*. Zugleich biegt sie ihren *Kopf zurück*, schließt die Augen. Später, im rasanten Schlusssatz des Klavierkonzerts von Schumann, hat das Klavier kurz Pause, das Orchester spielt mit Verve, und Hélène Grimaud *schwingt* mit ihrem ganzen

Körper mit. Wir im Zuschauerraum sind aufgrund unserer Spiegelneuronen, die uns mit der Künstlerin verbinden, drauf und dran, es ihr gleichzutun.

Im Adagio-Satz des 3. Klavierkonzerts von Béla Bartók spielt Hélène Grimaud, wie so oft, mit geschlossenen Augen. Ihr Kopf ist zurückgebeugt. Als sich die Harmonien in diesem langsamen, hochintensiven Satz klären, öffnet sie genau auf den Punkt die Augen: »That's it«, scheinen sie zu sagen. Ein *Hingabeaugenblick* wurde betont und markiert, so dass auch wir merken: Das ist jetzt der Punkt, auf den die ganze Intensität hinauslief. Den Abschluss einer rasanten Passage spüren wir, indem Hélène die letzten Töne mit ihrem ganzen Körper »wegwirft« und dabei manchmal beinahe vom Klavierhocker fällt. *Clean exit* sagt man in der Filmbranche zu so einem deutlich spürbaren »Abgang«. Und der Rhythmus ist bei Hélène Grimaud oft nicht nur hörbar, sondern auch sichtbar, wenn sie ihn mit dem linken Fuß mitklopft.

Glückstrunken

Wenn immer Hélène Grimaud spielt, hat man das Gefühl, man selbst wäre als Zuhörer gemeint. Die Agogik ihres Spiels kreiert die Punkte der Verzückung, und ihr Verstärkerverhalten, das sich auf uns überträgt, gibt uns die Möglichkeit, selbst innerlich mitzugestalten. Und die Nachwirkung?

Die unmittelbare Wirkung ihres Spiels entsteht durch die Ausschüttung von berauschenden <u>Endorphinen</u>, die glückstrunken machen.

Das betrifft natürlich zuallererst die Künstlerin selbst, die in Interviews diesen Zustand oft beschrieben hat. Eines Tages im Londoner Victoria & Albert Museum nach einem Solokonzert nimmt sie den Applaus mit einem derart strahlenden Lächeln entgegen, dass die Augen zu *blitzen* beginnen.[55] Ich hatte von diesem Phänomen gehört, es aber noch nie gesehen. Es entsteht durch Kontraktion des großen Ringmuskels um die Augen kombiniert mit vermehrter Augenflüssigkeit, die das Schimmern erzeugt, und einem Reflex in den Augen, dem Augenlicht: Glück im Hier und Jetzt.

Auf Seiten des Publikums äußert sich die »Trunkenheit vor Glück« in einer heilenden Wirkung, die auch die Musiktherapie hervorbrachte. Als ich vor vielen Jahren Beethovens 9. Symphonie unter Leonard Bernstein in einem denkwürdigen Konzert in der Wiener Staatsoper erlebte, war ich krank. Ich hatte Fieber und fühlte mich elend. Bernstein, ein Intensity-Musiker wie er im Buch steht (wer erinnert sich an seine ekstatischen Sprünge?) beginnt die Symphonie derart hypnotisch und eindringlich, dass ich sofort spüre, dass da etwas mit mir passiert. Am Ende von »Freude schöner Götterfunken« gehe ich komplett gesund aus dem Opernhaus. Auch Hélène Grimaud hat mich mehrmals geheilt. Beim ersten Mal geschah es in Amsterdam, als sie unter Vladimir Ashkenazy, selbst ein weltberühmter Pianist, das 2. Klavierkonzert von Rachmaninov so intensiv aufführte, dass sich Askhenazy mit dem Taktstock verletzte und das Publikum nach Ende des Schlusssatzes erst wie vom Schlag gerührt dasaß, um dann – alle zugleich – zu orkanartigen Standing Ovations von den Sitzen zu schnellen. Wie kann das sein, wodurch heilen Intensity-Gefühle?

Führen wir uns noch einmal vor Augen, was die Verdichtung des Spiels überhaupt bedeutet. Wir werden durch punktgenaue *Verzögerung*, hypnotisch *gleichmäßiges* Spiel, intensivierende *Verlangsamung* und feuriges *Gasgeben* mit Werk und Künstlerin gemeinsam in einen Druckkochtopf hineinversetzt, der

[55] Rainer Krause, Nonverbale Kommunikation in der klinischen Psychologie, Vorlesungstext der Universität des Saarlandes

knapp vor der Eruption steht. Dieser Druck ist unter Kontrolle, wir wissen um die Belohnung danach – zur Erinnerung: Intensity kommt von Wollust. Im Einleitungskapitel dieses Buchs habe ich von einem *inneren Zittern* berichtet, das meinen Husten in einem Grimaud-Konzert heilte, und von Alexander Lowens bioenergetischen Übungen, die durch kontrollierte Anspannung energetische Blockaden brechen. Man biegt den Körper zurück, bis er vibriert und die Muskeln zittern. Wenn man dann loslässt – das Konzert zu Ende ist –, fühlt man sich kathartisch befreit und leicht, wie schon lange nicht.

Intensity erzeugt eine hingebungsvolle Anstrengung, die Endorphine ausschüttet und energetische Blockaden reinigt.

Die Dramaturgie der Verzückung

Am stärksten sind Intensity-Gefühle durch Musik auslösbar. Am weitesten verbreitet aber sind sie zweifellos im visuellen Bereich. Intensive Bilder gehören zu unserer gestalteten Welt, Bilder, die so intensiv sind, dass es zuweilen beinahe schmerzt.

Das intensive Bild

Hinter dem Phänomen der »starken Bilder« steht die verblüffende Tatsache, dass wir Bilder nicht nur sehen, sondern tatsächlich auch spüren.[56] Wir sind ja keine herumwandelnden Fotoapparate, die das, was draußen ist, einfach in uns hineinspiegeln. Wir müssen intensiv arbeiten, um aus dem unscharfen, zitternden Bild, das auf der Netzhaut eintrifft,

[56] Vgl. Christian Mikunda, Kino spüren

einen befriedigenden Seheindruck zu machen. Bei dieser inneren Konstruktion werden jede Menge neurochemischer Substanzen frei. Sie sind dafür verantwortlich, dass das weiße Dreieck in der Mitte der Abbildung ein wenig heller erscheint als das Weiß der Umgebung, und dass seine Konturen beinahe wie eingebrannt wirken. Das ist nicht verwunderlich, haben wir doch selbst bei dieser optischen Täuschung das Dreieck konstruiert, das in Wirklichkeit überhaupt nicht da ist, sondern uns bloß nahegelegt wird. Je mehr wir innerlich zu Ende konstruieren, umso intensiver ist das *visuelle Spannungsmuster* des Bildes spürbar.

Abb. 38 »Kanizsa Dreieck«

Wir spüren Formen, wir spüren auch die Komposition von Bildern. Wer eine Wohnung neu einrichtet und seine Bilder an die Wand hängt, macht das am besten zu zweit. Einer steht in einiger Entfernung und dirigiert – »etwas mehr links, etwas tiefer, hier jetzt« –, der andere steht an der Wand und schiebt das Bild herum, bis es »passt«. Das ist üblicherweise dann der Fall, wenn das anfängliche Ungleichgewicht an der Wand einer gewissen Harmonie gewichen ist. Wir können Gleichgewicht und Ungleichgewicht tatsächlich spüren.

INTENSITY 217

Rudolf Arnheim sprach von visuellem Gewicht.[57] Nicht nur die Größe spielt dabei eine Rolle. Ein kleines Bild in knalligem Rot erhält genauso viel visuelles Gewicht wie ein pastellfarbenes blaues Bild, das viel größer ist. In meinem Buch »Kino spüren« zähle ich mehr als ein Dutzend Faktoren auf, die das visuelle Gewicht beeinflussen.[58] Wesentlich determiniert wird das visuelle Gewicht vom Abstand zum Rahmen, etwa zur Begrenzung der Wohnzimmerwand.

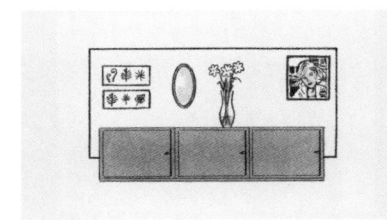

Abb. 39 Visuelles Gewicht

Erst das Wechselspiel zwischen Objekten und einem sie umgebenden Rahmen erzeugt ein spürbares visuelles Spannungsmuster.

Der Rahmen verhindert das »Auseinanderfließen« der visuellen Spannung, er erzeugt den »Druckkochtopf« der *Verdichtung* im Spannungsmuster. Erst aufgrund dieser Verdichtung entstehen Bilder von hoher formaler Intensität – Bilder, die man spüren kann.

Im Einleitungskapitel dieses Buchs wurde berichtet, wie viele Menschen im 18. Jahrhundert mit einem Lorrain-Spiegel in die Landschaft gingen. Mit dem Rücken zum Landschaftsmotiv stehend, führten sie dann den Rahmen des Glases über die Landschaft, um sie nach dem *intensiven Bild* abzusuchen. Im Rahmen war das Spannungsmuster stärker spürbar als bei seiner tatsächlichen Betrachtung. Gesteigert wurde der Gemälde-Eindruck noch durch die Tönung des Spiegels, die das Landschaftsbild wie unter Firnis erscheinen ließ. Wer heute durch Dresden geht, kann den Vergleich – Landschaft

[57] Rudolf Arnheim, Kunst und Sehen. Eine Psychologie des schöpferischen Auges, Berlin, de Gruyter 2000.

[58] Christian Mikunda, Kino spüren

INTENSITY

mit und ohne Rahmen – an zahlreichen Punkten der Altstadt machen. Dort stehen große Rahmen, durch die Dresden sozusagen auf der Staffelei liegt. Sie zeigen Ansichten, die den Canaletto-Bildern entsprechen, die ab 1747 der weltberühmte Maler in Dresden anfertigte. 17 Bilder waren es, zu denen auch der sogenannte »Canaletto-Blick« gehört, der heute besonders deutlich zeigt, wie die Stadtansicht ohne Rahmen zerfließt, aber mit Rahmen zum intensiven Bilderlebnis wird.

Abb. 40 Canaletto-Blick Dresden / Landschaftspark Stourhead

Aus diesem Grund schuf man in inszenierten Gärten immer schon zahlreiche Möglichkeiten, um das Landschaftsbild intensiviert genießen zu können. In den englischen Landschaftsgärten des 18. Jahrhunderts waren die romantischen Grotten in erster Linie Vorwand, um großartige gerahmte Blicke zu ermöglichen, wie in Stourhead. Ohne *Framing*, wie man diesen Kunstgriff nennt, wäre das weiße pittoreske Tempelchen auf der anderen Seite des Sees kaum sichtbar, ein kleiner Punkt im weiten Panorama. Aber der innere Rahmen wirkt wie eine physiologische Lupe und vergrößert das *visuelle Gewicht* des Eye-Catchers. So entstehen eine intensive Vordergrund-Hintergrund-Komposition und ein Parkbild voll visueller Spannung.

Wenn der Punkt höchster Intensität erreicht ist, legt Hélène Grimaud ihren Kopf zurück und öffnet die Augen oder saugt die Luft ein im Augenblick der Hingabe. Wenn wir ein optimales Bild sehen, werden wir nicht so ohne weiteres in Ekstase verfallen wie die großen Künstler. Aber wir bleiben vielleicht stehen und sagen zu jemandem, mit dem wir diesen intensiven Augenblick teilen:

»Schau, wie schön ...«

Die Disziplin der Warenbildgestaltung verwendet das *intensive Bild*, um Konsumigkeit zu erzeugen. Dafür werden Rahmen errichtet, innerhalb derer sich Waren und Bilder zu einem gemeinsamen *Warenbild* zusammenfinden. Die Gestalter am P.O.S. bedienen sich dabei derselben Mittel wie ihre Kollegen in der klassischen Malerei, der Gartengestaltung oder des Films.

»Umdasch Shop-Concept« baute für »Esprit« in Genf typische Warenbilder innerhalb eines weiß leuchtenden Rahmens. Das Model am rechten Bildrand bekommt aufgrund ihres *Augendreiecks* hohe Aufmerksamkeit und visuelles Gewicht. Wir Primaten wollen sehen, wie andere Lebewesen zu uns stehen. Dazu erforschen wir das Dreieck innerhalb von »Auge – Auge – Nase – Mund« ganz besonders intensiv. Das hohe visuelle Gewicht, das dadurch auf der rechten Seite innerhalb des Rahmens entsteht, muss links durch ein weißes Warenbündel, das durch die *Weißhöhung* ebenfalls starkes visuelles

Abb. 41 Esprit Genf / Best Mens Wear Dublin

Gewicht bekommt, ausbalanciert werden. Wer heute durch moderne Läden geht, kann meist eine Vielzahl von solchen Warenbildern finden. Weil sie sich dabei üblicherweise innerhalb eines rechtwinkligen Rahmens befinden, sehen viele Läden einander auf eine merkwürdig rigide Weise ähnlich. Also beginnt man jetzt zunehmend damit zu experimentieren, das intensive Bild im Rahmen durch andere als nur bloß rechteckige Umgebungsrahmen herzustellen. Der Rahmen steht dreidimensional im Raum, wächst auch auf den Betrachter zu, wie es die berühmtem Adidas-Streifen bei einem Adidas-Warenbild tun, oder der Rahmen zerfließt spielerisch, wie es Umdasch bei »Best Mens Wear« in Dublin versuchte. Intensive Bilder, die man spüren kann, entstehen allemal.

Der intensive Raum

Das intensive Bild ist vertikal und Bestandteil von visuellen Künsten jeder Art – von der Gartengestaltung bis zu den Warenbildern. Durch eine Verdichtung intensiviert wird dabei das visuelle Spannungsmuster innerhalb eines Rahmens.

Der intensive Raum ist horizontal und Bestandteil von Maßnahmen zur räumlichen Erschließung. Durch eine Verdichtung intensiviert wird dabei die sogenannte *Cognitive Map*, das innere Bild, das wir uns von einem Ort machen.

Wie finden wir uns an einem Ort zurecht? Intuitiv mit Hilfe einer sogenannten kognitiven Landkarte, einer inneren räumlichen Gebrauchsanweisung des Ortes, die uns sagt, wo was ist, wie wir von A nach B gelangen, die uns Abkürzungen nehmen und uns herumschlendern lässt – mal links rum, mal rechts – aber uns trotzdem zum Ziel bringt. Paris zeigt prototypisch, worauf wir dabei achten.

INTENSITY 221

Abb. 42 Cognitive Map von Paris

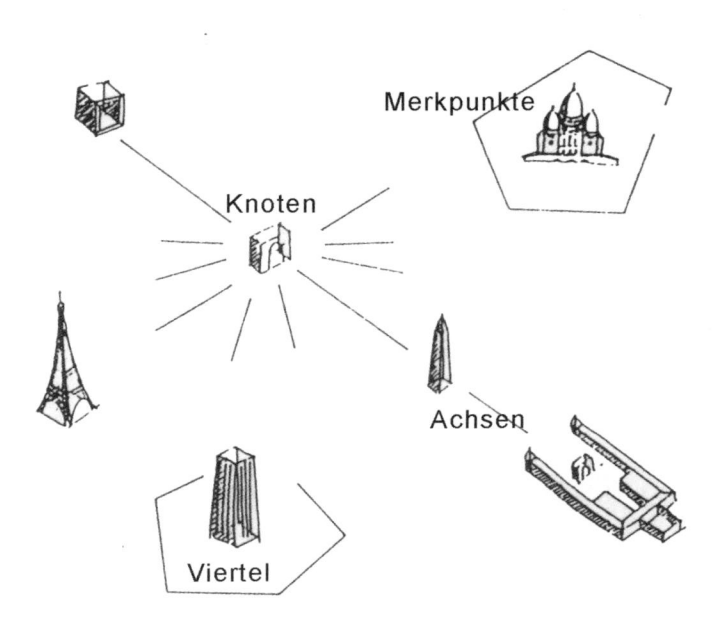

Wir suchen nach den *Hauptachsen* – wo läuft der Weg. Die Champs Élysées, die zwischen Louvre und La Défense verläuft, ist die zentrale Bezugsachse für unser Navigieren in Paris. Wo Achsen einander treffen – an großen Kreuzungen –, entsteht ein *Knoten*, ein wichtiger und gewichtiger Ort. Ihn wollen wir betont sehen, so dass im Étoile, wo in Paris zwölf Straßen einander treffen, der große Arc de Triomphe steht. Wir suchen nach der Identität eines *Stadtviertels* und erkennen intuitiv, dass Montmartre sich ganz anders anfühlt als Montparnasse. Und schließlich erkunden wir einen Ort aufgrund seiner *Merkpunkte*, der auffälligen Ecken einer Stadt, wie Sacré Cœur auf dem Hügel von Montmartre. Wenn wir dann unsere innere Landkarte anwenden dürfen, weil wir einen Bezugspunkt wahrnehmen, sind wir nicht nur perfekt orientiert, sondern fühlen uns auch heimisch, irgendwie zu Hause.

INTENSITY

Warum ist Paris die am meisten besuchte Touristenstadt der Welt? Weil Georges-Eugène Haussmann, der Präfekt von Paris in der Mitte des 19. Jahrhunderts, das System der großen Boulevards anlegen ließ. Es zeichnet sich durch eine enorme Verdichtung der *Cognitive Map* der Stadt aus. Alle Achsen laufen prinzipiell auf Merkpunkte zu – die Oper, die Madeleine, den Invalidendom – und weisen betonte Knoten auf, wo immer sie sich schneiden. Grandios, wie die Champs Élysées in der Pariser Straßenlandschaft hervorgehoben wird! Etwa 70 Punkte auf der Achse – drei Triumphbögen, ein Obelisk, Grand und Petit Palais, Sonnenuhren und Springbrunnen – sorgen für immerwährende Hinweise auf den Achsenverlauf.

Sobald ein Element der kognitiven Landkarte – etwa eine Hauptachse – überdeutlich <u>hervorgehoben</u> wird, verdichtet sich die Raumwirkung des Ortes.

So entsteht, als Pendant zum vertikalen *intensiven Bild*, der horizontale *intensive Raum*. Zur Gestaltung dieser intensiven Räume entwickelte sich die neue Diszplin des *Urban Design*, eine Fusion von Stadtplanung, Landschaftsgestaltung und Stadtmarketing. Einige kluge Politiker haben eingesehen, dass man eine Stadt nicht sich selbst überlassen darf. Städte müssen gestaltet werden, wie es Haussmann vorgemacht hat. Nur so bekommen innerstädtische Straßenzüge eine unverwechselbare Identität und können gegen die Shopping Malls antreten, die immer näher und näher an die Stadtzentren heranrücken.

Die Idee ist, die wichtigen Straßenzüge hervorzuheben, um damit die kognitive Landkarte der Region zu verdichten und so Intensity-Gefühle auszulösen.

Wir biegen um die Ecke und sehen plötzlich einen Wald. Da stehen dicht an dicht etwa 30 Bäume. Es sind weder Laub-

noch Nadelbäume, die hier in Tokios Stadtviertel Akasaka eine lange Allee bilden, denn anstatt der Baumkronen tragen die Stämme die Straßenbeleuchtung. Man hatte Bäume ausgehöhlt und die Straßenlaternen einfach in sie hineingesteckt. So entstand mitten im pulsierenden Tokio eine sympathische »neighborhood street« mit etwas Natur. »Zu den 3 Bäumen« heißt die Straße, verrät uns später unsere Dolmetscherin.

Abb. 43 Akasaka / Roppongi Hills

Zu Fuß sind es nur 20 Minuten bis »Roppongi Hills«. Dieses große Urban Entertainment Center vereint eine Shopping Mall, ein Kinocenter, ein Museum, Bürotürme, die Zentrale von Asahi TV und ein sehr, sehr teures Wohnviertel. Zwischen dem Kernbereich von »Roppongi Hills«, zu dem die Mall gehört, und dem Wohnbereich mit weiteren Flagship Stores verläuft eine stark befahrene Straße. Was tun? Das *Urban Design* hat eine elegante Lösung gefunden. Zahlreiche Inszenierungen zum Sitzen und Liegen geben uns Gelegenheit, nah an der Straße eine demonstrative Auszeit für einige Minuten zu nehmen. Trotz Verkehr wird das Angebot intensiv angenommen. Spektakulär ist ein Wohnzimmer, das nur aus einem schmalen Sitzrahmen besteht. Eine junge Familie mit Kindern hat gerade Platz genommen. Abends gehen die beiden Lampen an. Eine »Deckenlampe« hängt vom Plafond des Rahmens herab, eine Tischlampe steht auf einer Erhöhung, wo jemand eine Cola-Flasche abgestellt hat. Sitzeier vor der Asahi-TV-Zentrale, eine rote Liegeschleife, eine Efeu-Inszenierung vor der großen Buchhandlung, die bis zwei Uhr nachts geöffnet hat, ergänzen das Urban Design. Die Straße ist für uns nun keine stark befahrene Durchgangsstraße, sondern ein Lebensraum mit Identität. Das Angebot zur Rast ist die Inszenierung, die die Achse hervorhebt und damit unsere Landkarte für das Viertel verdichtet.

Semantische Katastrophe

Das moderne Japan hat uns noch eine weitere Möglichkeit gezeigt, Intensity-Gefühle auszulösen: durch den scharfen Zusammenprall unterschiedlicher Zeichenwelten. Doch die Erforschung dieser Welt begann für uns mit einem Eklat.

Mein Sohn und ich sind empört. In Tokios feinem Aoyama-Viertel entdecken wir im Schaufenster eines französischen Luxusgeschäfts ein Tigerfell. Wir stürzen hinein, und mein Sohn, damals acht, fragt auf Englisch: »Ist der echt?« Stolz bestätigt das die Ladenchefin und will mir die Schuhe zeigen, die da auf dem Tiger stehen. Ein echtes Tigerfell mit ausgestopftem Kopf wird als Warenträger missbraucht. Sie versteht überhaupt nicht, warum wir uns so aufregen. Das ist doch cool, scheint sie zu denken. Tags darauf entdecken wir ein anderes Schaufenster, das uns verwirrt. Es präsentiert

T-Shirts und Kappen für Kleinkinder. Im Schaufenster steht die Puppe eines kleinen Mädchens. Sie trägt eine Kappe des Labels, auf der eine nackte Frau und zwei Totenköpfe zu sehen sind.

Abb. 44 Provokante Schaufenster in Tokio

Jetzt ist unser journalistisches Interesse geweckt, und wir beginnen zu recherchieren. Zuerst entdecken wir die Ladenkette »Hysteric Glamour«, die sich der wilden Rockkultur verschrieben hat. Die Sitzbänke im Laden haben die Form von goldenen Penissen, die Stehlampen sehen aus wie Maschinengewehre. Drum herum ist alles sehr edel, sakral. Dann gehen wir in die Kinderabteilung. Dort finden wir T-Shirts für einjährige Buben mit der Aufschrift »Too drunk to fuck« und Shirts für kleine Mädchen mit dem Slogan »Everybody has to get stoned«. Die Produkte drum herum sind durchaus interessant. Alle Jeans für Zweijährige haben Nietengürtel, mit Strass besetzt. »Cool«, finden unsere Seminarteilnehmer aus der Textilbranche. »Das kommt sicher in zwei Jahren zu uns.«

Dann finden wir »Neighborhood«, das uns auf der Ladenfassade mit dem Slogan »The Filth and the Fury« empfängt. Drinnen, über einem sehr schönen dunklen Holzboden, entdecken wir Merkwürdiges. Zuerst fällt unser Blick auf eine Präsentation von Ledergürteln, deren Schnallen sehr aufwendig aus Händen bestehen, die sich einander reichen. Aber dann lesen wir die breite, durchgestylte Aufschrift: »Suicide Bomber Belt«. Hier kann man also Gürtel zum Thema

»Selbstmordattentäter« kaufen. Sie verweisen auf die Sprengstoffgürtel, die sich die Selbstmordbomber umschnallen. Rechts daneben entdecken wir in einer Vitrine, umgeben von teuren T-Shirts und schicker Mode, eine Teekanne aus Porzellan. Sie hat, wie deutlich erkennbar, die Form des Kopfes von Adolf Hitler. An der Kasse schließlich liegen Kalaschnikow-Maschinengewehre aus weißblauem Porzellan, wie aus Meißen, zum Verkauf bereit.

Was ist hier los? Die Verkäufer in all diesen Shops waren durchaus freundliche, typische Lifestyle-People, keine Extremisten, keine Rechtsradikalen, keine Kinderschänder, keine Tiermörder. Für sie war die Bedeutung all dieser Zeichen anscheinend vollkommen zweitrangig. Cool fanden sie die Provokation, den semiotischen Zusammenprall: spießiges Porzellan in Maschinengewehrform, Kinderkleidung mit harten erotischen Anspielungen.

Die verstörende Bedeutung der Zeichen scheint hier in Tokio irrelevant im Vergleich zur Verdichtung von Welten, die eigentlich nicht zusammengehören.

Georg Seeßlen, der großartige Analytiker der populären Kultur, prägte dafür den Begriff der *semantischen Katastrophe*, des »Abschieds von der Idee, Zeichen hätten eine Wirklichkeit zu bedeuten«.[59] Wichtig sind nicht die Zeichen an sich, sondern die Tatsache, dass sie aufeinanderprallen, das »geile« Gefühl, wenn nicht Zusammengehöriges zusammengefügt wird, verdichtet für den Kick des Intensity-Gefühls.

Eine Madonnen-Statue in einem Eck bei »Neighborhood« gibt schließlich den entscheidenden Hinweis. Wir erinnern uns: 1983 eröffnete in New York der skandalträchtige Nachtclub »Limelight« (heute Avalon). Die Diskothek war eine stillgelegte Kirche. Wo früher der Altar war, stand nun eine Bar, die

[59] Georg Seeßlen (Christian Rost), Pac Man & Co, Reinbek bei Hamburg, Rowohlt 1984.

sakrale Architektur bildete den roten Faden der Inneneinrichtung. Es sind also nicht nur die verrückten Japaner, die mit dem Zusammenprall der Zeichen spielen. Da fällt mir ein, ich brauche nur vor meine Haustür hier in Wien zu treten. Hundert Meter entfernt liegt der »Art4Room«, ein Concept Store rund um den Maler Andreas Reimann. Seine farbenfrohen Bilder auf Glas und die Möbel, T-Shirts und Objekte werden in einem ehemaligen Friseurladen mit authentischer Einrichtung aus den fünfziger Jahren präsentiert. Neben Kunstwerken und Ware schwebt da immer noch eine pinkfarbene Trockenhaube.

Immer schon war die *Verdichtung* der Zeichenwelten eine wichtige ästhetische Strategie, um Intensity-Gefühle zu wecken. Die Landschaftsgärten des 18. Jahrhunderts mit ihren visuell verdichteten Parkbildern erschufen parallel zum intensiven Bild auch den Zusammenprall der Zeichen. Da stand eine chinesische Pagode in Sichtweite zu einem griechischen Tempelchen oder einer gotischen Säule. Genauso eklektisch stellt Philippe Starck in seinen Hotels und Bars einen goldenen Thron neben einen Sitzbaumstamm, umgeben von gläsernen Stühlen – wie im Hudson Hotel in New York. In Hotels und Restaurants, in Ausstellungen und Museen, überall in der Experience Economy gehört heute der Zusammenprall von Zeichenwelten zur Inszenierungsstrategie.

Der intensivste Platz in der deutschen Stadt Essen ist die Zeche Zollverein und dort das »reddot Designzentrum«, wo die Industrieästhetik des frühen 20. Jahrhunderts auf die Ästhetik von heute trifft. Stararchitekt Jean Nouvel inszenierte es spektakulär im ehemaligen Kesselhaus der Zeche. Als *Core Attraction* schwebt inmitten der rostigen Maschinenanlage die glänzende Aluminium-Karosserie eines AUDI-Luxuswagens. In einem Winkel der Industrieanlage ducken sich ein stylischer Dyson-Staubsauger und andere Klassiker zeitgenössischen Designs. Umgebung und Objekte verweisen jeweils auf ganz unterschiedliche Assoziationswelten, Brain Scripts, Image-Fächer. So nah aneinandergerückt, scheinen die Welten zu explodieren, wie zwei Planeten, die einander zu nahe gekommen sind. Mehr noch als bei einem simplen Image-Kontrast von Alt und Neu müssen wir mit unterschiedlichen Referenzwelten zurechtkommen (siehe Farbteil, Seite 207).

Es ist die semantische Anstrengung bei der Zuordnung zu einem jeweils ganz anderen Bedeutungshintergrund, die aus der semantischen Katastrophe die Intensity-Gefühle samt Endorphin-Ausschüttung hervorpresst.

Am Ende hat uns auch die *semantische Katastrophe* in Japan versöhnt. Spätabends fahren wir hinauf ins »Sky Aquarium«, das im Hochsommer hoch oben auf dem Dach des Mori-Tower-Wolkenkratzers inszeniert wird, einem Büroturm von »Roppongi Hills«. Jedes Jahr wird die Inszenierung neu gestaltet. Zuerst kommen wir zu den »Nemo-Fischen«, die in beidseitig durchsichtigen Aquarien schwimmen, so dass sie über den Wolken Tokios zu schweben scheinen. Dann sehen wir Fische, die in einem klassischen japanischen Paravent herumpaddeln. Viele dunkle Räume weiter gelangen wir in einen stockdunklen Raum. Dort schwimmen surreal in einer riesigen Vase und blutrot angestrahlt die Stars des Intensity-Aquariums. »Das war jetzt aber wirklich toll«, sagen mein Sohn und ich und haben den Tiger schon beinahe vergessen (siehe Farbteil, Seite 208).

Intensity
Die Verzückung

> Intensity ist Wollust ohne Sex
> Kontrollierter Stress erzeugt das Gefühl der Verzückung

PSYCHOLOGIE
Auslösen:
> Durch Verdichtung verstärkt sich unser Erleben der Welt
> Intensity ist Verdichtung vor der erwarteten Eruption

Einfühlen:
> Durch Hingabe fühlen sich Künstler ein und wir mit ihnen
> Wir teilen die Intensität mit anderen: »Schau, wie schön«

Nachwirken:
> Durch Endorphine fühlen wir uns glückstrunken
> Nachhaltig lösen sich energetische Blockaden

DRAMATURGIE
Der intensive Klang:
> entsteht durch Verzögerung, das Auskosten der Zeit
> entsteht durch gleichmäßige, hypnotische Wiederholung

Das intensive Bild:
> entsteht durch Optimierung des Spannungsmusters
> entsteht durch das Wechselspiel von Objekt und Rahmen

Der intensive Raum:
> entsteht durch Hervorhebungen in der kognitiven Landkarte
> entsteht durch Maßnahmen des »Urban Design«

Die Semantische Katastrophe:
> entsteht durch Verdichtung nichtkompatibler Zeichenwelten
> entsteht durch Provokation oder surrealen Eklektizismus

CHILL
Das Entspannende

»Das macht dann 2 Euro 60« sagt die Verkäuferin und schiebt den knusprigen Brotlaib über die raue, rissige Oberfläche des Steins. Der große Findling ist die zentrale Attraktion der Bäckerei Blesgen in einem Knauber Markt in Bonn. Von innen beheizt, soll der warme Stein die warmen Backwaren noch ofenfrischer und knuspriger erscheinen lassen, als sie bei Blesgen ohnehin schon sind. Als *Placement* wird dieser Kunstgriff bezeichnet, mit dem mein langjähriger Partner Jürgen Hassler und ich erreichen wollen, dass der Untergrund sich emotional auf das Produkt überträgt.

CHILL

Abb. 45 Bäckermeister Blesgen

Doch was ist das? Ein kleines Mädchen, mit der Mutter beim Einkaufen, schubbert sich über den Stein und genießt sichtlich Wärme und Haptik. Was macht sie da? Sie benützt eine Verpackungs-Inszenierung, die für die Ware gedacht war, für sich selbst, für ihr Körpergefühl. In ein paar Jahren wird sie sagen, dass sie sich »weggechillt« hat. Die kleine Trägheit zwischendurch zeigt, dass die hingebungsvolle Entspannung von der Todsünde kommt und das Bedürfnis dafür in jedem Alter vorhanden ist. Also ziehen Jürgen Hassler und ich daraus unsere Konsequenzen und integrieren in unser nächstes Projekt, das Mall-Design für das »Stadion Center« in Wien, jede Menge Chill-Gefühle. Die Idee ist, ein Wohnzimmer für Wien zu schaffen, und so leuchten LED-Streifen durch das ganze Center, die langsam ihre Farbe wechseln. Unterstützt wird das Entspannungsgefühl durch acht große LED-Panele, über die schemenhaft kurze Stimmungs-Clips laufen. Eine Blumenwiese schwebt über uns hinweg, ein Frosch springt von Seerosenblatt zu Seerosenblatt (siehe Farbteil, Seite 208).

Aus dem Logo des »Stadion Centers«, einer Art Schleife, entwickelte Jürgen ein bequemes Sitzmöbel für die kleine

Abb. 46 Stadion Center Sitzschleife

Auszeit zwischendurch. Noch vor zwanzig Jahren entfernte man alle Sitzbänke aus den europäischen Malls. »Wer sich ausruhen will, soll die Gastronomie in Anspruch nehmen«, hieß es. Mehr und mehr verkamen die Malls so zu plumpen Verkaufsmaschinen mit immer kürzerer Verweildauer. Heute finden sich in fast allen Shopping Centern wieder Möbel im öffentlichen Bereich, und die Malls überbieten einander in der Bequemlichkeit der Rastplätze. Warum aber sind wir so ausgehungert nach dem »Chill Out«?

Die Psychologie der Entspannung

Unsere Spiegelneuronen machen uns nur allzu empfänglich für alle Reize, die uns umgeben. Wir sind von der Evolution dazu gemacht worden, mitzutun. Wir fürchten uns gern im Kino, wir stöbern lustvoll im Shop. Das Prinzip der Wirkungssteigerung ist allgegenwärtig. Weil das Laute, die

CHILL

»Action«, wie Arnold Schwarzenegger sagen würde, so leicht unser aller Aufmerksamkeit anzieht, vergessen wir oft, wie emotional das Gegenteil sein kann. Und doch brauchen wir diesen Wechsel von Anspannung und Loslassen. Als Jürgen Klinsmann bei der Fußballweltmeisterschaft 2006 seinen Spielern eine Auszeit gab, sprach er nicht von <u>Freizeit</u>, sondern von <u>Regeneration</u>, die er genauso verordnete wie das Training.[60] Regeneration ist eine Aufgabe, sie sichert unser Überleben, der Organismus braucht sie, und so hat die Evolution dafür gesorgt, dass auch die Entspannung mit starken Gefühlen verbunden ist: dem Hochgefühl des Chill.

Dass *Chill*-Gefühle heute eine so große Rolle spielen, ist vielleicht die wichtigste Neuerung im Entertainment der letzten Jahre. Kaum ein Restaurant ohne Lounge, jeder zweite Messestand wird als Oase im Chaos der Messehallen inszeniert, Hotels werden zunehmend zu Orten, wo man »runterkommen« kann. Großartig ist das Hotel »Vitale« in San Francisco, das Flagship Hotel der »Joie de Vivre«-Gruppe, die in Kalifornien 30 Boutique-Hotels betreibt. Chip Conley, ihr Gründer und CEO, zahlt einen bestimmten Betrag von jeder Übernachtung an gemeinnützige Organisationen in der Region und ist ein phantastischer Gastgeber. Das große Ziel des »Vitale« ist unsere *Entlastung*.

Wir kommen in unser Zimmer, und da steht vor dem Fenster, das bis zum Boden reicht und den Blick auf das Meer und die zum Greifen nahe Bay Bridge freigibt, eine Chaiselongue. »Ich!!« – »Nein, ich!!«, sagen wir, aber wir einigen uns. Die Bose® Anlage spielt Lounge-Musik, wir öffnen eine Flasche tolles Wasser (und eine kleine Flasche Champagner) und überlegen ernsthaft, ob wir das Zimmer überhaupt verlassen wollen. Dann entdecken wir Chip Conleys Brief an seine Gäste. Er schlägt vor, dass wir – ja, zwei gute Restaurants gibt es auch im Haus – er schlägt also tatsächlich vor, dass wir auf

[60] **Sönke Wortmann, Deutschland. Ein Sommermärchen**

der anderen Straßenseite im Ferry Building Marketplace, der grandiosen Markthalle, in der die Slowfood-Bewegung ein Zentrum gefunden hat, einkaufen und dann bei ihm auf der Dachterrasse ein Picknick veranstalten. Also runter in die Lobby. Dort sind gerade drei Masseure am Werk, wie jeden Nachmittag. Wer mehr Probleme hat, wird vom Concierge mit dem holistischen Netzwerk des Hotels verlinkt: Akupunkteure, Homöopathen, ayurvedische Ärzte, die besten des Landes.

Verdünnung

Großartige Hotels sind aufregend, aber normalerweise auch ein wenig anstrengend und fordernd. Das »Vitale« ist es nicht. Wir sollen entlastet werden – vom Druck, im Hotel zu konsumieren (haben wir mehr als sonst), vom Besichtigungsdruck, denn wir haben mit unserem Chaiselongue-Fenster eine eigene Loge auf etwas Typisches von San Fran, die Bay Bridge. Entlastung heißt auch Reizreduktion. Während *Intensity* alle Reize mehr und mehr verdichtet, strebt Chill nach der Reduktion der Reizintensität.

In Wien gibt es seit einiger Zeit eine sogenannte Salzgrotte. Man liegt in einer – mit angeblich tibetanischen Salzziegeln verkleideten – Grotte, das Licht wird eingezogen, Salz unter den Füßen, Lichtspiele, Wale singen, Kühle unter der Erde mitten in Wien. Eines Tages sagte man mir: »Jetzt haben wir auch Fußbodenheizung« (unter dem Salz). Es war nicht mehr, was es einmal war, denn die Kühle (gemildert unter zwei Schichten weicher Decken) gehörte einfach dazu, war auch Reizreduktion.

»Palazzo Versace« eröffnet in Dubai gerade sein zweites Hotel. Die zentrale Attraktion ist eine Chill-Inszenierung. Der

Strand wird mittels Kühlschlangen, die im Sandstrand verlegt sind, abgekühlt, damit man sich im heißen Sand nicht die Füße verbrennt: Kühlung – also verdünnte Temperatur – wird zum Chill-Gefühl.

Das allgemeine Prinzip, das Chill-Gefühle auslöst, ist Verdünnung, das heißt: langsamer, leiser, einfacher, entspannter, kühler.

Demonstrative Selbstentspannung

Der übliche Wirkungsverlauf aller Hochgefühle – Auslösen, Einfühlen, Nachwirken – ist bei Chill-Gefühlen von besonderer Bedeutung. Denn wie sonst soll man unterscheiden, ob das Angebot zur Entspannung nur Langeweile oder vielleicht doch Chill verspricht?

Abb. 47 Enzis im Museumsquartier

Wenn uns ein Entspannungsangebot die Möglichkeit gibt, es aktiv auszuleben, wird aus Trägheit das Chill-Gefühl.

Wir müssen uns in jedes Hochgefühl aktiv einfühlen, damit es greift. In Chill fühlen wir uns ein, wenn wir die Gelegenheit zur genüsslichen Selbstentspannung bekommen. Der klassische Chill-Glücksverstärker sind die hochgelagerten Beine. So ist erklärbar, warum die Enzis, die Liegen im Museumsquartier in Wien, so populär sind, obwohl das harte Material alles andere als bequem ist. Die Enzis sind so geformt, dass man gar nicht anders kann, als die Beine hochzulegen: demonstrative Selbstentspannung.

Und so borgt man sich im Park von »Tokio Midtown«, dem zweiten Urban Entertainment Center in Roppongi, für ein paar hundert Yen eine Matte und ein Handtuch und lässt dann die nackten Füße in den künstlichen Bach hängen, der sich durch das Gelände schlängelt. Hunderte Menschen genießen die Abkühlung. Andere Kunden gehen zu einem kleinen Kiosk im Park. »Park Library« steht da geschrieben. Auf Holztischen stehen unterschiedliche Bastkörbe, die jeweils mit Büchern zu einem bestimmten Thema gepackt sind, die man improvisiert auf Zettel schrieb: »Dogs« steht auf einem zu lesen. Man nimmt sich einen Korb und geht damit zum Lesen in die Wiese.

Runterkommen

So nach einer halben Stunde merkt man die Auswirkung: In den Büchern blättern, hier und da entspannt hineinlesen, sich eine Auszeit nehmen – das bringt einen runter. Man atmet aus, der Spiegel des Stresshormons *Cortisol* sinkt.[61] Je mehr man die Entspannung genüsslich zelebriert, umso eher wirken auch dämpfende Neurotransmitter wie *Endovalium*, und

[61] Vgl. Josef Zehentbauer

unsere Muskeln entspannen sich schließlich. So werden wir auf Flughäfen in Chicago, München und Frankfurt mit beruhigenden Farbduschen empfangen, die uns in der Hektik runterbringen sollen. Auch in Bahnhöfen, wie dem Zürcher Hauptbahnhof, leuchtet es blau-grün beruhigend, zumindest unten im ShopVille, der Mall unter dem Bahnhofsgebäude.

Das *Runterkommen* durch die Verdünnung der Reizsituation ist auch das Lebensthema des Ehepaars Marion und Werner Tiki Küstenmacher. Mit ihren »Simplify your life«-Publikationen haben sie Weltbestseller geschrieben, deren Empfehlungen großartig funktionieren. In Büchern wie »Küche, Keller, Kleiderschrank entspannt im Griff« haben die beiden gezeigt, dass das gezielte Zusammenräumen unglaublich entlastend sein kann, mit weitreichenden Konsequenzen der Reizreduktion auf Körpergewicht und Einkommen. Wer »chillt«, findet zu sich. Wer »chillt«, hat den Kopf frei für neue Aufgaben.

Die Dramaturgie der Entspannung

»Miau«. Die Freundinnen nippen an ihrem Kaffee. Ihr Liebling ist anscheinend die Rot-Weiß-Schwarze. Sie streicheln sie jedenfalls schon seit zehn Minuten. Dabei plaudern sie angeregt, vielleicht gehen sie noch ins Kino. Eine schaut auf die Uhr. Die neunzig Minuten im Katzencafé müssen bald vorüber sein. Länger darf man hier, wo acht Miezekatzen herumlaufen, auch nicht bleiben. Man geht ins Katzencafé, weil in vielen japanischen Mietwohnungen Haustiere verboten sind. Hier, an diesen Orten, die untertags ein wenig wie Kindergärten aussehen, darf man sein Schmusebedürfnis nach Herzenslust ausleben. Gegen Abend wird das Licht eingezogen, Lounge-Musik entspannt zusätzlich. Viele Business-Frauen, auf die zu

Hause niemand wartet, benützen jetzt das Katzencafé als After Work Club. Doch das japanische Katzencafé ist nur eine von vielen Einrichtungen, die nun überall als Druckventil in einer uns fordernden modernen Lebenswelt entstehen.

Das Bett

Eine Gruppe von Inszenierungen ermöglicht den typischen Chill-Glücksverstärker, die demonstrative Selbstentspannung, auf besonders effektive Weise. Wenn wir tatsächlich liegen – in oder auf dem Bett –, ist die Muskelentspannung optimal. Alle Fluglinien kämpfen deshalb bei ihrer Business Class, der einzigen Buchungskategorie, die noch Geld einbringt, mit dem Argument des Neigungswinkels ihrer ausgefahrenen Liegesitze gegeneinander. Wie nahe kommt das eigene Produkt an die 180° heran? »Als einzige Fluggesellschaft mit komplett flachem Bett in der Business Class« war der Werbeslogan einer Premium-Airline.

Das klassische Chill-Produkt ist die Hängematte, ursprünglich das platzsparende *Bett* der Seefahrer, heute ein Lifestyle-Möbel, das neben dem Chill-Gefühl auch noch das Brain Script von Weite und Meer in sich trägt. In Bars und Restaurants überall auf der Welt gehören Lounges seit einigen Jahren zum Standard. Die »Supper Clubs« waren die Ersten, die das inszenierte Liegen ins Zentrum eines Restaurantbesuchs stellten. Das Original steht in Amsterdam, ein Spin-Off in Bangkok, Klone in Wien, München, Frankfurt. Man liegt an der Wand im Kreis herum und bekommt ein Menü serviert, während in der Mitte des Restaurants eine Performance stattfindet. Nach dem Essen, wenn sich alles nach und nach auflöst, ist genug Platz für eine Massage, die das Liegeerlebnis vertieft.

CHILL

Das Nest

Sich liegend entspannen ist immer eine intime Angelegenheit. Man möchte sich dabei gern ein wenig zurückziehen und in einem schützenden *Nest* verschwinden. Die Loge im Theater, das Separée im Restaurant und die Cabana beim Baden waren die ersten *Nester* für das geschützte Chillen.

Eine interessante Entwicklung machten in den letzten Jahren die Kreuzfahrtschiffe durch. Ein klassisches Schiff hatte üblicherweise Innenkabinen ohne Fenster, Außenkabinen mit Bullaugen und einige wenige Suiten mit eigenem Balkon. Heute werden nur noch Kreuzfahrtschiffe gebaut, auf denen praktisch alle Außenkabinen einen eigenen Balkon haben. Der Grund dafür ist der Siegeszug der Chill-Angebote, der dazu führte, dass sich viel mehr Passagiere als früher das Erlebnis leisten wollen, direkt über dem Meer zu entspannen, und das in der Privatsphäre ihrer Kabine. Zu Beginn dieser Entwicklung hatten die Schiffsbauer ihre liebe Not mit dem Design dieser neuen Schiffsart. Die ersten Schiffe sahen wie plumpe, rechteckige Kästen aus, deren Außenfassaden mit Balkonen übersät waren, dicht an dicht wie in der Legebatterie eines Hühnerstalls. Die neuen Balkonschiffe sind jedoch wieder elegant »schiffsförmig« und weithin sichtbare Botschafter für die Bedeutung des Chill-Gefühls.

Das *nestartige* Chill-Out scheint ein Bedürfnis zu sein, das auf alle Verkehrsmittel zutrifft. Denn eine Parallelentwicklung zu den Balkonschiffen ereignete sich in der Luft. Vor einigen Jahren begann man, den betuchten Passagieren in der First Class Liegesitze anzubieten, die vom Nachbarsitz durch Trennwände und geschickte Plazierung im Raum so sehr geschützt waren, dass sich ein richtiger Cocoon ergab. In einem nächsten Schritt führten die Premium Airlines im

Mittleren Osten eigene Sitz-Liegekabinen für eine Person ein, die eine verschließbare Tür hatten und nur aus Gründen der Sicherheit nach oben offen waren. Der letzte Schritt in der Entwicklung sind die First Class Suiten im Airbus 380. Dort wartet bei Singapore Airlines jetzt tatsächlich ein echtes Bett, komplett vom Rest des Flugzeugs abgeschottet, sogar in der Breite für zwei Personen. Die eigentlichen Sitze werden abends zu Ablageflächen, und das Bett klappt zusätzlich aus der Wand heraus. Bei Emirates gibt es neben den Suiten ein fliegendes Spa mit Dusche und großzügigem Vorbereich für die vollkommene Privatsphäre.

Was fehlt noch? Züge und Busse. Obwohl man mit dem Schlafwagen das fahrende *Nest* sozusagen erfunden hat, gibt es im Bahnverkehr schon lange keine Innovationen mehr. Natürlich sind da die wunderbaren Luxuszüge mit ihren Salonwagen und auch die Aussichtswagen amerikanischer und Schweizer Züge. Aber die einen sind ein Nischenphänomen, die anderen sind langsam und nicht auf der Höhe der Zeit. Die Busse jedoch haben sich im Zeitalter der Eventreisen und Incentives weiterentwickelt. Ihre Vorläufer sind die Stretchlimousinen. Wer sich schon einmal eine Fahrt in einer Stretchlimou geleistet hat, der weiß, dass man in der Limousine eher liegt als sitzt, so niedrig sind die Lederbänke. Die neuen Limou-Busse benützen diese Chill-Kraft der Stretchlimousinen und kombinieren sie mit dem Glamour eines »Tour-Bus«, mit dem Rock-Gruppen auf ihren Tourneen durch die Lande chauffiert werden. Wie die Stretchlimousinen haben sie Lederbänke, die nicht in Zweierreihen Richtung Fahrer orientiert sind, sondern sich entlang der Außenwände des Busses schlängeln. Man fährt mit solchen Bussen, die es in Größen bis 50 Personen gibt, durch das kalifornische »Wine Country« oder gemeinsam zu einem Event.

Was jetzt noch fehlt ist –

Die Oase

Sie ist eine Zuflucht, die Chill-Gefühle in einer feindlichen, bedrängenden Umgebung ermöglicht. Was dabei als feindlich erscheint, ist eine Sache der Perspektive. Raucher stoßen heute in Restaurants und öffentlichen Bereichen auf breite Ablehnung. Eine Zeitlang konnte man auf Flughäfen sehen, wie die Unverbesserlichen in abschreckende Glaskäfige verbannt wurden, wo sie, aus- und bloßgestellt, ihrem Laster frönten. Heute sorgen auf Flughäfen und zunehmend in großen Malls, wie »Tokio Midtown«, durchdesignte Raucherlounges für eine *Oase* der toleranten Akzeptanz für all jene, die ihr inneres Chill-Out durch den blauen Dunst suchen.

Als feindliche Umgebung erscheinen uns nicht selten die Parkhäuser, deren menschenverachtende Hässlichkeit oft nur noch durch ihre Enge und absurde Wegführung übertroffen wird. Die Firma »Carspaze« will mit ihren großformatigen Stimmungsbildern – mit integrierter Werbung – dieser Hässlichkeit den Kampf ansagen. Ein Parkhaus verwandelt sich in einen Wald, einen Strand: Chill für einen Augenblick.

Abb. 48 Carspaze

CHILL

Gefühlscocktails

Verwirrt starren die Teilnehmer an der Stadtrundfahrt auf das Dach des »Palais de Tokyo« in Paris. Dort oben leuchtet etwas Grünes. Was ist das? Zur selben Zeit auf dem Dach stößt ein junges Paar auf Hochzeitsreise mit einem Glas Champagner an, während sie entspannt auf dem weißen Ledersofa liegen. Der Ausblick auf den Eiffelturm und über die Dächer von Paris ist grandios. Weit geht der Blick in die Ferne. Wie auf dem Meer oder hoch oben im Gebirge hat der weite Blick über die Dachlandschaft einer Stadt etwas Erhabenes. Wenn der Fernblick dann noch mit einem entspannenden Liegeerlebnis verbunden ist, entsteht ein unwiderstehlicher Cocktail zweier Hochgefühle: Glory & Chill.

Abb. 49 Hotel Everland

Die Schweizer Künstler Sabina Lang und Daniel Baumann haben mit ihrem »Hotel Everland«, das aus einem einzigen langgezogenen Zimmer mit Lounge, Schlafbereich und Bad besteht, eine Kunstinstallation erdacht, die auch als Hotelerlebnis höchst erfolgreich war. »Everland« stand anlässlich der Expo 02 zuerst im schweizerischen Yverdon direkt an einem See. Dann schwebte das Gebilde in Leipzig auf einem klassizistischen Palais, um schließlich für eineinhalb Jahre über den Dächern von Paris zu landen. Da Glory und Chill zwei

Hochgefühle sind, die beide ruhig machen, ergänzen sie einander im »Everland« auf perfekte Weise.

Die Kombination von erhabenem Fernblick und entspannendem Liegen steht in der Tradition der Aussichtsterrassen in den europäischen Alpen. Die Terrasse bot den Blick auf die grandiose Bergwelt und provozierte Glory-Gefühle. Der Liegestuhl auf der Terrasse erlaubte entspannende Chill-Gefühle in der Sonne. Dieser Gefühlscocktail ist daher –

Das Alpen-Prinzip (Glory & Chill)

Es ist ein wunderschöner Nachmittag in den Alpen. Obwohl es kalt ist, scheint hier, im Tiroler Obergurgel, die Sonne. Wir sind in 3.000 m Höhe auf einer Berghütte aus Stahl und Glas. Der »Top Mountain Star« klebt wie ein chinesischer Pavillon auf den Felsen. Unser Blick geht, über die erhabenen Berggipfel hinweg, unendlich tief in die Ferne. Zur Aufwertung des Glory-Gefühls hat man funkelnde Swarovsky-Kristalle eingebaut. Entspannt lehnen wir an der schmalen Glastheke, die wie ein Saum die Aussichtsterrasse umgibt. Ein Obstler in der Kälte erzeugt wohlige Wärme – *Glory & Chill* sind in den Alpen die Antithese zu den Power-Gefühlen durch Skifahren im Winter und Alpen-Achterbahnen im Sommer. Auch die *Glory-Chill-Kombination* hat inzwischen zahlreiche Inszenierungen hervorgebracht. Besonders schön sind die Aussichtsgondeln, die sich abends zu langsamen Spezialfahrten hinreißen lassen. Am besten macht es das schwebende Restaurant der Rigi-Bahnen in Weggis im Kanton Luzern, wo eine bis zum Boden verglaste Gondel ganz langsam über Berggipfel und See schwebt, innen wie ein Haubenrestaurant mit weiß gedeckten Tischen, schwebendes Glück für zwei Stunden.

Das typische Artefakt der *Glory-Chill-Kombination* stammt allerdings nicht aus den Alpen, sondern aus den Tropen, auch wenn es zunehmend in Griechenland und anderswo am Mittelmeer anzutreffen ist. Es ist der *Infinity Pool*, ein Swimmingpool, der einerseits total randlos ist und andererseits hoch oben über Meer oder Dschungel schwebt und die Illusion ermöglicht, quasi in den Himmel hinaus zu schwimmen.

Abb. 50 Infinity Pool, Alila Hotel, Ubud Bali

Das »Alila Hotel« im Künstlerdorf Ubud liegt nicht am Meer, sondern thront über dem Dschungel Balis. Über den Pool schreibt man im Hotel: »The water's surface seems to flow endlessly through the terraced jungle and reach up to the sky.« Mehr und mehr entstehen nun auch weitere Varianten des Infinity Pools. *Tagesbetten* schweben auf wunderbaren, frei stehenden Terrassen über dem Meer, wie in »Fregate Island« auf den Seychellen, wo auch die Whirlpools im Himmel fliegen.

Das Rough-Luxe-Prinzip [Power & Chill]

Alle Konsumenten wurden in den letzten dreißig Jahren mit derart viel Glamour konfrontiert, dass jetzt die Sehnsucht nach dem »Weniger« überall spürbar wird. Slow Food mit einfachen, aber geschmacksintensiven Zutaten gilt mehr als Luxusessen, und im Shop wollen die Menschen statt poliertem Marmor und spiegelndem Messing ursprüngliche, haptisch spürbare Materialien erleben, um wieder »runterzukommen«. Wer heute nach London oder New York zu einer Shopping Tour fährt, wird verblüfft feststellen, dass gut die Hälfte aller Geschäfte ihre Klamotten vor rauen, unverputzten Wänden präsentieren, dass Wellblech und Edelrost, dass Ziegel und einfache Holzkisten plötzlich überall zum Gestaltungsinventar gehören.

Der Kern aller Chill-Inszenierungen ist die Entlastung, nach der wir uns sehnen. Das Rough-Luxe-Prinzip erfüllt diese Sehnsucht in besonders sinnlicher Weise. Namensgeber ist das 2008 von Rabih Hage im Londoner Stadtteil St. Pancras designte Rough Luxe Hotel. Der Architekt und Designer mit irakischen Wurzeln legt die Tapetengeschichte des alten Gebäudes bloß, zeigt neben einer zerrissenen Uralt-Tapete aus den zwanziger Jahren eine abgeschabte Tapete aus den vierziger Jahren, voneinander getrennt durch einen zarten Goldstreifen. Abgeblättertes Mauerwerk rahmt eine freistehende Badewanne, die Zimmer sind winzig, die Gäste aus der Modebranche, aus der Werbung, den Medien, Glamour-Arbeiter, die sich wenigstens in der Nacht in den eigenen vier Wänden, die sie temporär bewohnen, mit einem entlastenden Environment umgeben wollen (www.roughluxe.co.uk).

Was im Rough Luxe Hotel begann, sprang schnell in die Welt der Ladengestaltung über. Erst waren es die Jeans-Läden, die raue Wände verwendeten, um die taktile Haptik der rauen Hosen stärker spürbar zu machen. Diesel baute in der Carnaby Street einen Flagship Store mit abgebrannten, abgebeizten Holzfassaden. Levis baute in der Regent Street einen Laden mit rauen Ziegelwänden inklusive herausgeschlagenen Löchern. Schließlich, der Höhepunkt: Dover Street Market, Concept Store über fünf Ebenen der japanischen Marke Comme des Garçons. Eine Kassenzone ist eine Wellblechhütte, Räume entstehen durch eine Konstruktion aus Metallzwingen, Spanplatten und Metallrohre sind bestimmende Gestaltungsmittel für die hochpreisige Ware mit Kultcharakter (www.doverstreetmarket.com).

Heute findet man Rough-Luxe-Inszenierungen auf der ganzen Welt. Allen gemeinsam ist der Gefühlscocktail aus Power & Chill. Chillig ist der entlastende Charakter scheinbar minderwertiger Materialien, die natürlich in Wirklichkeit hochwertig verarbeitet sind, sauber und sicher. Power ist das Kraftgefühl, das vom Spüren der Rauheit, der Schwere des Metalls, vom Harten und Männlichen im Material ausgeht, in das wir uns durch unsere Spiegelneuronen einfühlen und es emphatisch erleben können. So steht in Shanghai das Waterhouse Hotel mit einer atemberaubenden Atriumslobby mit brutal aufgerissenen Betonwänden, monumental, aber ein weißer Kronleuchter hängt davor, am Dach, schließlich, der Edelrost der grandiosen Bar, freier Blick auf die Lichter der Wolkenkratzer am Fluß.

Wem das allzu männlich ist – längst gibt es zur Gegenbewegung auch wieder die Gegenbewegung. Das Urban Knitting verbindet Joy & Chill und vereint Frauen in Skandinavien und Amerika beim Häkeln – erst in Handarbeitsläden zum Kaffee, dann heimlich in den Straßen. Sie häkeln alles zu, was Power hat und männlich ist, machen unsere allzu harten Städte weich. Metallene Statuen werden mit bunter, weicher Wolle umhäkelt, Metallgeländer von Brücken, Londoner Telefonzellen, abgestellte Fahrräder, ein Auto, ein Panzer. Wir lächeln selig ob der Guerilla Aktionen, die Akademikerinnen nachts durch die Straßen schleichen lassen. Die Evolution bahnt sich ihren Weg. Was zu übermächtig und Glory war, wurde durch Power & Chill entspannt, – was zu hart ist, wird durch Joy & Chill weichgespült.

Chill
Das Entspannende

> Chill ist regenerative und produktive Trägheit
> Chill ist Entspannung durch Entlastung

PSYCHOLOGIE
Auslösen:
> Durch Verdünnung reduziert sich die Reizintensität
> Verdünnung heißt langsamer, leiser, einfacher, kühler

Einfühlen:
> Durch demonstrative Selbstentspannung verstärken wir Chill
> Wir legen auf irgendeine Weise die Beine hoch

Nachwirken:
> Das Ziel von Chill ist, runterzukommen
> Stress-Cortisol wird reduziert, Chill-Endovalium aktiviert

DRAMATURGIE
Das Bett:
> ermöglicht maximale Muskelentspannung

Das Nest:
> ermöglicht geschützte Entspannung

Die Oase:
❯ ermöglicht Chill in einer bedrängenden Umgebung

GEFÜHLSCOCKTAILS

Das Alpen-Prinzip (Glory & Chill):
❯ kombiniert erhabenen Fernblick und entspannendes Chill

Das Rough-Luxe-Prinzip (Power & Chill):
❯ kombiniert kraftvolle Haptik mit entlastenden Materialien

HOMO AESTHETICUS
»Ich fühle, also bin ich«

Es waren ausgerechnet die Kognitiven Psychologen, eigentlich beschäftigt mit der Erforschung des Denkens, die der Welt bewiesen, dass kein einziger Gedanke ohne Gefühle existieren kann. Gefühle produzieren die Lebensvitalität im Hier und Jetzt. Gefühle ermöglichen aber auch Erinnerungen, die uns Identität und persönliche Geschichte geben. »Ich denke, also bin ich«, schrieb der Philosoph und Naturwissenschaftler René Descartes im 17. Jahrhundert. »Ich fühle, also bin ich«, schrieb der Kognitive Psychologe António Damasio im 20. Jahrhundert.

Mehr und mehr wird klar, dass die großen Gefühle unsere Welt formen und dafür verantwortlich sind, dass die Welt so aussieht, wie sie aussieht. Die Sehnsucht nach dem Glory-

Gefühl hat die französischen Kathedralen und die japanischen Bergtempel genauso hervorgebracht wie Konsumtempel und Aussichtsplattformen über den Berggipfeln.

»Dass ich erkenne, was die Welt im Innersten zusammenhält«, so beschrieb Goethe im »Faust« das tiefe Verlangen, den Lebensmotor auf unserem Planeten zu identifizieren. »Money makes the world go round«, heißt es im Musical »Cabaret«. Doch es sind nicht nur Macht, Besitz, Ideen und Werte, die unserer Lebenswelt eine Klammer geben, es sind auch die großen Gefühle. Sie sind unser gemeinsamer Nenner, etwas, was das Menschsein auch und ganz wesentlich ausmacht. »Es durchdringt uns, es umgibt uns, es hält die Galaxis zusammen«, sagt Obi Wan Kenobi in »Star Wars«. Alle Menschen, ob in New York oder im Dschungel am Ende der Welt, wollen Joy-Gefühle erleben und den überbordenden Sinnesrausch genießen, den die farbenfrohen Feste in Indien und Südamerika ebenso auslösen wie die Lichtführung bei Abercrombie & Fitch. Das Freudestrahlen – Glücksverstärker aller Joy-Gefühle – ist universal.

Wir Menschen sind nicht nur »Homo sapiens« – der weise, denkende Mensch – und auch mehr als nur »Homo ludens« – der spielende Mensch –, wir sind auch »Homo aestheticus« – der Mensch verrückt nach Schönheit, nach dem intensiven Erlebnis, nach dem Hochgefühl, ausgelöst durch die gestaltete Welt. Der Homo aestheticus steht dem ästhetischen Reiz nicht passiv gegenüber, er verstärkt ihn durch sein Verhalten. Dieses Verstärkerverhalten ist das Indiz, dass wir das Erlebnis wirklich brauchen. Wir nehmen es uns aktiv, fühlen uns ein, damit es noch stärker wird, bauen die Reizreaktion zum Hochgefühl aus.

HOMO AESTHETICUS 253

Abb. 51
Wir machen uns innerlich weit, um die Erhabenheit des Glory-Gefühls noch intensiver zu spüren.

Abb. 52
Wir strahlen, um den Freudentaumel der Joy-Gefühle zu verstärken.

Abb. 53
Mit einer Geste des Triumphs erhöhen wir die Kraftstärke des Power-Gefühls.

Abb. 54
Wir feiern die Raffinesse einer Leistung, um das Bravour-Gefühl zu verstärken.

Abb. 55
Wir liebäugeln mit dem Objekt der Begierde, um es dadurch noch umso mehr zu begehren.

Abb. 56
Wir geben uns verzückt dem Intensity-Gefühl hin, um es so in seiner ganzen Schönheit zu erleben.

HOMO AESTHETICUS

Abb. 57
Durch demonstrative Selbstentspannung verwandeln wir die Trägheit in das entspannende Chill-Gefühl.

Hochgefühle in Museen, in einem Laden, im Blick auf eine gestaltete Stadt, bei einem Strandverkäufer, in einer Mall, auf einem Messestand. Die Hochgefühle – sie sind überall. Sie sind Bestandteil einer Universaldramaturgie des Erlebens, einer Dramaturgie der Wirkungssteigerung.

Danke

Wem danke ich zuerst? Der Familie, die sich jahrelang anhören musste »Ich kann jetzt nicht, ich muss am Buch arbeiten«? Dem Verleger, der seinem Autor vertraut, dass er einen Longseller schreibt, der nicht nur ein kurzes Feuerwerk entfacht, sondern für immer in den Buchregalen steht?

Als 1992 eine Studentin in meiner Psychologie-Vorlesung eine brillante Analyse französischer Plakat- und Printwerbung vorlegte, sagte ich ohne nachzudenken: »Ich habe mich noch nie so gut verstanden gefühlt.« Gestern hatten wir unseren elften Hochzeitstag. Denise und unser zehnjähriger Sohn sind nicht nur Leidtragende dieses Buchs. Denise hat selbst vor Jahren einen Klassiker der Experience Economy geschrieben, Julian kennt vieles, was auf drei Kontinenten einen Buben von neun Jahren fasziniert. Trotzdem ist es schön, sagen zu können: Ich bin wieder zurück.

Alles begann mit meiner Mutter Inge Mikunda und mit Elisabeth Schallerbauer, die als Ziehmutter meine Mutter aufzog und eigentlich auch mich. Wir liebten Spektakel jeder Art: die Wiener Internationale Gartenschau von 1964 und das große Feuerwerk dort – wir brauchten, ohne Auto, Stunden, um nachts nach Hause zu kommen. Die Hochgefühle aber, die habe ich damals lieben gelernt.

Heute habe ich Auftraggeber, die mich sogar dafür bezahlen. Leo Fellinger von Porsche Austria schickt Denise und mich seit rund fünfzehn Jahren um die Welt. Mit an Bord ist immer Bertl Egger, der Besitzer von Geo Reisen, der uns die Teilnahme am Karneval in Rio ermöglichte und bis zum Morgengrauen mit uns tanzte. Ähnlich ist es mit Reinhard Peneder von Umdasch Shop-Concept. Er hat unsere Lernexpeditionen, die oft nur wenige Tage nach ihrer Bekanntgabe ausgebucht sind, zum Hype gemacht. Regula Wirth, von Umdasch Schweiz, wurde zu einer Freundin, die unsere komplexen Touren produziert und mitlebt. Ihr Beitrag am Zustandekommen dieser Theorie ist nicht hoch genug einzuschätzen.

Peter und Oliver Vitouch, Vater und Sohn und beide Universitätsprofessoren, haben mir psychologische, Dr. Erich Dworak, Dramaturg und Pianist, hat mir musikwissenschaftliche Rückendeckung gegeben. Joachim Traun, mein wichtigster wissenschaftlicher und kreativer Mitarbeiter, hat viele Abbildungen dieses Buchs gefunden und technisch produziert. Denise hat die unglaublich schwierige Rechtsklärung der Abbildungen gemacht. Alex Vesely – eigentlich Filmemacher und Psychotherapeut – und Stephanie Kumhofer – die mit meinem Sohn zeichnet, seit er ein Jahr alt ist – haben die Zeichnungen gemacht. Ursula Artmann war, wie immer, meine Lektorin, und wie immer haben wir einander wunderbar verstanden. Nie wieder will ich eine andere Lektorin haben.

Mein Verleger Jürgen Diessl zeichnet seine E-Mails »mit erlesenen Grüßen«. Und, wie wunderbar: Wer sein privates Sommerfest besucht, erhält später ein E-Mail mit einer Liste der Cocktails, die einem besonders behagten. Mit derselben Aufmerksamkeit und Hingabe macht Jürgen Diessl Bücher und kennt seine Autoren.

Über mich

Filme habe ich immer schon gemacht, hinter den Kulissen am Theater bin ich, seitdem ich vierzehn war. Nach der Promotion in Theater- und Medienwissenschaft wurde ich für zwölf Jahre Fernsehjournalist. Später trainierte ich auch meine Kollegen vom Fernsehen, denn ich wollte ihnen erklären, was hinter den Gefühlen steckt, die ihr Publikum von ihnen erträumt.

Plötzlich, über Nacht, war ich Gastprofessor in Tübingen. Seit 20 Jahren lehre ich vor allem an der Universität Wien, seit kurzem auch an der Wiener Sigmund Freud Privatuniversität, unterrichtete auch in München, Salzburg, als Gastprofessor in Klagenfurt. Als Guest Speaker durfte ich an der Harvard University in Boston sprechen (am Strand trage ich noch manchmal das Harvard-T-Shirt).

Die Erlebnisse, die ich bei Film und Fernsehen geliebt hatte, waren eines Tages im öffentlichen Raum, und ich war nun ein Theoretiker der »Experience Economy«, der als Berater und Entwickler zugleich auch in der Praxis war. Wir haben an Brandlands mitgearbeitet, Shops und Shopping Malls entwickelt, ein Museum und ein Opernhaus gerettet, Gated Communitys erfunden, Innenstädte, Hotels und einen großen Reiseveranstalter beraten. Wichtigster Partner, neben Denise, ist seit vielen Jahren der renommierte Bühnenbildner Jürgen Hassler. Wenn wir zusammen an einem Projekt denken, fühlt sich das nie nach Arbeit an. Es ist vollkommen leicht und stressfrei und immer ein Vergnügen.

In Kuala Lumpur, in einer schlecht gemachten Mall am Stadtrand, flüchte ich, wie oft, in eine Buchhandlung und sehe dort überrascht zwei Exemplare meiner Bücher. Bislang erschienen sind Ausgaben auf Deutsch, Chinesisch, Englisch, Koreanisch. Stolz kaufe ich ein Exemplar. »I am the author«, sage ich an der Kasse. »Do you have a customer card?«, antwortet man mir ungerührt.

www.mikunda.com

ADRESSEN

@home Café:
Don Quijote Building,
4-3-3 Sotokanda, Tokio
www.cafe-athome.com

96 Hours:
Pop up Store von Diesel

A

ABC Cooking Studio plus
international: tokio Midtown,
Roppongi, Tokio
www.abc-cooking.co.jp/srv/

Abercrombie & Fitch:
720 5th Avenue, 10019 New York
www.abercrombie.com

Afrika! Afrika!:
www.afrika-afrika.com

Agent Provocateur:
www.agentprovocateur.com

Ägyptischer Basar:
Misir Çarsisi, Istanbul

Airrofan:
A-6212 Maurach am Achensee,
www.rofanseilbahn.at/

Alexa:
Am Alexanderplatz, D-10179 Berlin
www.alexacentre.com

Alila Hotel, Ubud, Bali:
www.alilahotels.com/ubud

Alpine Coaster:
Hoch Imst 19, A-6460 Imst
www.alpine-coaster.at

AlZone:
Mall of the Emirates, Dubai

American Girl Place:
609 5th Avenue, 10017 New York
www.americangirl.com

Apple Manhattan:
767 Fifth Ave. New York
www.apple.com/retail/fifthavenue

Apple Store:
235 Regent Street,
W1B 2EL London
www.apple.com/uk/retail/regentstreet

Arabian Adventures: Dubai
www.arabian-adventures.com

Art4Room, Wien:
Praterstraße 9, A-1020 Wien
www.art4room.com

Askhenazy, Vladimir:
www.vladimirashkenazy.com

Atlantis The Palm:
the Palm, Dubai
ww.atlantisthepalm.com

Atrio:
Kärntner Straße 34,
A-9500 Villach
www.atrio.at

B

Bäckermeister Blesgen, Bonn:
Knauber Freizeitmarkt Bonn
Endenicher Straße 120-140,
D-53115 Bonn
www.blesgen-1873.de

Bape: The bathing ape:
Shibuya, Tokio

Barneys New York:
The Shoppes at The Palazzo 3325
Las Vegas Boulevard, Las Vegas
www.barneys.com

Bauman Rare Books:
The Shoppes at Palazzo, Las Vegas
www.baumanrarebooks.com

Beija Flor de Nilópolis:
www.beija-flor.com.br

Bellagio Hotel:
3600 Las Vegas Blvd S, Las Vegas
www.bellagio.com

Bernstein, Leonard:
www.leonardbernstein.com

ADRESSEN

Best Mens Wear Dublin:
www.bestsmenswear.com

Blackout: www.blackout.ch

Blanc, Patrick:
www.verticalgardenpatrickblanc.com

Bly, Robert: www.robertbly.com

BMW- Welt:
Am Olympiapark 1,
D-80809 München
www.bmw-welt.com

Bnevertoobusytobebeautiful:
Rotenturmstrasse 14,
A-1010 Wien
www.bnevertoobusytobebeautiful.at

Book Crossing:
www.bookcrossing.com

Boyle, Susan:
www.susan-boyle.com

Breuninger:
Marktstraße 1, D-70173 Stuttgart
www.breuninger.de

Britains Got Talent:
www.talent.itv.com

Bullring: Birmingham, UK
www.bullring.co.uk

Burj al Arab: Dubai
www.jumeirah.com

Burj Dubai: www.burjdubai.com

BurJuman: Dubai
www.burjuman.com

C

Caesars Palace: Las Vegas Blvd
www.caesarspalace.com

Carspaze: www.carspaze.com

CAT, New York, Meow

Chanel: 5-3,
Ginza 3-chome Chuo-ku, Tokio,
www.chanel-ginza.com

Christian Louboutin:
www.christianlouboutin.com

Chrome Hearts:
the Forum Shops at Caesars,
Las Vegas
www.chromehearts.com

Citroen:
Champs Élysées 42, Paris
www.c42.fr/en

Ciudad de los Ninos:
Santa Fe Shopping Mall,
Mexico City
www.laciudaddelosninos.com

Conran, Sir Terence:
www.conran.com

Crocs: www.crocs.com

Cube Hotels: www.cube-hotels.com

D

Diesel: www.cult.diesel.com

Dover Street Market:
www.doverstreetmarket.com

Dubai Mall:
www.thedubaimall.com

E

Edo Museum Fukugawa:
1-3-28 Shirakawa, Koto-ku, Tokio
www.kcf.or.jp/fukagawa/
english.html

Eiffelturm: Paris,
www.tour-eiffel.fr

Emirates First Class:
www.emirates.com

Esprit, Genf: www.esprit.com

Eye of London:
www.londoneye.com

ADRESSEN

F

Faena Hotel & Universe:
Marta Salotti 445,
Puerto Madero, Buenos Aires
www.faenahotelanduniverse.com

Ferry Building Marketplace,
San Francisco:
One Ferry Building, San Francisco
www.ferrybuildingmarketplace.com

Forum Shops At Caesars Palace:
3500 Las Vegas Blvd, Las Vegas

Fregate Island, Seychellen:
www.fregate.com

Fuksas, Massimiliano:
www.fuksas.it

G

Galzig Bahn:
www.galzigbahn.at

Gea: www.gea.at

Gehry, Frank: www.foga.com

Globetrotter:
Olivandenhof, Richmodstraße 10,
D-50667 Köln
www.globetrotter.de

Goldsouk Dubai:
www.dubaigoldsouk.com

Grace Cathedral:
3-9-14 Kita Aoyama,
Minato-ku, Tokio
www.st-grace.com

Green T. House:
No. 6 Gongtixilu Chaoyang, Peking
www.green-t-house.com

Grimaud, Hélène:
www.helenegrimaud.com

Guarani: www.guarani-indianer.de

Guggenheim Bilbao:
Abandoibarra Et. 2, Bilbao
www.guggenheim-bilbao.es

H

Hassler, Jürgen:
www.hassler-entertainment.de

Heller, André:
www.andreheller.com

Hochhauswelten:
1999/2000, Symposium von
Kahouse

Hollmann Beletage:
Köllnerhofgasse 6, A-1010 Wien
www.hollmann-beletage.at

Hotel Everland, Paris:
www.everland.ch

Hotel Sacher:
Philharmonikastraße 4,
A-1010 Wien
www.sacher.com

Hotel Vitale, San Francisco:
8 Mission Street, San Francisco
www.hotelvitale.com

House Attack:
Installation von Erwin Wurm
im MUMOK 2006

Hudson Hotel, New York:
356 W. 58th St, New York
www.hudsonhotel.com

Hugendubel Ulm:
Hirschstrasse 26-30, D-89073 Ulm,
www.hugendubel.de

Hussel: www.hussel.de

Hysteric Glamour, Tokio:
www.hystericglamour.jp

I

Iguazu:
www.iguazuargentina.com

IKEA: www.ikea.com

illy Pop up Café: Herbst 2007 im
Time Warner Center, New York

Isetan:
14-1 Shinjuku 3-chome,
Shinjuku, Tokyo
www.isetan.co.jp

J

Jean Philippe:
Bellagio Las Vegas
www.bellagio.com/restaurants/jean-philippe.aspx

K

Kahouse, Axel Gundlach:
www.kahouse.de

Kiki de Montparnasse:
www.kikidm.com

Klitschko, Vitali: www.klitschko.com

Kunsthistorisches Museum:
Burgring 5, A-1010 Wien
www.khm.at

Kušej, Martin: www.martinkusej.de

Küstenmacher, Marion und Werner:
www.simplifyyourlife.de

L

Lang Lang:
www.langlang.com

Las Vegas Hilton:
3000 Paradise Road, Las Vegas
www.lvhilton.com

Le Reve:
im Wynn Hotel Las Vegas
www.wynnlasvegas.com

Libeskind, Daniel:
www.daniel-libeskind.com

Limelight, New York:
47 West 20th Street, New York

Louis Vuitton von Aoki Jun:
Keyakizaka street,
Roppongi Hills, Tokio

Louis Vuitton:
www.louisvuitton.com

Love: im Mirage, Las Vegas
www.mirage.com,
www.cirquedusoleil.com/love

Lowen, Alexander:
www.lowenfoundation.com

Lucky Brand Jeans:
www.luckybrand.com

Lush: www.lush.com

M

M 32:
Mönchsberg 32, A-5020 Salzburg,
www.m32.at

MacGyver:
www.macgyver-infosite.de

Macuco Safari:
www.macucosafari.com.br

Madinat Jumeirah: Dubai,
www.jumeirah.com

Mall of Arabia: Dubai
www.cityofarabiame.com

Manor:
Bahnhofstrasse 75,
CH-8001 Zürich
www.manor.ch

Math Space:
Museumsquartier Wien
www.math.space.or.at

Media Lab: im MIT Boston,
www.media.mit.edu

Meierei im Stadtpark:
Am Heumarkt 2A,
A-1030 Wien www.steirereck.at

Meiji Shrine: Tokio
www.meijijingu.or.jp/english

Memoires: Wafi Center, Dubai
www.memoires.ae

ADRESSEN

Mercedes-Benz Museum:
Mercedesstraße 100,
D-70372 Stuttgart
www.museum-mercedes-benz.com

Michael K.:
512 Broadway, Soho New York

Mighty soxer:
Takeshita Dori, Harajuku, Tokio

Mikimoto 2:
2-4-12 Ginza, Chuo-ku, Tokio

Minopolis:
im Cineplexx Reichsbrücke,
Wagramerstraße 2, A-1220 Wien
www.minopolis.at

Mirage Hotel:
3400 Las Vegas Blvd, Las Vegas
www.mirage.com

Moths, Holger:
www.moths-architekten.de

Motoyama Milk Bar:
Roppongi Hills, Tokio
www.motoyamamilkbar.jp

Musée du Quais Branly:
37, quai branly, 75007 Paris
www.quaibranly.fr

Museum für Moderne Kunst
(Mumok): Museumsplatz 1,
A-1070 Wien www.mumok.at

Museumsquartier:
Museumsplatz 1, A-1070 Wien
www.mqw.at

MyZeil:
Zeil 106, D-60313 Frankfurt
www.myzeil.de

N

Neighborhood, Harajuku, Tokio:
www.neighborhood.jp

Nicolas G. Hayek Center:
7-9-18 Ginza, Tokio
www.swatchgroup.jp

Nouvel, Jean:
www.jeannouvel.com

O

Oasis of the Sea:
www.oasisoftheseas.com

Oliver, Jamie:
www.jamieoliver.com

Orchideenpark:
Püchlgasse 1A-1D, A-1190 Wien
www.orchideenpark.at

Outfit: Wynn Esplanade Las Vegas,
www.wynnlasvegas.com

P

Palazzo Las Vegas:
3255 Las Vegas Blvd, Las Vegas
www.palazzolasvegas.com

Palazzo Versace: Dubai
www.palazzoversace.ae

Palms Resort & Casino:
4321 W Flamingo Road, Las Vegas
www.palms.com

Panini:
www.paninionline.com/collectibles/institutional/de/at/

Paradis3 Motel: Messestand Sony Games Convention

Paris Gallery:
IBN Battuda Mall, Dubai
www.parisgallery.com

Paris Las Vegas:
www.parislasvegas.com

Petals: Wafi Center, Dubai

Pin Trading: Disney World
www.eventservices.disney.go.com/pintrading/index

Pink Ribbon: www.pinkribbon.org

Pokémon: www.pokemon.com

ADRESSEN

Porsche Leipzig:
Porschestr. 1, D-04158 Leipzig,
www.porsche-leipzig.com

Potts, Paul:
www.paulpottsofficial.com

Prada:
5-2-6 Minami-Aoyama
Minato-ku Tokio

Prix, Wolf D.:
www.coop-himmelblau.at

Q

QT Hotel:
125 West 45th Street, New York,
jetzt Grace Hotel
www.room-matehotels.com

R

Radio City Music Hall:
6th Avenue between 50th & 51th
Street, New York
www.radiocity.com

Recoleta, Buenos Aires:
www.recoletacemetery.com

Red dot Design Museum, Essen:
Gelsenkirchener Straße 181,
D-45309 Essen
www.red-dot.de

Reimann, Andreas:
www.andreas-reimann.com

Riefenstahl, Leni:
www.leni-riefenstahl.de

Rock'n'Roller Coaster Aerosmith:
Walt Disney Studio Park in Paris,
Disney's Hollywood Studios in Walt
Disney World in Orlando

Roppongi Hills, Tokio:
www.roppongihills.com/en/

Rough Luxe: www.roughluxe.co.uk

Royal Caribbean Cruise:
www.royalcaribbean.de

S

Salome, Richard Strauss:
www.richardstrauss.at

Salzgrotte, Wien:
www.salzgrotte.at

Selfridges:
400 Oxford Street, London
www.selfridges.com

Shopville, Zürich:
Kasernenstrasse 101, Zürich
www.railcity.ch

Singapore Airlines,
First Class Suites:
www.singaporeair.com

Singapur Flyer:
7 Raffles Ave, 039799 Singapur
www.singaporeflyer.com.sg

Skopik und Lohn:
Leopoldsgasse 17, A-1020 Wien
www.skopikundlohn.at

Skyaquarium, Tokio:
Mori Tower in Roppongi Hills, Tokio
www.roppongihills.com/jp/events/
tcv_skyaquarium.html

Skywalk: Grand Canion, Las Vegas
www.grandcanyonskywalk.com

Spice Girls:
www.thespicegirls.com

Sportfreunde Stiller:
www.sportfreunde-stiller.de

Stadion Center:
Olympiaplatz 2, A-1020 Wien
www.stadioncenter.at

Star Wars: www.starwars.com

Starck, Philippe: www.starck.com

Starhill Gallery:
Jalan Bukit Bintang, Kuala Lumpur
www.starhillgallery.com

Steiner, Otto:
www.steinersarnen.ch

ADRESSEN

Stomp: www.stomponline.com

Stourhead:
Wiltshire BA12 6QD, England
www.nationaltrust.org.uk/main/
w-stourhead

Supperclub: www.supperclub.com

SUSA:
Seans United Soccer Academy
susasoccervienna.com

T

Takashimaya Nihonbashi:
4-1, Nihonbashi Z-chome, Chuo-Ku, Tokyo 103-8265

Textil Souk Dubai:
Karama Shopping District,
Bur Dubai

The Gates von Christo:
Central Park New York
28. Februar – 11. März 2005
www.christojeanneclaude.net

THE One:
BurJuman Mall, Dubai
www.theoneplanet.com

The Palm Jumeirah: Dubai
www.thepalm.ae

Thun, Matteo:
www.matteothun.com

Todd's: 5-1-15 Jingumae,
Omotesando, Tokio

Tokio Midtown:
Roppongi, Tokio
www.tokyo-midtown.com/en

Top Mountain Star, Hochgurgl:
www.tophotelhochgurgl.com

Tower of Terror:
Disneyland Paris, Walt Disney
World Orlando, Disneyland Anaheim

U

Umdasch Shop-Concept:
www.umdasch-shop-concept.com

Uniqa Tower:
Untere Donaustraße 21, A-1020
Wien www.tower.uniqa.at

V

Versace Hotel, Dubai:
www.palazzoversace.ae/

Victorias Secret:
www.victoriassecret.com

W

Wafi Center: Dubai
www.wafi.com

Walt Disney World: Orlando
www.disneyworld.disney.go.com

Waterfalls by Olafur Eliasson:
26. Juni bis 13. Oktober 2008
www.nycwaterfalls.org

Westside:
Riedbachstrasse 100, CH-3027 Bern
www.westside.ch

Whole Foods Market:
10 Columbus Circle, New York
www.wholefoodsmarket.com

wieWien:
Kettenbrückengasse 5, A-1050 Wien
www.wiewien.at

Will.i.am:
www.will-i-am.blackeyedpeas.com

Wonder Rocket,
Takeshita Dori Tokio

Wynn:
3131 Las Vegas Blvd, Las Vegas
www.wynnlasvegas.com

Y

Yoh! Sushi: www.yosushi.com

Yotel: www.yotel.com

ABBILDUNGEN

Abb. 1: Roadrage, Foto: Dr. Christian Mikunda; Becker-Faust ©Bongarts/Getty Images

Abb. 2: Strandhändler, Copacabana, Foto links: Dr. Christian Mikunda; Foto rechts: ©Dr. Gene Young

Abb. 3: House Attack von Erwin Wurm, ©VG Bild-Kunst, Bonn 2009

Abb. 4: Hélène Grimaud, Foto oben links: ©dfd Deutscher Fotodienst; Foto oben rechts: ©AFP/Getty Images

Abb. 5: Claude Lorrain »Aeneas auf Delos« ©the National Gallery, London; Tintern Abbey Claude Mirror webcam, claudemirror.com ©Alex Mac Kay; Henry Hoare Stourhead Garten, CC-Lizenz auf Wikipedia von: »lechona«

Abb. 6: Hugendubel, Ulm, Foto: Dr. Christian Mikunda; Selbstentspannung ©jupiterimages

Abb. 7: VW Touareg, symbolische Einfühlung, Wien ©Leopold Fellinger

Abb. 8: Erhobene Arme als Glücksverstärker, Iguazu, Fotos: Dr. Christian Mikunda

Abb. 9: Star Wars: Episode IV - A New Hope ©1977 & 1997 Lucasfilm Ltd; Triumph des Willens 1934 ©akg-images

Abb. 10: Doormen in Dubai, Fotos: Dr. Christian Mikunda

Abb. 11: Cristo Redentor, Rio de Janeiro, Foto: Dr. Christian Mikunda; Fußballer Kempe ©picture alliance; erhabene Wüste, Foto: Dr. Christian Mikunda

Abb. 12: Portara in Naxos und Shop im Wafi Center, Fotos: Dr. Christian Mikunda

Abb. 13: Museum Niteroi: A view from Rio de Janeiro over the bay to Niterói in full sunlight, CC-Lizenz auf Wikipedia von »Phx. de«; Porsche Leipzig Kundenzentrum ©Porsche Leipzig Gmbh

Abb. 14: Bramme, Essen, Foto oben links: CC-Lizenz Christine Keinath; Waterfalls, New York, Foto oben r.: ©Rollingrck@flickr; Galzig Bahn, Foto unten ©Arlberger Bergbahnen AG

Abb. 15: Radio City Music Hall, New York, ©Radio City Music Hall; Karlsruhe Kupferstich von Christian Thran 1739 ©Stadtarchiv Karlsruhe 8/PBS oXIV 15; Douglas, Wien, Foto: Dr. Christian Mikunda

Abb. 16: Textilsouk Dubai und THE One in BurJuman, Dubai, Fotos: Dr. Christian Mikunda

Abb. 17: Grünes Gewölbe: Fünf Straußen, Elias Geyer ©Staatliche Kunstsammlungen Dresden, Foto: Jürgen Karpinski; wieWien Sängerknaben ©wieWien

Abb. 18: Freudestrahlen, ©Samantha Schulz

Abb. 19: Geordnete Überfülle, alle Fotos: Dr. Christian Mikunda

Abb. 20: Auf Recherche im »Maid-Café«, Tokio, Foto links: Dr. Christian Mikunda; Foto rechts: ©@home café

Abb. 21: Hollmann Beletage, Wien ©Hollmann Beletage

Abb. 22: Showrooms im Cube Savognin ©cube hotels

Abb. 23: BurJuman, Dubai ©BurJuman; Crocs Stand, Foto: Dr. Christian Mikunda

Abb. 24: Rucksackbomber ©Getty Images; Ghostbusters ©akg-images

Abb. 25: Messe Birmingham, Foto: Dr. Christian Mikunda

Abb. 26: Liste der möglichen Pokémon-Attacken, Quelle: www.bisafans.de

Abb. 27: Kongress Hochhauswelten ©kahouse

Abb. 28: Chaos Gea-Regal von Georg Doblhammer ©gea

Abb. 29: Kreisel-Bravour mit Verstärker-Applaus in Tokio, Fotos: Dr. Christian Mikunda

Abb. 30: Ratiocination, Fotos: Dr. Christian Mikunda

Abb. 31: »96 Hours« in Wien, Fotos: Dr. Christian Mikunda

Abb. 32: MyZeil ©Palais Quartier GmbH & Co.KG

Abb. 33: Atrio, ©Steiner Sarnen Schweiz

Abb. 34: Verkäufer mit Hut in Tokio, Fotos: Dr. Christian Mikunda

Abb. 35: Japanische Melonen in Pyramiden- und Würfelform; Gürtel als Knoten bei Blackout, Fotos: Dr. Christian Mikunda

Abb. 36: Lechz ©Mag. Alex Vesely; Riesenamethysten in Brasilien, Foto: Dr. Christian Mikunda

ABBILDUNGEN

Abb. 37: Prada, Omotesando, Tokio, Fotos: Dr. Christian Mikunda; Apple Store Manhattan, New York CC-Lizenz: Mack Male

Abb. 38: »Kanizsa Dreieck« aus Gaetano Kanizsa, »Margini quasi-percettivi in campi con stimolazione omogenea«, in: Rivista di Psicologia 1955

Abb. 39: Visuelles Gewicht, Graphiken: Erhard Wanderer

Abb. 40: Canaletto-Blick Dresden ©Wolfgang Mehlis; Landschaftspark Stourhead, Foto: Christian Mikunda

Abb. 41: Esprit Genf ©Esprit, Best Mens Wear Dublin ©Umdasch-Shop-Concept GmbH

Abb. 42: Cognitive Map von Paris, Grafik: Dr. Karin Taylor

Abb. 43: Akasaka / Roppongi Hills, Tokio, Fotos: Dr. Christian Mikunda

Abb. 44: Provokante Schaufenster in Tokio, Fotos: Dr. Christian Mikunda

Abb. 45: Bäckereimeister Blesgen, Fotos: Dr. Christian Mikunda

Abb. 46: Stadion Center Sitzschleife, Wien ©Jürgen Hassler & Dr. Christian Mikunda

Abb. 47: Enzis Museumsquartier ©Lisi Gradnitzer & MQ Errichtungs- und BetriebsgesmbH

Abb. 48: Carspaze ©Monfort Werbung GmbH

Abb. 49: Hotel Everland 2007-2009 Palais de Tokyo, Paris ©l/b, Sabina Lang, Daniel Baumann

Abb. 50: Infinity Pool, Alila Hotel, Ubud Bali, CC-Lizenz: Sean McGrath

Abb. 51: Erhobene Arme, Foto: Dr. Christian Mikunda; BurJuman, Dubai ©BurJuman

Abb. 52: Freudestrahlen, ©Samantha Schulz; Hussel, Foto: Dr. Christian Mikunda

Abb. 53: Boris Becker ©Bongarts/Getty Images; Touareg, Wien ©Leopold Fellinger

Abb. 54: Applaus CC-Lizenz: Gary Knight; Musée du Quai Branly, Foto: Dr. Christian Mikunda

Abb. 55: Liebäugeln ©Mag. Alex Vesely; Strandhändler ©Dr. Gene Young

Abb. 56: Hélène Grimaud ©AFP/Getty Images, Canaletto-Blick Dresden ©Wolfgang Mehlis

Abb. 57: Selbstentspannung ©fotosearch; Enzis im Museumsquartier ©Lisi Gradnitzer & MQ Errichtungs- und BetriebsgesmbH

Im Farbteil:

FT 1: Wald und Bergsee im Globetrotter Flagship Store, Köln ©Globetrotter

FT 2: Die Säulenhalle »La Catedral« im Faena Hotel, Buenos Aires ©Faena Hotel & Universe

FT 3: Eisfall mit Liftgruppe im Stadion Center, Wien ©Jürgen Hassler

FT 4: B Never too busy to be Beautiful Store, Wien ©Lush Ltd; als Gastakteur bei der Karnevalstruppe »Beijaflor«, Rio 2009, Foto: Dr. Christian Mikunda

FT 5: Memoires im Wafi Center, Dubai, Foto: Dr. Christian Mikunda

FT 6: Fliegende Motoren (Foto: Dr. Christian Mikunda) und Atrium im Mercedes-Benz Museum, Stuttgart ©Daimler AG

FT 7: Kuppel und Deckenwelle im BurJuman, Dubai, Foto: Dr. Christian Mikunda

FT 8: Macucu Boote, Iguazu und Dune Bashing, Dubai, Fotos: Dr. Christian Mikunda; Volcano Mirage Hotel, Las Vegas ©Serge Melki

FT 9: Grand Canyon Skywalk ©Grand Canyon Skywalk Development LLC

FT 10: Vertikaler Garten auf der Fassade des Musée du Quai Branly, Paris, Foto: Dr. Christian Mikunda

FT 11: Yotel Hotels: Hotelflur ©yotel; Premium Cabin ©Morley von Sternberg für conran&partners; Standard Cabin ©yotel

FT 12: Ägyptischer Basar, Istanbul, Fotos: Dr. Christian Mikunda

FT 13: »Barneys New York« im »The Shoppes at the Palazzo«, Las Vegas, Fotos: Dr. Christian Mikunda

FT 14: »Sky Aquarium« in »Roppongi Hills«, Tokio, Fotos: Dr. Christian Mikunda

FT 15: »Reddot Design Museum« auf Zeche Zollverein, Essen ©Simon Bierwald für red dot

FT 16: LED-Videokacheln und LED-Leuchtbänder im Stadion Center, Wien ©Jürgen Hassler

SACHREGISTER

A
Acetylcholin 45, 148, 169
Afrika-Prinzip 166, 168f.
Agogik 35, 213
Airbus 380, 241
Alpen-Prinzip 244, 247
Akasaka 223
Akihabara 100
Alegría 89
Aoyama 189, 224, 259, 261
Apotheose 56, 71, 72, 74, 79, 164, 180
Applaus 28, 144, 148f., 161, 166, 168, 173, 214
Arouse 178, 181f., 191
Aurangabad 91

B
Balkonschiffe 240
Basar 84, 117, 176, 183, 186f., 204, 257
Becker-Faust 14, 24, 44, 123, 134, 139
Beijaflor 81f., 196
BMW-Welt München 111, 157, 258
Brain Sripts 102f., 228
Bravour-Gefühl 15, 28, 142, 144, 146ff., 153, 252
Budget Design Hotels 107
Burano 97

C
Canaletto-Blick 218
Cena Trimalchionis 19
Chiaroscuro-Lichtführung 21
Chill-Gefühl 15, 27, 37ff., 40, 47, 47f., 92, 108, 208, 231ff., 253
Churrascaria 83
Ciudad de los Niños 132, 258
Claude-Gläser 36
Cognitive Map 220ff.
Computer Aided Design (CAD) 158
Concept Stores 86
Concertgebouw 45
Copacabana 31f., 110
Cortisol 38, 237, 246
Cristo Redentor 57
Crocs 8, 112, 258

D
Desire-Gefühle 15, 29ff., 40, 48, 108, 171ff., 184ff., 188ff., 191f., 204f.
Dionysos-Tempel auf Naxos 62
Domus Aurea 73
Dopamin 21f., 30, 45, 82f., 89f., 93, 97, 109, 113, 175ff., 183, 185, 191
Drogen, körpereigene 15, 21, 59

Dubai-Prinzip 162ff., 169
Duchenne-Lächeln 87
Dune-Bashing 25

E
Edo Museum 149, 258
Ego-Shooter 23
Endorphine 37, 48, 210, 213, 215, 229
Endovalium 237, 246
Entspannung 23, 38, 39f., 232, 233f., 236f., 238f., 246, 253
Enzis 236f.
Euphorie 89, 93
Experience Economy 107, 128, 142, 227, 254, 256
Expo 02 243

F
Farbenrausch 21, 97ff., 113
Framing 218
Freudentaumel 19, 21f., 45, 47f., 81f., 93ff., 108, 110, 113, 251
Fußballweltmeisterschaft 92f., 97, 234

G
Gefühlscocktails 46ff., 108ff., 113, 139, 162ff., 169, 183ff., 192, 243ff., 247
Gier 16, 29ff., 172
Ginza 65, 72f., 98, 180, 189, 258, 261
Gloriole 61, 69ff., 79, 188
Glory-Gefühl 13ff., 16f., 40f., 44ff., 51ff., 92f., 97f., 108ff., 133ff., 162ff., 169, 188f., 192, 243ff., 249, 251
Glücksverstärker 43f., 57, 59, 83, 87f., 91, 100, 103, 123, 134, 147f., 175, 212, 237, 239, 250
Goldsouk 19, 21, 259
Grand Magasins 54
Guerilla Marketing 154
Guggenheim Museum Bilbao 157, 258
Guggenheim Museum New York 18

H
Harajuku 100, 261
Hochhauswelten 128f., 259
Hochmut 16ff., 41, 53f., 58, 65, 70, 78, 110
Hochseilgärten 119, 127
Homo aesthethicus 249ff.
Homo ludens 250

I
Iguazú, Wasserfälle von 13ff., 44, 57, 120, 200, 259
Imponiergehabe 17, 27
Indoor-Themeparks 132

SACHREGISTER

Infotainment 147, 159ff., 169
Inspiration 63, 149
Intensity-Gefühl 15, 34ff., 40, 45, 49, 108, 206f., 209ff., 235, 252

J
Joy-Gefühl 15, 19ff., 40, 45ff., 81ff., 162, 166, 168f., 183ff., 192, 196ff., 250f.

K
Kanizsa Dreieck 216
Karneval 81f., 89f., 110, 196, 254
Katastrophe, semantische 224ff.
Kids Power 131ff., 139
Königsgefühl 17, 46, 51, 54ff., 61, 71, 74ff., 164, 180
Kraftruhe 59ff., 64, 78
Kraftstärke 14f., 24, 26, 41f., 48, 115ff., 118ff., 123ff., 127ff., 135, 139, 251
Kunsthistorisches Museum Wien 70, 260

L
La Bocas 97
Landschaftsmalerei 35
Landschaftsgestaltung 222
La-Ola-Welle 88
Las Vegas 95, 97f., 120, 130, 171, 173, 183ff.
Las Vegas-Prinzip 184ff., 192
Liebäugeln 32, 175f., 178, 183, 191, 252
Lustprinzip 41

M
M 32 77, 260
Manga 100
Massachusetts Institute of Technology (MIT) 153
Media Lab 153, 261
Media Literacy 21, 85, 105, 107, 113, 145, 151, 154f., 168, 174, 182, 191
Meji-Schrein 63
Mercedes-Benz Museum 18, 71, 110, 198, 260
Minopolis 132, 261
Murs Végétaux 29
Museum für Zeitgenössische Kunst Niteroi 64, 264

N
Neid 16, 22, 26ff., 143f., 148, 168
Neurotrophin 31, 172, 176f., 191
New Luxury 59, 186
New-York-Prinzip 135ff.

Nihonbashi 73, 263
Nike Towns 62
Nudge 178, 179ff., 191

O
Obelisk 65, 222
Omotesando 189f., 263
Opaion 70

P
Pantheon 70
Paradis3 Motel 102, 261
Pink City Project 91
Pin-Trading 178
Pokémons 125f.
Podiums-Effekt 173, 175, 179, 181, 191
Pop-up Stores 153ff., 169
Portara 62
Power-Gefühl 13ff., 22ff., 40ff., 48, 92, 108, 115ff., 200f., 244, 251

R
Radio City Music Hall 69, 262
Raffinesse 14, 28, 49, 141ff., 168f., 252
Ratiocination 150ff., 169
Retail Therapy 90f.
Rio de Janeiro 31, 57, 64, 81f., 89f., 110, 196, 254
Rio-Prinzip 110ff.
Road Rage 24
Roppongi 76, 206, 223, 228, 237, 257, 260ff.
Rough-Luxe-Prinzip 246ff.
Royal Festival Hall 212
Rucksackbomber 116

S
San Gimignano, Geschlechtertürme von 17
Schrei-Lachen 25, 44
Serotonin 38, 45, 59, 60f., 78, 109
Showroom 107f., 190
Singapur Flyer 67, 262
Sinnprinzip 41
Skywalk 128, 201, 262
Spanische Treppe 75
Spiegelneuronen 42f., 62, 122, 129, 139, 213, 233
Stadion Center Wien 67, 74, 195, 208, 232f., 262
Stadtmarketing 222
Stadtplanung 222
Star Wars 52f., 250, 262
Supper Clubs 239

SACHREGISTER · PERSONEN- UND FIRMENREGISTER

T
Teambuilding 128
Technik 105, 108, 111, 145, 151f., 157
Textilsouk 84
The Eye of London 67
The Gates 63, 263
Todsünden 16ff.
Tokio-Prinzip 188ff.
Tourismus 25f., 66, 127
Trägheit 16, 37ff., 232, 237, 246, 253
Triumph des Willens 53
Turm zu Babel 17

U
Ubud 245, 257
Urban Design 63, 210, 222ff., 229

V
Verdichtung 35, 37, 210ff., 214, 217, 220ff., 226f., 229
Verdichtungs-Punkte 35, 37
Victoria & Albert Museum 214
Virtuosität 157ff., 169
Visual Merchandising 182
Völlerei 16, 19ff., 82, 85, 110, 113

W
Wafi Center 62, 103, 197, 260f.
Wiener Museum für Moderne Kunst (MUMOK) 33, 261
Wollust 16, 34ff., 210, 215, 229

Y
Yverdon 243

Z
Zeche Zollverein 207, 227
Zorn 16, 22ff., 117f., 124, 126, 139

96 Hours 154f., 257, 266

A
ABC Cooking Studio plus International 161, 258
Abercrombie & Fitch 20, 85, 187, 250, 257
Agent Provocateur 104, 257
Airrofan 26, 257
Alila Hotel 245, 257, 267
Alpine-Coaster 25, 26, 257
AlZone 182, 257
Amazon 40
American Girl Place 136, 137, 257
Apple Stores 75, 190, 257, 266
Arabian Adventures 60, 257
Aristoteles 28, 168
Arnheim, Rudolf 42, 217
Art4Room 227, 258
Atlantis The Palm 164, 257
Atrio Shopping Center 167, 257, 266

B
Bape – The Bathing Ape 182, 257
Barneys New York 171, 205, 257, 268
Baumann, Daniel 243, 267
Bellagio 97, 185, 257, 260
Ben-Shahar, Tal 41, 43
Bennotto, Berardo (Canaletto) 218, 266f.
Bernstein, Leonard 214, 257
Berchtold, Wolfgang 111
Best Mens Wear 219f., 258, 266
Black Eyed Peas, The 56
Blanc, Patrick 28f., 258
Bly, Robert 119, 258
Bohlen, Dieter 25
Boyle, Susan 133f., 258
Breuninger 179, 258
Brinkmann, Vinzenz 109
Burj al Arab 41, 69, 73, 163, 258
BurJuman Mall 75, 84f., 112, 199, 258, 265, 268

C
Caesars Palace Hotel 75, 258f.
Carspaze 242, 258, 267
CAT 155, 258
Chanel 65, 258
Christian Louboutin 176, 258
Christo 63, 263
Chrome Hearts 130, 258
Conley, Chip 234
Conran, Terence, Sir 143

PERSONEN- UND FIRMENREGISTER

Coop Himmel(b)lau 262
Cube Hotels 107, 258, 265

D
Dahlke, Rüdiger 57
Damasio, António 249
Descartes, René 249
Dethlefsen, Thorwald 57, 61
Dion, Celine 75f.
Disney 98, 120f., 151, 177ff., 261ff.
Doblhammer, Georg 144f., 265
Dover Street Market 247
Duchenne, Guillaume-Benjamin 87

E
Eiffel, Gustav 28
Ekman, Paul 87
Eliasson, Olafur 66, 263
Ernst, Heiko 16, 28, 30, 37
Esprit 22, 85, 219, 258, 266
Evagrius von Pontus 16, 37

F
Faena Hotel 51, 54f., 58, 68, 77, 194, 258, 267
Frankl, Viktor 41f., 46
Freud, Sigmund 41f., 46, 256
Fuksas, Massimiliano 76, 158f., 259

G
Gaius Petronius Arbiter 19
Gaius Suetonius Tranquillus 73
Gehry, Frank 157, 259
Globetrotter 47f., 193, 259, 267
Gorbatschow, Michail 123
Green T. House 78, 259
Grimaud, Hélène 34f., 45, 209ff., 218, 259, 264, 267
Grzimek, Bernard 146
Gundlach, Axel 128, 260

H
Hadid, Zaha 64
Hanks, Tom 118f.
Hassler, Jürgen 67, 74, 231f, 256, 259, 266ff.
Haussmann, Georges-Eugène 222
Hayek, Nicolas G. 72, 180f., 261
Heller, André 166, 259
Hoare, Henry 36, 264
Hoffer, Hans 70
Hollmann Beletage 105f., 259, 265
Hollmann, Robert 105, 107
Hotel Sacher 60, 259

Hugendubel 39f., 259, 264
Hutchinson, William 42
Hysteric Glamour 225, 259

I
IG Immobilien 74
IKEA 179, 259
Illy 154, 259
Isetan 174, 259
iTunes 179

J
Jeanne-Claude 63
Jin Jie, Zhang 78
Johansson, Scarlett 56
Joie de Vivre 234

K
KaHouse 128, 259f., 265
Karl III. Wilhelm von Baden-Durlach, Markgraf 70
King, Larry 123, 134
Klinsmann, Jürgen 234
Klitschko, Vitali 135, 260
Kravitz, Lenny 130
Küstenmacher, Werner Tiki 238, 260
Küstenmacher, Marion 238, 260
Kušej, Martin 131, 260

L
Lagerfeld, Karl 130
Lang, Sabina 243, 267
Lang Lang 157, 260
Laverty, Sean 138
Libeskind, Daniel 158, 260
Limelight 226, 260
Liszt, Franz 157
Lorenzoni, Brigitta 123
Lorrain, Claude 35f., 264
Louis Vuitton 76, 176, 260
Lowen, Alexander 46, 124, 215, 260
Lucas, George 52
Lucky Brand Jeans 182, 260

M
MacGyver 141ff., 145, 152, 158, 260
Madinat Jumeirah 55, 260
Maid-Café 100ff., 265
Mall of the Emirates 182, 257
Manor 182, 260
Medlock, Mark 24
Merz, Hans-Günther 18
Michael K 182, 260
Mighty Soxer 22, 261

PERSONEN- UND FIRMENREGISTER

Mikimoto 2 189, 261
Mirage Hotel 97, 120, 200, 261, 268
Moths, Holger 47, 261
Motoyama Milk Bar 99, 261
MyZeil 76, 158f., 261, 266

N
Neighborhood 223, 225f., 261
Nero Claudius Caesar Augustus Germanicus, Kaiser 19, 73
Netrebko, Anna 90
Nicolas G. Hayek Center 72, 180f., 261
Niemeyer, Oscar 64
No Angels 132

O
Obama, Barack 56
Oliver, Jamie 160, 261

P
Paganini, Nicolò 157
Palais de Tokyo 243, 267
Palazzo Versace 164, 235, 261
Panini 177, 261
Paris Gallery 56, 261
Pink Ribbon 155, 261
Porsche Leipzig [Kundenzentrum] 64, 261, 264
Potts, Paul 134
Powell, Robert Baden 87
Prawy, Marcel 146
Prix, Wolf D. 157, 262

R
reddot Designzentrum 207, 227, 237, 268
Reich, Wilhelm 46
Reimann, Andreas 227, 262
Richmond, John 75
Riefenstahl, Leni 53, 262
Rock'n'Roller Coaster Starring Aerosmith 120, 262
Roppongi Hills 206, 223, 229, 261f., 266, 268
Rough Luxe 246

S
Sacks, Oliver 89
Seans United Soccer Academy 138, 262
Seeßlen, Georg 226
Seles, Monica 25
Selfridges & Co 112, 262
Serra, Richard 66
Sinatra, Frank 135

Skopik und Lohn 85, 262
Sky Aquarium 206, 228, 268
Sony 102, 261
Spice Girls 132, 262
Sportfreunde Stiller 92, 262
Starhill Gallery 112, 262
Starck, Philippe 51f., 64, 227, 262
Stark, Richard 130
Steirereck 95, 260
Steiner, Otto 167, 262
Stomp 120, 262
Sunstein, Cass 179

T
Takashimaya 73, 263
Thaler, Richard 179
The Palm Jumeirah 162, 263
The Palms 27
Thun, Matteo 77
Tinguely, Jean 105
Todd's 189, 263

U
Umdasch Shop Concept 219f., 255, 263, 266
UNStudio 18

V
Vesely, Alexander 46, 255, 266f.
Victoria's Secret 261
Villazón, Rolando 90
Vitale 234f., 259
Vitouch, Peter 44

W
Wafi Center 62, 103, 197, 260f., 263f., 268
Westside Bern 158, 263
Whole Foods Market 94, 263
wieWien 86f., 263, 265
Wonder Rocket Store 100, 263
Woodroffe, Simon 142f.
Wurm, Erwin 33, 259, 264
www.bookcrossing.com 177, 258
Wynn Casino 27, 184
Wynn Shop 173

Y
Yotel 142ff., 203, 263, 268